高等学校土木工程专业规划教材

道路工程设计导论

（第二版）

本教材编审委员会组织编写

张雪华　主编

肖　鹏　季天剑　副主编

艾　军　主审

中国建筑工业出版社

图书在版编目（CIP）数据

道路工程设计导论/张雪华主编 . —2 版 . —北京：
中国建筑工业出版社，2008
高等学校土木工程专业规划教材
ISBN 978-7-112-09838-5

Ⅰ. 道… Ⅱ. 张… Ⅲ. 道路工程-设计-高等
学校-教材 Ⅳ. U412

中国版本图书馆 CIP 数据核字（2008）第 017744 号

本书为高等学校土木工程专业规划推荐教材，共分 9 章，主要包括总论、道路平面设计、道路纵断面设计、道路横断面设计、道路交叉设计、路基工程、路面工程、道路绿化与环境、高速公路简介。每章内容后面都附有复习思考题。

本书除可作为高等学校土木工程、市政工程和交通工程等专业的本科生教材外，还可供相关专业的工程技术人员参考。

* * *

责任编辑：朱首明　李　明　王美玲
责任设计：董建平
责任校对：王　爽　刘　钰

高等学校土木工程专业规划教材
道路工程设计导论
（第二版）
本教材编审委员会组织编写
张雪华　主编
肖　鹏　季天剑　副主编
艾　军　主审
*
中国建筑工业出版社出版、发行（北京西郊百万庄）
各地新华书店、建筑书店经销
北京红光制版公司制版
廊坊市海涛印刷有限公司印刷
*
开本：787×1092 毫米　1/16　印张：13¼　字数：318 千字
2008 年 5 月第二版　2014 年 11 月第十三次印刷
定价：**25.00** 元
ISBN 978-7-112-09838-5
（21628）

高等学校土木工程专业规划教材

编审委员会名单

第二版前言

随着我国道路工程建设的发展，大部分技术标准和规范已经适时更新。对《道路工程设计导论》进行修订，正是为了体现我国道路工程建设中的新技术、新成就。第二版与第一版相比，在总体结构上没有重大变更，主要是内容上的更新与增减。

本书主编为张雪华，副主编为肖鹏、季天剑，主审为南京航空航天大学艾军。第1、8、9章由南京航空航天大学张雪华、季天剑编写，第2章由苏州科技学院隋永芹编写，第3章由河海大学刘瑾编写，第4章由扬州大学肖鹏编写，第5章由南京航空航天大学季天剑编写，第6章由合肥工业大学郭建营编写，第7章由扬州大学肖鹏和南京航空航天大学季天剑编写。

限于编者水平，书中不足之处敬请读者批评、指正，以便修订完善。

第一版前言

本书是根据"土木工程专业系列选修课教材"编审委员会1999年3月南京会议审定的"道路工程设计导论编写大纲"编写的。

全书采用我国现代最新的有关公路与城市道路工程方面的技术标准和规范,并适当介绍国内外高等级道路的动态。

本教材遵循少而精的原则,以符合授课对象的特点和要求。由于本课程学时少,教学内容较多,因此在教学中有条件时,应借助幻灯,录像等进行。

本书第1、8、9章及第6章的6.4、6.5节,第7章的7.1、7.2、7.4节由苏州城建环保学院张雪华编写;第2章由苏州城建环保学院隋永芹编写;第3章由河海大学陶桂兰编写;第4章及第7章的7.3、7.5节由扬州大学肖鹏编写;第5章由南京建筑工程学院桑编写;第6章的6.1、6.2、6.3节由合肥工业大学郭建营编写。全书由张雪华、肖鹏主编并统稿,由苏州城建环保学院艾军教授主审。

限于篇幅和水平,书中的不足之处希望使用本书的单位和个人提出宝贵意见,以便再版时修改。

目　　录

第1章 总 论

1.1 道路运输的特点和国内外道路发展概况

1.1.1 道路运输的特点

交通运输是国民经济的基础产业，是社会扩大再生产和商品经济发展的先决条件，对促进国民经济持续、快速、健康发展和社会、文化的进步具有重要作用。随着社会主义市场经济体制的逐步完善，沿海、沿江、沿边对外开放的进一步扩大，产业结构的调整、农业结构的转变、区域经济的发展、人民生活水平的提高和消费结构的转变，对运输的需求更加旺盛。为适应社会主义市场经济体制的需要，对交通运输提出了更高的要求。

现代交通运输系统是由铁路、道路、水运、航空及管道五种运输方式组成。这五种运输方式在技术、经济等方面各有特点，各自适应一定的运输要求及自然、地理等条件。它们在国民经济发展计划统筹安排下，合理分工、协调发展、取长补短、相互衔接，形成了完整的综合运输体系。

道路运输在综合运输体系中占有极重要的位置。它具有面的性质，它可以进行"门对门"的直达运输，也可以与其他运输方式相配合，起到客货集散、运输衔接等作用。其主要特点有：

(1) 适应性强 道路网分布面宽，密度大，其分布区域比铁路、水运要大十几倍，而且它能深入工矿和山村，中转环节少，货运损失也较少。

(2) 机动性好 汽车运输可以随时调动、装卸、起运；可以运送少量客货，也可以运送大量客货；可以单独运行，也可以组队运输，这对国防和山区建设有重要意义，特别是在农村经济发展中占有优先的地位。

(3) 速度快捷 在中、短途运输中，特别是在高等级道路上运行，比铁路运输更快。随着人民生活水平的提高，旅游事业的发展，客货运输中的中、短途运输增加很快，它可以减少货物积压，加快资金周转，改善经营管理，提高经济效益，特别对特殊货物及鲜货等的紧急运输有重要意义。

(4) 投资较少 道路建设原始投资较少，车辆购置费也较低，资金周转快，社会效益也较显著。

(5) 运输费用较高 与铁路和水上运输相比，道路运输的费用较高，特别在低等级道路上长途运输，车速低，运输成本相对较高。此外，汽车行驶中发动机的废气含有害成分，特别在车辆密度大的区域会造成环境污染。

1.1.2 我国道路发展概况

根据《史记》的记载，在4000多年前，我国已经有了车和行车的路。秦代建立的道路交通网总里程达到1.2万公里。西汉时期开通的从中国通往欧、非大陆的陆路通道——丝绸之路，为东西方的经济文化交流做出了很大的贡献。到了唐代，我国已经建成以长安为中心的大约 2.2 万公里的驿道网。1912～1949 年中华民国时期，全国共修建了 13 万公里的道路，但标准很低，路况差。

建国以来，我国道路事业发展很快，技术上也有很大进步。特别是改革开放以来，公路建设突飞猛进，截至 2006 年底我国等级公路里程达到 228.29 万 km，其中高速公路 4.53 万 km，一级公路 4.53 万 km，二级公路 26.27 万 km。全国有铺装路面和简易铺装路面公路里程为 152.51 万公里，占总里程的 44.1%。

根据交通部制定的《公路水路交通"十一五"发展规划》，到 2007 年底，贯通"五纵七横"12 条国道主干线；到 2010 年，基本建成西部开发 8 条省际公路通道。加快国家高速公路网建设，重点建设规划中的"五射两纵七横"共 14 条路线：五射是北京至上海、北京至台北（不含台湾海峡通道）、北京至港澳、北京至哈尔滨、北京至昆明；两纵是沈阳至海口（不含琼州海峡通道）、包头至茂名；七横是青岛至银川、南京至洛阳、上海至西安（不含崇明至启东长江通道）、上海至重庆、上海至昆明、福州至银川、广州至昆明。加大国省干线公路改造建设力度，国省干线公路技术等级、质量和服务水平进一步提高。新建和改造农村公路 120 万公里，基本实现全国所有乡镇通沥青（水泥）路，东、中部地区所有具备条件的建制村通沥青（水泥）路，西部地区基本实现具备条件的建制村通公路（西藏自治区视建设条件确定）。

我国城市道路发展也很快，北京、上海、天津及广州等大城市已修建了快速干道和各种互通式或分离式立体交叉和高架桥等。

1.1.3 国外道路发展概况

相比之下，国外的道路运输比我国要发达得多。早在第二次世界大战以后，道路运输首先在几个发达的国家迅速地发展起来。由于道路运输对环境的适应能力很强，道路上可以行驶不同的车辆，旅客和货物等可以直接由起点运到终点，在距离不很长的情况下，效率很高，表现出很强的竞争能力。因此在竞争中道路的运输量大幅度上升，而原来运输量大的铁路客货运输量却大幅度下降。表 1-1、表 1-2 的统计数字即表明了这一点。

发达国家交通方式所占的比例表 表 1-1

国　名	年　度	道路（%）	海运（%）	铁路（%）	合计（百万吨·公里）
法　国	1986	67.1	3.7	29.2	164000
	1987	69.2	3.5	27.2	172000
	1988	70.3	3.7	25.9	195600
原联邦德国	1986	55	20.8	24.2	250000
	1987	57.1	19.2	23.7	249500
	1988	57.6	19.9	22.5	266400
英　国	1985	64.2	26.2	9.6	159100
	1986	60.5	29.9	9.6	172000
	1987	61.3	29.3	9.4	184800
美　国	1985	32.3	20.3	47.4	3036000
	1986	33.0	20.4	46.6	3092000
	1987	33.0	21.3	46.9	3330000

国　名	年　度	道路（％）	海运（％）	铁路（％）	合计（百万吨·公里）
	1985	47.5	47.4	5.1	433893
日　本	1986	49.7	45.5	4.8	434685
	1987	50.5	44.9	4.6	408585

发达国家全国道路里程覆盖国土面积比例表　　　　　表 1-2

国　名	高速公路里程（km）	主干线公路里程（km）	国土面积（km²）	高速公路里程/国土面积（km/10³km²）	主干线公路里程/国土面积（km/10³km²）
美　国	84361	733601	9372614	9.00	78.27
原联邦德国	8970	39814	248694	36.61	160.09
英　国	3100	15406	299988	10.33	51.36
法　国	7100	35070	551000	12.88	63.65
意大利	6216	51862	301277	20.63	172.14
日　本	4661	50941	377801	12.33	134.84

从以上数据可以看到：发达国家（除美国外）的道路在交通运输中都占有较大的比例，其原因就在于发达国家不仅是道路路线长，而且高等级公路占的比例大，道路网布局密度大，道路交通占全国交通总量的比例大，在交通运输中起着重要的作用。以原联邦德国为例：至 1988 年时的近 30 年中，其汽车客运能力增加了 15％，铁路客运能力仅增加了 5％；公路货物运输增加了 85％，而铁路货物运输几乎未增加。

1.2　道路的基本组成及作用

按道路所在位置、交通性质及其使用特点，道路可分为：公路、城市道路、厂矿道路、林区道路及乡村道路等。公路是连接城市、农村、厂矿基地和林区的道路，城市道路是城市内道路，厂矿道路是厂矿区内道路，林区道路是林区内道路，它们在技术方面有很多相同之处。下面主要介绍公路和城市道路。

1.2.1　公路的组成及作用

公路是线形结构物，它包括线形和结构两个组成部分。

1. 线形组成

公路线形是指公路中线的空间几何形状和尺寸。这一空间线形投影到平、纵、横三个方向而分别绘制成反映其形状、位置和尺寸的图形，就是公路的平面图、纵断面图和横断面图。公路设计中，平、纵、横三方面是相互影响，相互制约，相互配合的，设计时应综合考虑。

平面线形由直线、圆曲线和缓和曲线等基本线形要素组成。纵断面线形由直线（直坡段）及竖曲线等基本要素组成。公路线形设计时必须考虑技术经济和美学等的要求。

2. 结构组成

公路是承受荷载和自然因素影响的结构物，它包括路基、路面、桥涵、隧道、排水系统、防护工程、特殊构筑物及交通服务设施等。不同等级的公路在不同的条件下其组成会有所不同，如高速公路必须设置服务区。

（1）路基　是行车部分的基础，它承受路面传递下来的行车荷载，它是由土、石按照路线位置和一定技术要求修筑成的土工带状体。

（2）路面　是用各种筑路材料铺筑在公路路基上供车辆行驶的结构物。它直接承受行车荷载和自然因素的作用，供车辆在上面以一定车速安全而舒适地行驶。

（3）桥涵　桥梁是为公路、城市道路等跨越河流、山谷等天然或人工障碍物而建造的结构物。涵洞是为宣泄地面水流而设置的横穿路堤的小型排水结构物。在低等级道路上，当水流不大时，可修筑用大石块或卵石堆筑的具有透水能力的透水路堤；通过平时无水或水流很小的宽浅河流，可修筑在洪水期间允许水流漫过的过水路面；在未建桥的道路中断处还可设置渡口、码头等。

（4）排水系统　为了防止地面水及地下水等自然水侵蚀、冲刷路基，确保路基稳定，需设置排水结构物，除上述桥涵外，还有边沟、截水沟、排水沟、跌水、急流槽、盲沟、渗井及渡槽等。这些排水构筑物组成综合排水系统，以减轻或消除各种水对道路的侵害。

（5）隧道　隧道是为道路从地层内部或水底通过而修筑的结构物。隧道可以缩短道路里程并使行车平顺快速。

（6）防护工程　在陡峻山坡或沿河一侧的路基边坡修建的填石边坡、砌石边坡、挡土墙、护脚及护面墙等可加固路基边坡保证路基稳定的结构物。在易发生雪害的路段可设置防雪栅、防雪棚等。在沙害路段设置控制风蚀过程的发生和改变沙粒搬运及堆积条件的设施。沿河路基可设置导流结构物如顺水坝、格坝、丁坝及拦水坝等间接防护工程。

（7）特殊结构物　在山区地形、地质复杂路段，可修建悬出路台、半山桥及防石廊等以保证道路连续和路基稳定的结构物。

（8）交通服务设施　为了保证公路沿线交通安全、管理、服务及环境保护的一些设施，如照明设备、交通标志、护栏、中央分隔带、隔声墙、隔离墙、加油站、停车场、食宿站及绿化和美化设施等。

1.2.2　城市道路的组成及作用

城市道路将城市的主要组成部分如居民区、市中心、工业区、车站、码头及其他部分连接起来，形成完整的道路系统，通常其组成如下：

（1）机动车道和非机动车道。

（2）人行道（包括地下人行道及人行天桥）。

（3）交叉口、步行广场、停车场、公共汽车站。

（4）交通安全设施：人行地道、人行天桥、照明设备、护栏、标志、标线等。

（5）排水系统：街沟、雨水井、窨井及雨水管等。

（6）沿街设施：照明灯柱、电线杆、邮筒及消火栓等。

（7）地下各种管线：电缆、燃气管及给排水管道等。

（8）绿化带。

（9）大城市还有地下铁道、高架桥等。

道路工程的主体是路线、路基（包括排水系统及防护工程等）和路面三大部分。在道路设计中它们是相互联系、相互影响。路线设计中要有经济合理的线形，还应充分考虑通过地区的自然与地貌等因素，以保证路基的稳定性。路基设计要求具有足够的强度和稳定性，以保证路面结构的整体强度和稳定性，保证行车安全和快速。

1.3 道路的等级划分

1.3.1 公路的等级划分

根据中华人民共和国行业标准《公路工程技术标准》（JTG B01—2003）（以下简称《技术标准》），公路根据功能和适应的交通量分为以下五个等级：

（1）高速公路为专供汽车分向分车道行驶并应全部控制出入的多车道公路。

四车道高速公路应能适应将各种汽车折合成小客车的年平均日交通量 25000～55000辆，六车道高速公路应能适应将各种汽车折合成小客车的年平均日交通量 45000～80000辆，八车道高速公路应能适应将各种汽车折合成小客车的年平均日交通量 60000～100000辆。

（2）一级公路为供汽车分向分车道行驶并可根据需要控制出入的多车道公路。

四车道一级公路应能适应将各种汽车折合成小客车的年平均日交通量 15000～30000辆，六车道一级公路应能适应将各种汽车折合成小客车的年平均日交通量 25000～55000辆。

（3）二级公路为供汽车行驶的双车道公路。

双车道二级公路应能适应将各种汽车折合成小客车的年平均日交通量 5000～15000辆。

（4）三级公路为主要供汽车行驶的双车道公路。

双车道三级公路应能适应将各种车辆折合成小客车的年平均日交通量 2000～6000辆。

（5）四级公路为主要供汽车行驶的双车道或单车道公路。

双车道四级公路应能适应将各种车辆折合成小客车的年平均日交通量 2000 辆以下，单车道四级公路应能适应将各种车辆折合成小客车的年平均日交通量 400 辆以下。

公路等级的选用应根据公路功能、路网规划、交通量，并充分考虑项目所在地区的综合运输体系、远期发展等，经论证后确定。一条公路，可分段选用不同的公路等级或同一公路等级不同的设计速度、路基宽度，但不同公路等级、设计速度、路基宽度间的衔接应协调，过渡应顺适。预测的设计交通量介于一级公路与高速公路之间时，拟建公路为干线公路时宜选用高速公路；拟建公路为集散公路时宜选用一级公路。干线公路宜选用二级及二级以上公路。

高速公路和具干线功能的一级公路的设计交通量应按 20 年预测；具集散功能的一级公路以及二三级公路的设计交通量应按 15 年预测；四级公路可根据实际情况确定。设计交通量的预测应充分考虑走廊带范围内远期社会经济的发展和综合运输体系的影响。

交通量换算采用小客车为标准车型，确定公路等级的各汽车代表车型和车辆折算系数规定见表 1-3。畜力车、人力车、自行车等非机动车，在设计交通量换算中按路侧干扰因素计；一、二级公路上行驶的拖拉机按路侧干扰因素计；三、四级公路上行驶的拖拉机每辆折算为 4 辆小客车。公路通行能力分析所要求的车辆折算系数应针对路段、交叉口等形式，按不同的地形条件和交通需求采用相应的折算系数。

表 1-3

汽车代表车型	车辆折算系数	说　　　明
小客车	1.0	不大于 19 座的客车和载质量不大于 2t 的货车
中型车	1.5	大于 19 座的客车和载质量 2t～7t 的货车
大型车	2.0	载质量 7t～14t 的货车
拖挂车	3.0	载质量大于 14t 的货车

公路的技术标准是法定的技术准则，它是指公路线形和构筑物的设计、施工在技术性能、几何尺寸、结构组成方面的具体规定和要求。它是在根据汽车行驶性能、数量、荷载等方面的要求和设计、施工及使用的经验基础上，经过调查研究和理论分析制定出来的。各级公路的设计速度见表 1-4，主要指标见表 1-5，具体标准参见中华人民共和国行业标准《公路路线设计规范》(JTG D20—2006)。

各级公路的设计速度　　　　　　　　　　　　　　　　表 1-4

公路等级	高速公路			一级公路			二级公路		三级公路		四级公路
设计速度 (km/h)	120	100	80	100	80	60	80	60	40	30	20

公路的主要指标　　　　　　　　　　　　　　　　　表 1-5

设计速度 (km/h)	120	100	80	60	40	30	20
车道宽度（m）	3.75	3.75	3.75	3.50	3.50	3.25	3.00
圆曲线 最小半径（m）	1000	700	400	200	100	65	30
最大纵坡（%）	3	4	5	6	7	8	9
停车视距（m）	—	160	110	75	40	30	20

1.3.2　城市道路的等级划分

《城市道路设计规范》(CJJ 37—90) 按城市道路系统的地位、交通功能和对沿线建筑物的服务功能分为四类。

（1）快速路

快速路应为城市中大量、长距离、快速交通服务。快速路对向车行道之间应设中间分车带，其进出口应采用全控制或部分控制。

快速路两侧不应设置吸引大量车流、人流的公共建筑物的进出口，两侧一般建筑物的进出口应加以控制。

（2）主干路

主干路应为连接城市各主要分区的干路，以交通功能为主。自行车交通量大时，宜采用机动车与非机动车分隔形式，如三幅路或四幅路。

主干路两侧不应设置吸引大量车流、人流的公共建筑物的进出口。

（3）次干路

次干路应与主干路结合组成道路网，起集散交通的作用，兼有服务功能。

（4）支路

支路应为次干路与街坊路的连接线，解决局部地区交通，以服务功能为主。

城市道路的分类和分级及主要技术指标可参考表1-6。

城市道路的分类和分级及主要技术指标 表1-6

类别 \ 项目	级别	设计速度 （km/h）	双向机动车车道（条）	机动车道宽度（m）	分隔带设置	横断面采用形式
快速路		60，80	≥4	3.75	必须设	双、四幅路
主干路	Ⅰ	50，60	≥4	3.75	应 设	单、双、三、四
	Ⅱ	40，50	3～4	3.75	应 设	单、双、三
	Ⅲ	30，40	2～4	3.5～3.75	可 设	单、双、三
次干路	Ⅰ	40，50	2～4	3.75	可 设	单、双、三
	Ⅱ	30，40	2～4	3.5～3.75	不 设	单
	Ⅲ	20，30	2	3.5	不 设	单
支路	Ⅰ	30，40	2	3.5～3.75	不 设	单
	Ⅱ	20，30	2	3.5	不 设	单
	Ⅲ	20	2	3.5	不 设	单

注：1. 各类道路依城市规模、交通量、地形分为：Ⅰ、Ⅱ、Ⅲ级，大城市采用Ⅰ级，中等城市采用Ⅱ级，小城市采用Ⅲ级；

2. 设计年限规定：快速路、主干路为20年；次干路为15年；支路为10～15年。

复 习 思 考 题

1. 道路运输与其他运输方式的区别在何处？

2. 道路（公路、城市道路）的组成、各部分功能及要求是什么？

3. 道路划分等级的依据及其功能是什么？

第 2 章　道路平面设计

道路是一个三维空间实体，是带状的空间构筑物。其设计主要包括路线走向和线形设计两方面的问题。

路线设计应合理利用地形，正确运用技术标准，保证线形的均衡性。道路线形应在平、纵、横三方面进行综合设计，保持各元素之间的协调一致。这三方面的组合不仅要满足汽车动力性能的要求，而且还要满足驾驶员视觉和心理等方面的要求，这对保证汽车行驶安全顺适具有极其重要的作用。

道路平面线形是指道路中线投影到平面的几何形状和尺寸。平面线形设计时如受地形、地物等障碍的影响而发生转折，就需要设置圆曲线，为保证行车的舒顺与安全，在直线、圆曲线间或不同半径的两圆曲线之间要插入缓和曲线，圆曲线与缓和曲线合称为平曲线。

路线设计应妥善处理远期与近期、整体与局部的关系，结合地形、地物、地质、水文、气象、筑路材料等自然条件，充分考虑农业、环保等方面的要求，注意与铁路、航运、空运、管道等运输的配合协调，通过综合研究分析，认真进行方案比选，不同的路线方案应对其工程造价及对自然环境和社会环境的影响进行充分论证和分析，达到技术经济、环境效益相统一。

2.1　选　线　与　定　线

选线是在道路规划路线起终点之间选定一条技术上可行，经济上合理，又能符合使用要求的道路中心线的工作。它面对的是一个十分复杂的自然环境和社会经济状况，需要综合考虑多方面因素。

2.1.1　选线的一般原则

道路路线是道路的骨架，道路选线是整个道路勘测设计的关键，它对道路的使用质量和工程造价都有很大的影响，所以需要综合考虑多种因素，妥善处理好各方面的关系，其基本原则如下：

（1）应根据道路使用任务和性质，综合考虑沿线国民经济发展情况和远景规划，正确处理好远期和近期的关系，使路线在路网中能起到应有的作用；

（2）应在保证行车安全、舒适、迅速的前提下，做到工程量小、造价低、营运费用省、效益好及有利于施工和养护；

（3）应注意与农田基本建设相配合，做到少占耕地，且尽量避免占用经济作物田或穿过经济林园等；

（4）应注意选择地质稳定、水文地质条件较好的地带通过；

（5）应重视环境保护，注意由于道路修建、汽车交通运行产生的影响和污染；

（6）应充分利用有利地形，正确运用技术标准，搞好路线平、纵、横三方面的结合，力求平面短捷舒顺、纵面平缓均匀及横断面经济稳定。

运用上述选线原则选择路线时对不同的地形条件、不同等级的道路，会有不同的侧重。

2.1.2 各种地形条件下路线走向的选择

1. 平原微丘区选线

平原区地面起伏变化微小，有时有轻微的起伏和倾斜。平原地区除泥沼、盐渍土、河谷漫滩、草原、戈壁、沙漠等外，一般多为耕地，居民点分布较密，在天然河网湖区，还有湖泊、水塘、河汊多等特点。

平原区选线，地形对路线的制约不大，平、纵、横三方面的几何线形容易达到较高的技术标准，但往往会受当地自然条件和地物的影响，路线布设时应注意如下几点：

（1）根据平原区地形条件和地物分布的特点，路线布设应尽可能顺直短捷，一般采用较长直线，较大半径的曲线及中间加入缓和曲线的线形；

（2）路线布设要注意支援农业，少占农田，紧密与农田水利建设相结合，使路线既不片面求直而占用大片良田，也不片面强调不占农田而使路线弯曲过多，造成行车条件恶化，如图 2-1 所示；

（3）路线穿越城镇居民区时，要做到靠城不进城，利民不扰民；

（4）平原区河渠湖泊较多，桥涵工程量大，路线在跨越水道时，无论在平面或纵断面上，都要尽可能不破坏路线的平顺性。

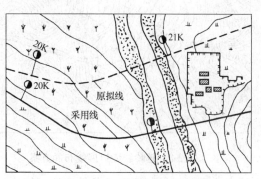

图 2-1　平原区跨河路线方案比较

2. 山岭重丘区选线

山岭地区山高谷深，坡陡流急，地形地质条件复杂，山脉水系清晰，气候上暴雨多、山洪急，溪流水位变化幅度大，路线方向明确，不是顺山沿水就是横越山岭。顺山沿水的路线按线位所在部位不同，又可分为沿河线、山腰线、山脊线等。在一条相当长的路线中，往往不是一种形式的路线，而是由几种形式的路线相互交替组成。这里只重点介绍沿河线、越岭线的选线要点。

（1）沿河线

沿河线是沿山谷溪流两岸布设的路线（图 2-2）。一般地面纵坡较缓，纵面受制约小，由于溪谷较窄，溪流又多曲折，路线平面受制约较大，所以沿河线的布设主要应处

图 2-2　沿河（溪）线

理好河岸的选择、线位高低和跨河岸地点三者之间的关系：

1）河岸选择　路线应选在台地较低、支沟小且少和水文地质条件较好的一岸；在积雪冰冻地区，应选在阳坡和迎水的一岸；除高等级公路外，一般线可选择村庄居民点较多、人口较密一岸，以方便群众；

2）跨河换岸地点　跨主河桥与河岸选择相互依存，互相影响，跨支流桥应服从路线走向。所以要处理好桥位和桥头布设问题，可采用斜、直桥等以适应线形设计的要求；

3）线位高低　线位高低应综合考虑地形、地质、水流情况、路线的技术等级和工程经济而定。一般采用低线位，但必须做好洪水调查，把路线放在设计洪水位的安全高度上，以保证路基稳定和安全。

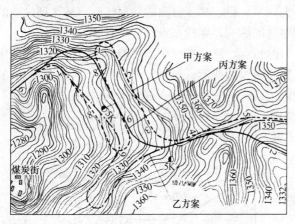

图 2-3　越岭线垭口展线布局方案

（2）越岭线

越岭线是在适当地点穿越垭口，走向与山脉方向大致垂直的路线（图2-3）。其特点是需要克服高差，路线的长度和平面位置主要取决于纵坡的安排。因此越岭线的选线以纵断面设计为主导，布线时主要处理好垭口的选择、过岭标高和垭口两侧路线展线方案三者之间的关系：

1）垭口选择

垭口是决定越岭线方案的重要控制点，在符合路线总方向的前提下，应综合地质、气候、地形等条件，从可能通过的垭口中，选择标高较低和两侧利于展线的垭口；对于垭口虽高、但山体薄窄的分水岭，采用过岭隧道方案有可能成为最合适的越岭方案。

2）过岭标高

过岭标高应结合路线等级、地质情况、两侧山坡展线方案和过岭方式等因素，经过技术经济比较后选定，通常高等级公路采用隧道，低等级公路采用路堑。采用路堑形式时，深挖可使路线平顺；浅挖使土石方数量减少，但路线较曲折。当深挖超过 25～30m 以上时，采用隧道往往比路堑经济。

3）垭口两侧展线方案

越岭线两侧展线时中间各控制点的地形、地质条件可采用如下三种形式：

A. 自然展线　是以适当坡度顺着自然地形，利用绕山嘴、侧沟来延展距离、克服高差；

B. 回头曲线　是指当中间控制点的高差较大，靠自然展线无法取得必需的距离以克服高差时，路线可利用地形设置回头曲线进行展线；

C. 螺旋展线　当路线受限制很严，需要在某处提高或降低某一高度才能充分利用有利地形，而且无法采用其他展线方式时，可考虑采用螺旋展线的方法。

3. 3S 技术在道路选线中的应用

3S 技术是遥感（Remote Sensing, RS）、地理信息系统（Geographic Information

System，GIS）和全球定位系统（Global Positioning System，GPS）的有机结合。3S技术以地理信息系统为核心，构成了对空间数据实时采集、更新、处理、分析及为各种实际应用提供科学决策咨询的强大技术体系。

（1）RS是在远离目标的情况下判定、量测并分析目标性质的一种技术。RS的主要作用是识别地物，在大范围的工程规划、设计中使用遥感数据，可以省时省力。根据卫星像片所呈现的图像，得到设计对象总体的基础数据（如植被空间分布图、水系分布图），从而大大减少实地调查进行数据采集的工作量。在基础数据的基础上，即可根据需要加工得出专业所需的数据。

（2）GIS是以地理空间数据库为基础，在计算机软件的支持下，对空间相关数据进行采集、管理、操作、分析、模拟和显示，并采用地理模型分析方法，适时提供多种空间和动态的地理信息，为地理研究和地理决策服务而建立起来的计算机技术系统。它是规划、管理与决策的有用工具。GIS具有以下三个方面的特征：①具有采集、管理、分析和输出多种地理空间信息的能力；②以地理研究和地理决策为目的，以地理模型方法为手段，具有空间分析、多要素综合分析和动态预测的能力，并能产生高层次的地理信息；③由计算机系统支持进行空间地理数据管理，并由计算机程序模拟常规的或专门的地理分析方法，作用于空间数据，产生有用信息，完成人类难以完成的任务。

GIS作为一个空间信息系统，具有以下功能：数据采集与编辑功能，地理数据库管理功能，制图功能，空间查询和空间分析功能，地形分析功能等。

（3）GPS是现代进行导航和定位的一种最科学的方法。地理位置或地理坐标是空间资料中必须具有的重要信息，使用传统的罗盘和地物来确定工程的具体地理坐标往往是困难的，尤其是大面积范围，因此在较大范围内进行定位，往往采用GPS。它是建立在无线电定位系统、导航系统和定时系统基础上的空间导航系统，以距离为基本观测量，可同时通过多颗卫星进行距离测量来计算目标的位置。

作为测量的一种新技术，GPS已被成功应用于道路勘测设计、施工放样等道路工程测量的各方面，显著地提高了工程测量的效益，改变了传统的测量作业模式和质量标准，成了道路工程测量的一种主要方法，在某些困难工程地点成了一种不可替代的方法。

RS能高效的获取大面积的地面信息；GIS具有强大的空间查询、分析和综合处理能力；GPS能快速给出调查目标的准确位置。因此可以将GIS看作中枢神经，RS看作传感器，GPS看作定位器。3S技术目前在很多领域广为利用，随着工程勘察设计新技术研究的进一步深入，3S技术在工程勘察设计中的作用也越来越重要，并将逐渐成为道路勘测设计必不可少的方法和手段。

2.1.3　定线

定线是根据既定的技术标准和路线方案，结合地形、地质条件，综合考虑平、纵、横三方面的合理安排，具体定出道路中线的确切位置。要求在平面上定出路线的交点和平曲线半径，在纵断面上定出变坡点及设计坡度，在横断面上定出中心填挖尺寸和边坡坡度。定线是道路设计中关键的一步，它不仅要解决工程、经济方面的问题，而且对如何使道路与周围环境相协调，满足驾驶人员视觉和心理反应要求，以及道路本身线形的美观问题都要在其过程中充分考虑。

影响定线的因素很多，涉及的知识面也很广，因而应当吸收桥梁、水文、地质等专业人员参加，发挥各种专业人员的才能和智慧，使定线成为各专业组协作的共同目标。道路定线质量在很大程度上还取决于采用的定线方法，常用的有纸上定线、实地定线、航测定线等三种方法。技术标准高的、地形、地物复杂的路线必须使用纸上定线，然后把纸上路线敷设到地面上；实地定线省去了纸上定线这一步，所以只适用于标准较低的路线。

1. 纸上定线

纸上定线是在大比例尺（一般以 1∶1000 为宜）地形图上具体确定道路中线的位置。

（1）准备工作

在地形图上标绘各个控制点、应避让的地段和区域。

（2）根据地形和地物初定路线的位置

在相邻控制点之间，根据所经过的不同地形和地物分布情况，参照准备工作所标绘应避让的地段和区域，满足一定标准和要求，选择合适的路线位置，沿着前进方向加密中间控制点。

（3）定线

定线必须满足技术标准的有关规定，同时又要参照初拟的路线位置进行。根据不同地形特点，定线方法有"直线型定线法"和"曲线型定线法"。直线型定线法是先定出与地形相适应的一系列直线，然后用适当的曲线把相邻的直线连接起来的传统定线方法。曲线型定线法是借助弯尺先定出圆曲线，然后用缓和曲线相互连接的以曲线为主的定线方法。

确定平面线形是一个反复试定、检查和调整的过程，直到找出符合标准的最佳路线后，再进行下一步工作。

（4）纵断面设计

路线的平面线形确定以后，可按照规定要求设置中桩，进行纵断面设计。

（5）最佳横断面修整

在路线的平面和纵断面基本确定以后，应绘制出地面横坡较陡地段以及其他可能高填深挖处的横断面，找出最佳横断面位置，由此修整平面或横断面设计线形。

（6）现场核对

在室内利用地形图进行纸上定线后的平、纵、横断面的成果，应再到现场进行实地核对检查。

2. 实地定线

实地定线即直接在现场确定中线，此法常用于技术标准较低和地形等条件简单的公路。

3. 航测定线

现场定线由于受到视野的限制，容易遗漏方案，而纸上定线必须要测绘大比例尺地形图，这两种方法都需要大量人力、物力，劳动强度大，选线周期长。而航测定线是利用航空测量资料（航摄像片、航测地形图等）借助航测仪器来建立立体模型进行定线，再到实地放线，如此可将大量野外工作移到室内，选线工作人员可以在像片和图纸上找出许多比较方案，能扩大视野，不受气候和自然地理环境的限制，从而提高选线质量。

2.2 道路平面线形

2.2.1 直线

直线是平面线形设计的基本要素之一，是平原区道路的主要线形，具有距离短、易布线等特点。但直线线形缺乏灵活性，不易与地形、地物等自然环境相协调，应用受到限制。如直线路段过长，景色单调和公路环境缺少变化，易引起驾驶员的疲倦、注意力难以集中，对行车安全不利。所以长直线路段应根据地形、地物、驾驶员的视觉反应及心理上的承受能力来确定。

直线的最大与最小长度应有所限制，一条道路的直线与曲线的长度设计应合理。根据国外资料介绍，对于设计速度大于或等于60km/h的公路，最大直线长度为以汽车按设计速度行驶70s左右的距离控制；一般直线路段的最大长度（以 m 计）应控制在设计速度（以 km/h 计）的20倍为宜；另外，同向曲线之间直线的最小长度（以 m 计）以不小于设计速度（以 km/h 计）的6倍为宜；反向曲线之间的最小直线长度（以 m 计）以不小于设计速度（以 km/h 计）的2倍为宜。设计速度小于等于40km/h的公路可参照上述做法。

2.2.2 圆曲线

在道路平面图中，道路沿线平曲线的平顺程度不同，均受到曲线敷设处技术条件的限制。平曲线技术标准主要有圆曲线半径和平曲线最小长度等技术指标。

1. 圆曲线半径计算的一般公式

汽车在曲线道路上行驶时，除受重力外，还要受到离心力的影响。离心力使汽车产生向外侧滑和倾覆。因此，圆曲线半径值的确定即依汽车行驶横向稳定性而定。

汽车在曲线上行驶的横向力如图2-4所示。

当汽车以速度为 v 行驶在半径为 R 的曲线内侧时（路面横坡为 i_1），汽车上的作用力有：

离心力：

$$p=\frac{mv^2}{R}=\frac{G}{g}\times\frac{v^2}{R}$$

重力：
$$G=mg$$

汽车在曲线上行驶时所受的横向力 X：

$$X=P\cos\alpha-G\sin\alpha$$
$$=\frac{mv^2}{R}\cos\alpha-mg\sin\alpha$$
$$\approx\frac{mv^2}{R}-mgi_1$$

为准确反映汽车在曲线上行驶的稳定、安全和舒适程度，常用单位车重所受的横向力表示，即

$$\frac{X}{G}=\frac{v^2}{gR}-i_1$$

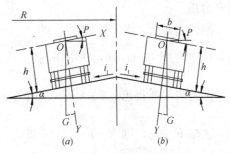

图2-4 汽车在曲线上行驶的横向力
(a) 内侧；(b) 外侧

令横向力系数 $\mu=\dfrac{X}{G}$，则：

$$\mu=\frac{v^2}{gR}-i_1 \tag{2-1}$$

由式（2-1）可知，圆曲线半径的计算公式为：

$$R=\frac{v^2}{g\,(\mu+i_1)} \tag{2-2}$$

当车速 v（m/s）换算为 V（km/h），可写成式（2-3）：

$$R=\frac{V^2}{127\,(\mu+i_1)} \tag{2-3}$$

按上述原理可推导出汽车行驶于曲线外侧时，曲线半径为式（2-4）：

$$R=\frac{V^2}{127\,(\mu-i_1)} \tag{2-4}$$

由此可以得出圆曲线半径的计算公式为（2-5）：

$$R=\frac{V^2}{127\,(\mu\pm i_1)} \tag{2-5}$$

上式中，当汽车行驶在曲线内侧时取"＋"，在曲线外侧时取"－"。

当设计车速一定时，曲线半径与横向力系数和超高横坡度有关，《技术标准》规定各级公路和城市道路最大超高值分别见表 2-1 和表 2-2。

公路最大超高值　　　　表 2-1

公路等级	高速公路	一级公路	二、三、四级公路
一般地区（%）	10		8
积雪寒冷地区（%）	6		

城市道路最大超高值　　　　表 2-2

设计速度（km/h）	80	60、50	40、30、20
最大超高值（%）	6	4	2

横向力系数 μ 的合理取值与汽车的横向倾覆稳定性、汽车的侧滑稳定性、行车舒适性、运营经济性等因素有关。

（1）汽车的横向倾覆稳定性

图 2-4 所示汽车出现横向倾覆的极限条件为横向力引起的倾覆力矩等于车重所产生的稳定力矩。

倾覆力矩为：$X \cdot h$

稳定力矩为：$(G\cos\alpha \pm F\sin\alpha) \cdot \dfrac{b}{2}$

由两者平衡得出，$X \cdot h = (G\cos\alpha \pm F\sin\alpha) \cdot \dfrac{b}{2} \approx \left(G \pm \dfrac{m v^2}{R} \cdot i_1\right)\dfrac{b}{2}$

忽略 $F\sin\alpha$，则 $X \cdot h = G \cdot \dfrac{b}{2}$ 即，

$$\mu=\frac{b}{2h} \tag{2-6}$$

14

式中 b——车轴的轮距（m）；

h——汽车重心高度（m）。

由式（2-6）可得到汽车不产生倾覆的稳定条件为：$\mu \leqslant \dfrac{b}{2h}$

现代汽车设计中轮距一般为车重心高的 2 倍，因此，$\mu \leqslant 1.0$。道路设计中所使用的横向力系数值远小于 1.0，因此，平曲线上汽车的倾覆稳定性是可以保证的。

（2）汽车的侧滑稳定性

路面与轮胎之间的横向摩阻系数为 φ_h，汽车与路面之间的抗滑力为：

$$F = \varphi_h \cdot G = \varphi_h \cdot mg \text{，即}$$

$$\varphi_h = \frac{F}{G} = \frac{F}{mg}$$

导致汽车横向侧滑的力是横向力系数，由此可得出保证汽车不出现横向侧滑的条件为：

$$\mu \leqslant \varphi_h$$

则式（2-5）改写为

$$R \geqslant \frac{V^2}{127\,(\varphi_h \pm i_1)}$$

横向摩阻系数与路面潮湿程度、路面类型及车速等有关、其中与路面的潮湿程度关系最大。

一般水泥混凝土路面 φ_h 值为 0.4～0.6，沥青路面为 0.4～0.8，路面冰冻积雪时为 0.2～0.3，在平滑的冰雪路面上，若不加防滑链，φ_h 小于 0.2。所以 φ_h 值取 0.10～0.15 时，在干燥与潮湿路面均可以较高车速安全行驶。

（3）按行车舒适性确定

横向力系数 μ 值的大小对乘客的承受能力及舒适感有很大影响，具体如下：

$\mu < 0.1$ 时，乘客感觉舒适；

$\mu = 0.15$ 时，乘客感到不适；

$\mu = 0.2$ 时，行车不平稳，乘客有不安全感。

所以从舒适感出发，μ 值取 0.10～0.15 也是比较安全的。随着车速的增大，μ 值应逐渐减小。

（4）按运营经济性确定

μ 值不同，燃料消耗和轮胎磨耗也不同，因此，从运营经济出发，μ 值应不超过 0.15。燃料消耗和轮胎磨耗与 μ 值的关系见表 2-3。

燃料消耗和轮胎磨耗与 μ 值关系 表 2-3

μ	燃料消耗（％）	轮胎磨耗（％）	μ	燃料消耗（％）	轮胎磨耗（％）
0	100	100	0.15	115	300
0.05	105	160	0.2	120	390
0.1	110	220			

2. 圆曲线最小半径

圆曲线最小半径包括极限最小半径，一般最小半径和不设超高的最小半径。《技术标准》规定的各级公路的平面最小半径值见表 2-4，城市道路规定值见表 2-5。

公路圆曲线最小半径值　　　　表 2-4

设计速度（km/h）		120	100	80	60	40	30	20
一般值（m）		1000	700	400	200	100	65	30
极限值（m）		650	400	250	125	60	30	15
不设超高最小半径值（m）	路拱≤2.0%	5500	4000	2500	1500	600	350	150
	路拱>2.0%	7500	5250	3350	1900	800	450	200

城市道路圆曲线最小半径值　　　　表 2-5

设计速度（km/h）	80	60	50	40	30	20
设超高最小半径值（m）	250	150	100	70	40	20
设超高推荐最小半径值（m）	400	300	200	150	85	40
不设超高最小半径值（m）	1000	600	400	300	150	70

（1）极限最小半径

极限最小半径是指各级公路在采用允许最大超高和允许的横向摩阻系数情况下，能保证汽车安全行驶的最小半径。《技术标准》中的极限最小半径就是在规定的设计速度时，按 $i_h=8\%$、$\varphi_h=0.1\sim0.16$ 用式（2-3）计算后得出。

极限最小半径是路线设计中的极限值，是在特殊困难条件下不得已才使用的，一般不轻易采用。

（2）一般最小半径

一般最小半径是指各级公路在采用允许的超高和横向摩阻系数时，能保证汽车以设计速度安全、舒适行驶的最小半径，标准中的一般最小半径值是按 $i_h=6\%\sim8\%$、$\varphi_h=0.05\sim0.06$ 按式（2-3）计算取整得出。

一般最小半径是在通常情况下推荐采用的最小半径。一方面考虑了汽车在曲线上以设计速度或以接近设计速度行驶时，旅客有充分的舒适感；另一方面考虑到在地形比较复杂的情况下不会过多增加工程量。

（3）不设超高的最小半径

当平曲线半径较大时，离心力的影响则较小，路面摩阻力就可以保证汽车有足够的稳定性，此时可不设超高，而允许设置与直线段上相同的双向横坡的路拱形式。因此，不设超高最小半径就是指不必设置超高就能满足行驶稳定性的最小半径。从舒适和安全的角度考虑，φ_h 应取尽可能小的值，以使乘客行驶在曲线上与在直线上有大致相同的感觉。《技术标准》中不设超高的最小半径是分别取 $i_h=-0.015\%$、$\varphi_h=0.035$ 和 $i_h=-0.025\%$、$\varphi_h=0.040$ 按式（2-3）计算取整得出。

3. 圆曲线半径的运用

道路平面设计时，应根据沿线地形、地物等条件，尽量选用较大半径，以便于安全舒适行驶。在选定半径时既要满足技术合理，又要注意经济适用；既不能盲目采用高标准（大半径）过分增加工程量，也不能仅考虑近期通行要求而采用低标准。在运用平曲线半径的三个最小半径时，应遵循的一般原则是，在地形条件许可时，应力求使半径尽可能接近不设超高最小半径；一般情况下或地形有所限制时，应尽量采用大于一般最小半径；只有在地形特别困难不得已时，方可采用极限最小半径。

选用曲线半径时，最大半径值一般不应超过 10000m。

直线与小于表 2-4 所列不设超高的圆曲线最小半径相衔接处，应设置回旋线。四级公路的直线与小于不设超高的圆曲线最小半径相衔接处，可不设置回旋线，用超高、加宽缓和段径相连接。

在城市道路建设区，由于两侧建筑已形成，如设超高与两侧建筑物标高不易配合，因此，城市道路可适当降低标准。

4. 圆曲线最小长度

汽车在道路平曲线上行驶时，驾驶员因操作方向盘频繁而紧张，在高速行驶的情况下是非常危险的。在平面设计中，平曲线由前后缓和曲线和中间圆曲线三段曲线组成。为便于驾驶操作和行车安全与舒适，汽车在任何一段线形上行驶的时间都不应短于 3s，在曲线上行驶里程需要 9s，圆曲线的最小长度一般要有 3s 行程。

5. 圆曲线要素计算

圆曲线要素计算包括曲线半径 R、曲线长 L、切线长 T 和外距 E 等。圆曲线要素计算如图 2-5 所示。

$$L = R \cdot \frac{\pi}{180}\alpha = 0.01745R \cdot \alpha$$

$$T = R \cdot \tan\frac{\alpha}{2}$$

$$E = R\left(\sec\frac{\alpha}{2} - 1\right) = R \cdot \tan\frac{\alpha}{4}$$

校正数 $\qquad\qquad\qquad D = 2T - L$

6. 缓和曲线

（1）缓和曲线的作用与性质

1）缓和曲线的作用

当汽车从直线进入圆曲线时，驾驶员必须逐渐转动方向盘，以逐渐改变前轮的转向角，前轮的逐渐转向是在进入圆曲线前的某一路段内完成的，或在两个半径相差较大的圆曲线之间行驶时的某一路段。此时汽车行驶轨迹的曲率半径是不断变化的，这段曲线即为缓和曲线。如图 2-6 所示。

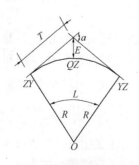

图 2-5　圆曲线要素计算

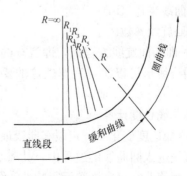

图 2-6　缓和曲线

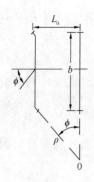

图 2-7
汽车的转弯

缓和曲线具有下述四个作用：①使汽车能较为安全舒顺地在曲率变化的曲线上行驶，且线形更顺畅、美观与视觉相协调，是曲率变化缓和段；②使离心加速度有一逐渐变化的过程；③使其从直线路段的路拱横坡度向弯道超高横坡度的过渡，或曲线部分不同的横坡度的过渡，是横向坡度变化的缓和段；④使其从直线段的标准宽度向曲线部分加宽段之间渐变过渡，是加宽缓和段。

2）缓和曲线的性质

缓和曲线应采用与汽车行驶轨迹一致的曲线形式，该轨迹的曲率半径与汽车前轮的转向角成反比关系，即汽车在直线路段上的转向角为零逐渐过渡到圆曲线上的固定值，如图 2-7 所示。

汽车在缓和曲线上匀速行驶，速度为 v（m/s），行驶时间 t（s），距离为 l（m），方向盘以角速度 ω 均匀转动，则汽车前轮的转角 ϕ 与方向盘转动角度 φ 之间的关系为：

$$\phi = K \cdot \varphi = K \cdot \omega t (K \leqslant 1)$$

$$\rho = \frac{L_0}{\sin \phi} \cdot \frac{L_0}{\phi} = \frac{L_0}{K \omega t}$$

$$l = v \cdot t = v \cdot \frac{L_0}{K \omega \rho} = v \cdot \frac{L_0}{K \omega} \cdot \frac{1}{\rho} = \frac{c}{\rho} \tag{2-7}$$

式中　c，K——常数；

ρ——汽车的转动半径（m）；

L_0——汽车前后轮轴距（m）；

φ——方向盘转动角度。

式（2-7）即为汽车匀速行驶并且方向盘转动的角度不变所产生的行驶轨迹方程。由此可见汽车行驶轨迹半径值随其行驶距离的增加而递减，即缓和曲线上任意一点的半径值与其起点的距离成反比。

下面推导式（2-7）中常数 c：

在缓和曲线终点处，　　　　　$\rho = R$，$l = L = \dfrac{c}{R}$

若取 $c = A^2$，则有

$$RL = A^2 \tag{2-8}$$

式中　R——曲线半径（m）；

A——回旋线参数。

式（2-8）即为回旋线方程式，即汽车的行驶轨迹线是回旋线。由此可知，采用回旋线作为缓和曲线线形可以满足汽车轨迹的要求，因此《技术标准》规定缓和曲线采用回旋线。

（2）缓和曲线长度计算

1）按离心加速度变化率确定缓和曲线最小长度

汽车从直线进入圆曲线的过程中，其离心加速度是逐渐变化的，在直线上为零，曲线处为最大值，为使曲线符合汽车运行特性、线形视觉良好，应使离心加速度变化率限制在一定范围内。

离心加速度变化率为：

$$p = \frac{\alpha_{max}}{t} = \frac{v^2}{Rt} = \frac{v^2}{R \cdot \frac{L}{v}} = \frac{v^3}{LR} = \frac{1}{47}\frac{V^3}{LR}，则$$

$$L = \frac{V^3}{47pR}（m）$$

式中　p——离心加速度变化率（m/s³）；

　　α_{max}——离心加速度最大值（$\alpha = v^2/R$）（m/s²）；

　　　t——行驶时间（s）；

　　　v——计算行车速度（m/s）。

2）按驾驶员操作反应时间确定缓和曲线最小长度

汽车在回旋线上行驶所需的最短时间为 t（s），一般取 3s，则

$$L = \frac{1}{3.6}Vt = \frac{1}{1.2}V（m）$$

3）按视觉条件确定缓和曲线最小长度

为保证在回旋线上行驶时的视觉连续性，应选择适宜的缓和曲线长度。根据经验可知缓和曲线长度应满足下述要求：

$$\frac{R}{9} < L < R$$

实际采用的缓和曲线长度应视上述计算结果采用其中最大值，且为 5m 的整数。

《技术标准》规定了各级公路缓和曲线最小长度，见表 2-6，城市道路缓和曲线最小长度见表 2-7。

公路缓和曲线最小长度　　　　　　　　　　　　　表 2-6

设计速度（km/h）		120	100	80	60	40	30	20
缓和曲线最小长度（m）	一般值	130	120	100	80	50	40	25
	最小值	100	85	70	60	40	30	20

注：四级公路为超高、加宽缓和段长度。

城市道路缓和曲线最小长度　　　　　　　　　　　表 2-7

设计速度（km/h）	80	60	50	40	30	20
缓和曲线最小长度（m）	70	50	45	35	25	20

（3）缓和曲线要素的计算

《技术标准》规定，当圆曲线半径小于不设超高的最小半径时，应设缓和曲线。缓和曲线设置在直线与圆曲线之间，在起点处与直线相切，在终点处与圆曲线相切。在路线交点处由两段缓和曲线和圆曲线与直线相连，形成一个线形连续顺畅的组合线形。圆曲线的内移通常采用圆曲线的圆心不动，使半径减小向内移动，此时圆曲线上各点的内移值相等，计算与测设较为简易。

如图 2-8 所示，JD 是路线导线的交点，B、F 点是不设缓和曲线时圆曲线与两直线相切的点，分别为起点和终点，O 为圆曲线的圆心，圆曲线所对圆心角为 α（公路偏角）。

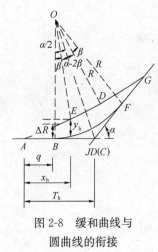

图 2-8 缓和曲线与
圆曲线的衔接

插入缓和曲线后，缓和曲线起点、终点为 A 点和 G 点，其与圆曲线相切点 E 点和 D 点，原来的圆曲线向内移动了一段距离 ΔR。设置缓和曲线后，将减小圆曲线的圆心角，减小后的圆心角等于 $\alpha - 2\beta$，可见，设置缓和曲线的可能条件为 $\alpha \geqslant 2\beta$。

当 $\alpha = 2\beta$，两条缓和曲线在弯道中央连接，形成一条连续的缓和曲线。当 $\alpha < 2\beta$ 时，则不能设置所规定的缓和曲线，这时必须缩短缓和曲线的长度或者增大圆曲线的半径。

在测设时，已知圆曲线半径 R、偏角 α、圆曲线起点 B 及终点 F 的位置，所以必须定出缓和曲线起点 A 的位置（q 值）、缓和曲线与圆曲线衔接点 E 的位置（X_h 值），以及圆曲线向内移距离 ΔR。这三个数值确定后，即可定出缓和曲线。

由图 2-8 的几何关系可得：

$$\beta = \frac{L^2}{2c} = \frac{L}{2R} \tag{2-9}$$

$$\Delta R = y_h - R(1 - \cos \beta) = \frac{L^2}{24R} - \frac{L^4}{2688R^3} \tag{2-10}$$

$$q = x_h - R \sin \beta = \frac{L}{2} - \frac{L^3}{240R^2} \tag{2-11}$$

式中　　c——回旋曲线常数；

β——缓和曲线角；

L——回旋线长度（m）；

ΔR——设置缓和曲线后，主圆曲线的内移值（m）；

q——缓和曲线切线增值（m）；

(x_h, y_h)——缓和曲线与圆曲线衔接点的位置坐标。

得出 β、ΔR 和 q 值后，就可以进行缓和曲线要素的计算，如图 2-9 所示。

$$T_h = T + q = (R + \Delta R) \tan \frac{\alpha}{2} + q \tag{2-12}$$

$$L_h = \frac{\pi}{180} R(\alpha - 2\beta) + 2L \tag{2-13}$$

$$E_h = (R + \Delta R) \sec \frac{\alpha}{2} - R \tag{2-14}$$

$$D = 2T_h - L_h \tag{2-15}$$

全部曲线共有五个主点里程桩号：

ZH——第一缓和曲线起点（直缓点）；

HY——第一缓和曲线终点（缓圆点）；

QZ——缓和曲线终点（曲中点）；

YH——第二缓和曲线终点（圆缓点）；

HZ——第二缓和曲线起点（缓直点）。

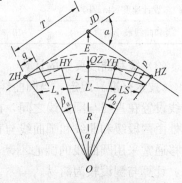

图 2-9 有缓和曲线的
圆曲线的全部桩位

城市道路的圆曲线最小半径大于《城市道路设计规范》（CJJ 37—90）规定的不设缓和曲线的最小圆曲线半径值时，可不设缓和曲线，直线与圆曲线半径相连接，缓和曲线的最小长度为 20～70m。

2.2.3 超高与加宽

1. 超高

（1）超高概念

从圆曲线半径设计原理分析中可知，当汽车以一定速度行驶在弯道外侧时，会受到方向相同的离心力与汽车水平分力的联合作用，这会增大汽车的横向侧滑力，影响汽车的横向稳定性。所以，当采用的平曲线半径小于不设超高最小半径时，将曲线段的外侧车道抬高，构成与内侧同坡度的单坡横断面，这种设置即为超高。

超高计算公式：

$$i_h = \frac{V^2}{127R} - \mu \qquad (2\text{-}16)$$

式中　V——设计速度（km/h）；

　　　R——圆曲线半径（m）；

　　　μ——横向力系数。

由式（2-16）可以看出，当行车速度 V 与曲线半径 R 一定时，超高按横向力系数的大小确定。

各级公路和城市道路最大超高值见表 2-1 和表 2-2。

当超高横坡度的计算值小于路拱最小值时，取路拱坡度值。

（2）超高缓和段

超高缓和段即为从直线段的双向横坡逐渐过渡到圆曲线路段的超高横坡过渡段。超高缓和段的长度要适宜，过短会给行车带来不便，过长则会给测设、施工及路面排水带来困难。

对于没有中间带的公路，超高的形式旋转方式有：

1）绕路面内边缘线旋转

路面在缓和段上要经过准备阶段、双坡阶段和旋转阶段，即从正常路拱过渡到圆曲线上的全超高断面。

准备阶段是在进入超高缓和段之前一定路段内把路肩横坡抬高到与路面相同的横坡过渡段。

双坡阶段是在进入超高缓和段开始时，将外侧车道绕中线旋转到与内侧同坡度。

旋转阶段是路面内边缘线保持不动，整个路面绕内边缘线向上旋转，达到超高横坡度值为止。参见图 2-10（a）。新建公路一般多采用此种旋转方式。

外侧抬高值：$h = Bi_h$

超高缓和段长度 L_c 为：

$$L_c = \frac{B\Delta i}{\Delta p} \qquad (2\text{-}17)$$

式中　B——旋转轴至行车道外侧边缘的宽度（m）；

　　　Δi——超高横坡度与路拱坡度的代数差（%）；

Δp——超高渐变率，即旋转轴与行车道（设置路缘带时为路缘带）外侧边缘线之间相对升降的比率，是超高缓和段长度的重要影响因素。其规定值见表2-8和表2-9。

公路最大超高渐变率　　　　　　　　　　　　　　　　　　表2-8

设计速度 (km/h)	超高旋转轴位置		设计速度 (km/h)	超高旋转轴位置	
	中线	边线		中线	边线
120	1/250	1/200	40	1/150	1/100
100	1/225	1/175	30	1/125	1/75
80	1/200	1/150	20	1/100	1/50
60	1/175	1/125			

城市道路最大超高渐变率　　　　　　　　　　　　　　　　表2-9

设计速度（km/h）	超高渐变率	设计速度（km/h）	超高渐变率
80	1/85	40	1/20
60	1/45	30	1/15
50	1/40		

2）绕路面中心线旋转

先将外侧车道绕中心线旋转到与内侧车道构成单向横坡，然后整个横断面一同绕路中心线旋转，达到超高横坡度值为止。参见图2-10 (b)。此种方式多用于旧路改建工程。

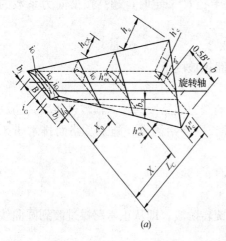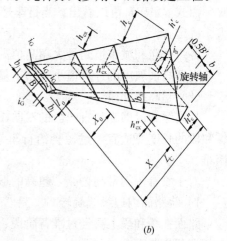

(a) 　　　　　　　　　　　　　　　　(b)

图2-10 超高旋转方式图
(a) 绕边线旋转；(b) 绕中线旋转

不设中间带的公路超高值的计算公式列于表2-10和表2-11中。

绕内边缘旋转超高计算公式　　　　　　　　　　　　　　　表2-10

超高位置		计 算 公 式		注
		$X \leqslant X_0$	$X > X_0$	
圆曲线	外缘 h_c	$b_J i_J + (b_j + B) i_h$		1. 计算结果均为与设计高之差
	中线 h'_c	$b_J i_J + B i_h / 2$		2. 临界断面距过渡段起：$X_0 = iGL_c / i_h$
	内缘 h''_c	$b_J i_J - (b_j + b) i_h$		3. X 距离处的加宽值：$b_x = Xb / L_c$
过渡段上	外缘 h_{cx}	$b_J(i_J - i_G) + [b_j i_G + (b_j + B) i_h] x / L_c$（或 $\approx x h_c / L_c$）		
	中线 h'_{cx}	$b_j i_J + B i_G / 2$	$b_J i_J + 0.5 B X i_h / L_c$	
	内缘 h''_{cx}	$b_j i_J - (b_J + b_x) i_G$	$b_J i_J - (b_J + b_x) X i_h / L_c$	

超高位置		计　算　公　式		注
		$X \leqslant X_0$	$X > X_0$	
圆曲线上	外缘 h_c	$b_J(i_J - i_G) + (b_J + 0.5B)(i_h + i_G)$		1. 计算结果均为与设计高之差
	中线 h'_c	$b_J i_J + B i_G / 2$		2. 临界断面距过渡段起：$x_0 = 2i_G L_c / (i_G + i_h)$
	内缘 h''_c	$b_J i_J + B i_G / 2 - (B_J + 0.5B + b)i_h$		3. x 距离处的加宽值：$b_x = x_b / L_c$
过渡段上	外缘 h_{cx}	$b_J(I_J - i_G) + (b_J + 0.5B)(i_h + i_G)x/L_c$（或$\approx xh_c/L_c$）		
	i_G 定值			
	内缘 h''_{cx}	$b_J i_J - (b_J + b_x)i_G$	$b_J i_J + 0.5Bi_G - (0.5Bb_J + b_x)xi_h/L_c$	

表 2-10 和表 2-11 中：

B——路面宽度；

b_J——路肩宽度；

i_G——路拱坡度；

i_J——路肩坡度；

i_h——超高横坡度；

L_C——超高过渡段长度（或缓和曲线长度）：

L_0——路基坡度由 i_J 变为 i_G 所需的距离，一般可取 1.0m；

x_0——与路拱同坡度的单向超高点到超高过渡段起点的距离；

x——超高过渡段中任一点至起点的距离；

h_c——路肩外缘最大抬高值；

h'_c——路中线最大抬高值；

h''_c——路基内缘最大降低值；

h_{cx}——x 距离处路基外缘抬高值；

h'_{cx}——x 距离处路基中线抬高值；

h''_{cx}——x 距离处路基内缘降低值；

b——圆曲线加宽值；

b_x——x 距离处路基加宽值。

以上长度单位均为 m。

2. 加宽

(1)加宽

汽车在曲线部分行驶时，前后轮的轮迹是不同的，而且，驾驶员保持车辆在车道中心线上也较困难，弯道部分的路面宽度比直线段需宽些。所以为保持汽车在转弯中不侵占相邻的车道，曲线路段的路面必需加宽，如图 2-11 所示。

由图中几何关系可得：

$$L_0^2 + (R - e_1)^2 = R^2$$

所以：$e_1 = R - \sqrt{(R^2 - L_0^2)}$

若为双车道，路面的加宽值为单车道的 2 倍：

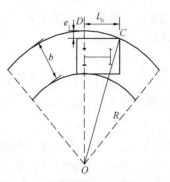

图 2-11　平曲线上的路面加宽值

23

$e=2e_1$，则，$e_1=2\left(R-\sqrt{(R^2-L_0^2)}\right)$ 考虑由于车速而产生的汽车摆动宽度值后，平曲线上双车道路面加宽值见式（2-18）为：

$$e = \frac{L_0^2}{R} + \frac{0.1V}{\sqrt{R}}$$
（2-18）

式中　e——双车道路面加宽值；

　　　R——圆曲线半径；

　　　V——计算行车速度；

　　　L_0——汽车轴距加前悬的长度（m）。

《技术标准》规定，当圆曲线半径等于或小于 250m 时，应在平曲线内侧加宽，双车道路面的加宽值规定见表 2-12。单车道路面加宽值按表列数值的 1/2 采用。

四级公路和山岭重丘区的三级公路采用第一类加宽值；其余各级公路采用第三类加宽值。对不经常通行集装箱运输半挂车的公路，可采用第三类加宽值。

对于城市道路，当曲线半径等于或小于 250m 时，应设加宽。每条车道的路面加宽值规定见表 2-13。

双车道公路平曲线加宽值（m）　　　表 2-12

加宽类型	平曲线半径（m）\汽车轴距加前悬（m）	250～200	200～150	150～100	100～70	70～50	50～30	30～25	25～20	20～15
1	5	0.4	0.6	0.8	0.8	1.2	1.4	1.8	2.2	2.5
2	8	0.6	0.7	0.9	0.9	1.5	2.0			
3	5.2＋8.8	0.8	1.0	1.5	2.0	2.5				

城市道路圆曲线每条车道的加宽值（m）　　　表 2-13

车型\圆曲线半径（m）	200<R≤250	150<R≤200	100<R≤150	60<R≤100	50<R≤60	40<R≤50	30<R≤40	20<R≤30	15<R≤20
小型汽车	0.28	0.30	0.32	0.35	0.39	0.40	0.45	0.60	0.70
普通汽车	0.40	0.45	0.60	0.70	0.90	1.00	1.30	1.80	2.40
铰接车	0.45	0.55	0.75	0.95	1.25	1.50	1.90	2.80	3.50

（2）加宽缓和段

弯道上行车道加宽是在圆曲线范围内设置不变的全加宽值，而直线路段上的不加宽逐渐变化到圆曲线路段上的全加宽，需要有一逐渐变化的过程，这一过渡段称为加宽缓和段。

从汽车在弯道上的行驶轨迹可知，后轮通过前轮的内侧，原则上应在平曲线内侧设置加宽。若受地形条件限制，方可在曲线两侧加宽。加宽缓和段的设置根据道路性质和等级可采用不同的方法。

1）比例过渡

在加宽过渡段全长范围内按其长度成比例逐渐加宽，如图 2-12 所示。加宽过渡段内任意点的加宽值：

$$b_x = \frac{L_x}{L}b$$
（2-19）

式中　L_x——任意点距过渡段起点的距离（m）；

　　　L——加宽过渡段长（m）；

　　　b——圆曲线上的全加宽（m）。

24

比例过渡简单易作，但经加宽以后的路面内侧与行车轨道不符，过渡段的起终点出现坡折，路容也不美观。这种方法适用于二、三、四级公路。

2）高次抛物线过渡

在加宽过渡段上插入一条高次抛物线，抛物线上任意点的加宽值：

$$b_x = \frac{L_x}{L}b \qquad (2-20)$$

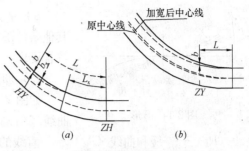

图 2-12　加宽的过渡
(a) 设缓和曲线的加宽过渡；
(b) 不设缓和曲线的加宽过渡

用这种方法处理以后的路面内侧边缘圆滑、美观，适用于对路容有一定要求的高速公路和一级公路。

当平曲线路段需设置缓和曲线、超高和加宽时，超高、加宽缓和段长度应与缓和曲线长度一致，并取三者计算值中大者作为设计值。

2.2.4　平面线形组合设计

为保证汽车安全、舒适地行驶，应使路线线形圆滑、顺适，各线形要素之间要有连续、均衡性，直线段与曲线段应彼此协调而成比例地敷设。过长的直线与沿线地形、自然景观配合得不好，会令人感到单调、乏味，易发生交通事故。

在地势平坦开阔的平原微丘区，路线直捷舒顺，在平面线形三要素中直线所占比例较大；随着汽车车速的不断提高，对线形流畅性的要求在增加，曲线在整个公路平面线形中所占的比例越来越大，公路线形设计也逐渐趋向于以曲线为主。特别是在地势有很大起伏的山岭和重丘区，路线多弯曲，曲线所占比例则较大。如果在没有任何障碍物的开阔地区（如戈壁、草原）故意设置一些不必要的曲线，或者在高低起伏的山地硬拉长直线，都将给人以不协调的感觉。路线要与地形相适应，即综合美学、经济、保护生态环境考虑。直线、圆曲线、缓和曲线的选用与合理组合取决于地形地物等具体条件，片面强调路线要以直线为主或以曲线为主或人为规定三者的比例都是错误的。

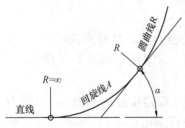

图 2-13　基本形

平面线形要素的组合形式主要有以下几种：

（1）基本形

圆曲线两端用回旋线和直线相互连接的形式，即按直线——回旋线（A_1）——圆曲线——回旋线（A_2）——直线的顺序组合而成时，称为基本形，如图 2-13所示。

为使线形连续协调，回旋线——圆曲线——回旋线的长度之比最好设计为 $1:1:1 \sim 1:2:1$。如受地形条件限制时，基本形的两个回旋线也可不相等，所以基本形可以设计成对称形（圆曲线两侧的回旋线长度相等）和非对称形（圆曲线两侧回旋线长度不相等）。

（2）S形

如图 2-14 所示，两个反向圆曲线用两段反向回旋线连接的组合形式，称为S形。从行驶力学和线形协调、超高过渡上考虑，S形曲线相邻两个回旋线参数 A_1 和 A_2 值最好相等；当采用不同的参数时，A_1 与 A_2 之比应小于 2.0，有条件时以小于 1.5 为宜。

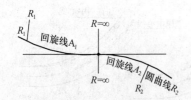

图 2-14 S形

S形的两个反向回旋线以径相连接为宜。当受地形或其他条件限制而不得不插入短直线时，其短直线的长度应符合要求。

（3）卵形

如图 2-15 所示，两同向的平曲线，按直线——缓和曲线（A_1）——圆曲线（R_1）——缓和曲线（A）——圆曲线（R_2）——缓和曲线（A_2）——直线的顺序组合而成的线形，称为卵形。卵形曲线用一个回旋线连接两个圆曲线，其公用缓和曲线的参数 A 最好在 $R_2/2 \leqslant A \leqslant R_2$ 范围内（R_2 为小圆半径），两圆曲线半径之比以满足 $R_1/R_2 = 0.2 \sim 0.8$ 为宜。

（4）凸形

如图 2-16 所示，两段同向缓和曲线之间不插入圆曲线而径相衔接的组合形式（圆曲线长度为零），称为凸形。凸形的回旋线最小参数及其连接点处的半径值，应分别符合容许最小回旋线参数（A 值）和圆曲线一般最小半径的规定。

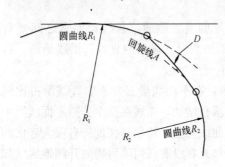

图 2-15 卵形

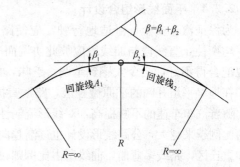

图 2-16 凸形

凸形在两回旋曲线衔接处，尽管曲率是连续的，但由于马上调转方向盘对驾驶操纵仍有一些不利因素，因此，在平面线形设计中，一般情况下最好不采用凸形，只有在路线受到地形条件限制的山嘴或特殊困难情况下才可考虑使用。

（5）复合形

两个以上的同向曲线在曲率相等处相互连接的线形称为复合形。这种形式很少采用，除非受地形条件控制严格，为了减少工程量、节省投资不得已才采用，如图 2-17 所示。

（6）C形

如图 2-18 所示，两同向回旋线在曲率为零处径相连接（即连接处曲率为 0，半径为 ∞）的组合线形为 C形。C形曲线只有在特殊地形条件下方可采用。

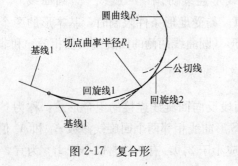

图 2-17 复合形

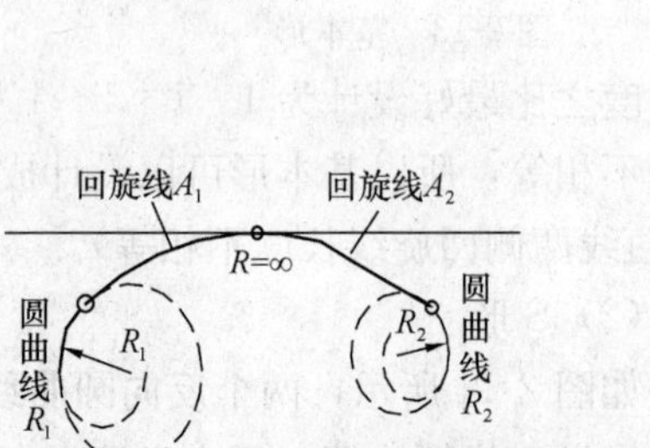

图 2-18 C形

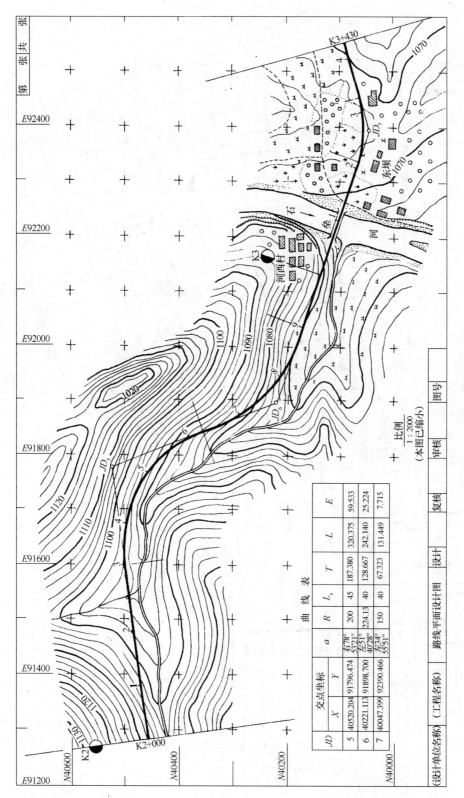

曲 线 表

JD	交点坐标		a	R	L_s	T	L	E
	X	Y						
5	40520.204	91796.474	右78°53′21″	200	45	187.380	320.375	59.533
6	40221.113	91898.700	左51°40′28″	224.13	40	128.667	242.140	25.224
7	40047.399	92390.466	左34°55′51″	150	40	67.323	131.449	7.715

比例
1:2000
(本图已缩小)

(设计单位名称)	(工程名称)	路线平面设计图	设计	复核	审核	图号

图 2-19 公路路线平面图

27

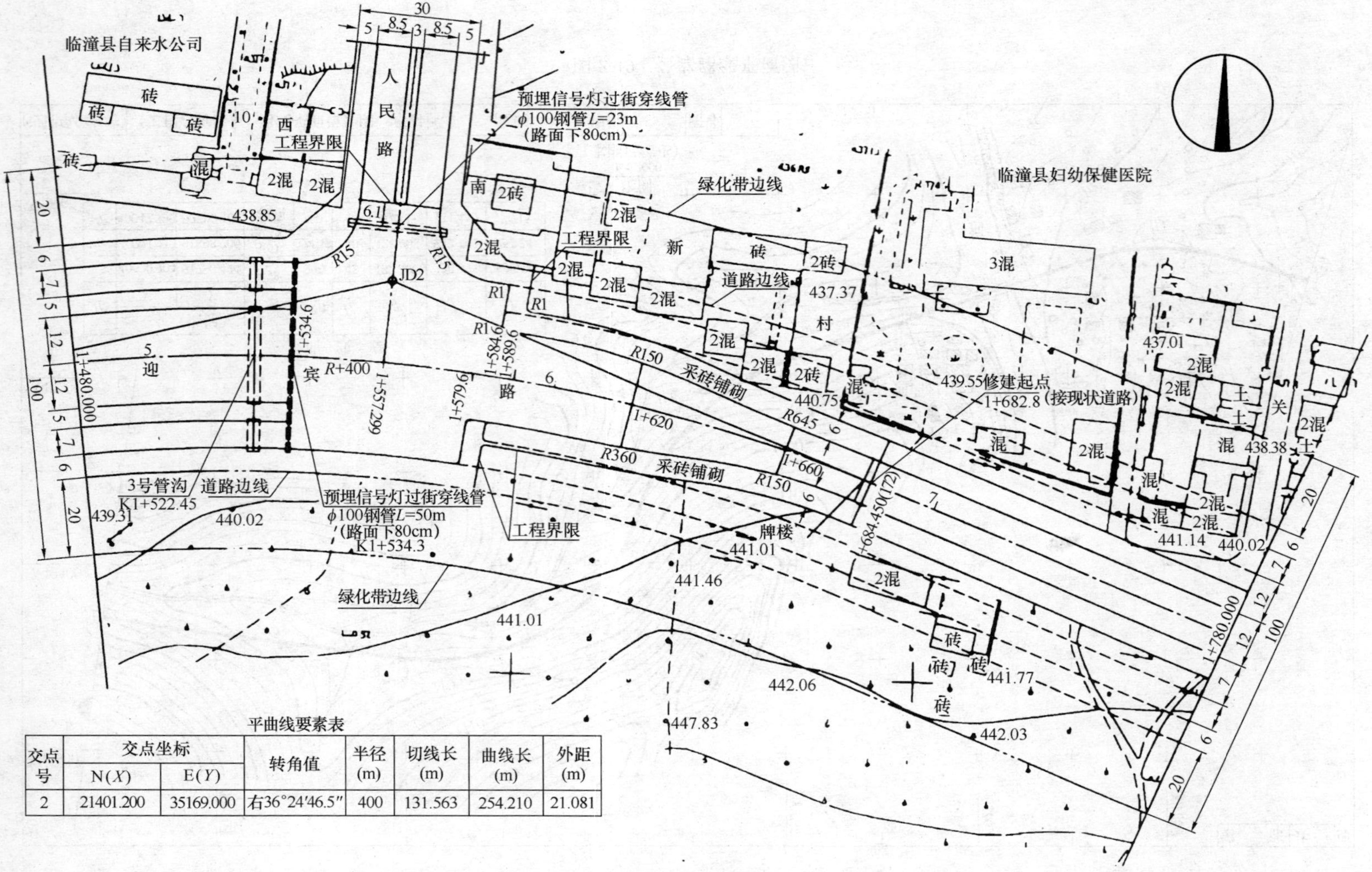

平曲线要素表

交点号	交点坐标 N(X)	交点坐标 E(Y)	转角值	半径 (m)	切线长 (m)	曲线长 (m)	外距 (m)
2	21401.200	35169.000	右36°24′46.5″	400	131.563	254.210	21.081

图 2-20　城市道路路线平面图

2.2.5 路线平面图

路线平面图是路线设计文件中的主要内容之一，路线平面反映了平面位置、线形、尺寸以及公路与周围环境、地形、地物等的关系。从平面图上可以清楚、全面地分析路线方案的优缺点，从而提出路线改善方案的可能性。

《公路基本建设工程设计文件编制办法》要求，路线平面图上应示出沿线的地形、地物，路线中心线及其里程桩号、断链、主要桩号水准点和大中桥、隧道、主要沿线设施的位置及省、市、自治区、县分界线，并示出平面线的要素。一般采用 1:2000 的比例尺，平原微丘区可采用 1:5000 的比例尺。公路路线平面图如图 2-19 所示。

城市道路平面图应标明道路中心线，远、近期的规划红线、车行道线、停车场、绿化带、交通岛、人行横道线、沿街建筑物出入口、各种地上、地下管线的走向位置、雨水口、窨井等、注明交叉口及沿线里程桩，弯道及交叉口处应注明曲线要素、交叉口侧面的转弯半径等。城市道路路线平面图如图 2-20 所示。

2.3 行 车 视 距

为了行车安全，驾驶人员应能随时看到汽车前面相当远的一段路程，以便一旦发现前方路面上有障碍物或迎面来车，能及时采取措施，避免相撞，这一必须的最短距离称为行车视距。

行车视距按行车状态不同分为停车视距，会车视距和超车视距等。高速公路、一级公路应满足停车视距的要求；其他各级公路一般应满足会车视距的要求，会车视距的长度不应小于停车视距的两倍。对向行驶的双车道公路，应根据需要并结合地形，在适当的距离内设置具有超车视距的路段。

2.3.1 停车视距

汽车行驶时，当视高为 1.2m，物高为 0.1m 时，驾驶人员自看到前方障碍物时起，采取制动措施至障碍物前能完全停车所需的最短行车距离，称为停车视距。停车视距由三部分组成，如图 2-21 所示。

$$S_{停} = S_1 + S_2 + S_0$$

式中　S_1——司机反应时间内行驶的距离（m）；

　　　S_2——开始制动到完全停止时行驶的距离（m）；

图 2-21　停车视距

　　　S_0——安全距离（m），一般可取 5～10m。

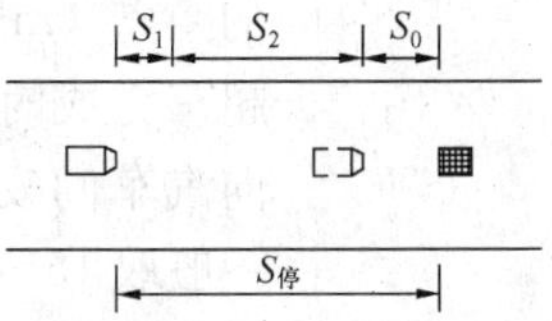

我国司机反应时间取 1.2s 时，则

$$S_1 = 1.2v = 1.2\frac{V}{3.6} = \frac{V}{3} \tag{2-21}$$

制动距离取决于汽车制动力和行驶车速的大小，其计算公式为：

$$S_2 = \frac{KV^2}{254(\varphi \pm i)} \tag{2-22}$$

式中　V——计算行车速度（km/h）；

　　　i——纵坡度，上坡为正，下坡为负；

　　　φ——路面与轮胎之间的纵向摩阻系数；

　　　K——制动使用系数，一般可在 1.2～1.4 间选用。

所以停车视距的计算公式见式（2-23）：

$$S_{停} = S_1 + S_2 + S_0 = \frac{V}{3} + \frac{KV^2}{254(\varphi \pm i)} + S_0 \qquad (2\text{-}23)$$

公路停车视距规定值见表2-14，城市道路停车视距规定值见表2-15。

公路停车视距　　　　　　　　　　　表 2-14

设计速度（km/h）	120	100	80	60	40	30	20
停车视距（m）	210	160	110	75	40	30	20

城市道路停车视距　　　　　　　　　表 2-15

设计速度（km/h）	80	60	50	45	40	35	30	25	20	15	10
停车视距（m）	110	70	60	45	40	35	30	25	20	15	10

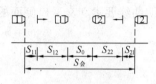

图 2-22　会车视距

2.3.2　会车视距

两对向行驶的汽车能在同一车道上及时刹车所必需的距离称为会车视距。

在双车道公路上，尤其在交通量不大时，所需的安全视距如按比例关系及运动状态进行计算，涉及的因素很多，也不实用，一般不作计算。参照国内外的普遍做法，会车视距取停车视距的两倍，如图2-22所示。

2.3.3　超车视距

在双车道公路上，当视高为 1.2m，后车超越前车过程中，从开始驶离原车道之处起，至可见逆向行车并能超车后驶回原车道所需的最短距离，即为超车视距。全超车视距由四部分组成，如图2-23所示。超车视距值见表2-16。

$$S_{超} = S_1 + S_2 + S_3 + S_4 \qquad (2\text{-}24)$$

式中　S_1——加速行驶距离（m）；

　　　S_2——超车汽车在对向车道行驶的距离（m）；

　　　S_3——超车完成时超车汽车与对向汽车间安全距离（m），一般取 15～60m；

　　　S_4——超车汽车从开始加速到超车完成时对向车道汽车的行驶距离（m）。

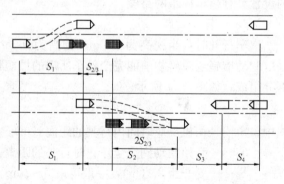

图 2-23　超车视距

超　车　视　距　　　　　　　　　　表 2-16

设计速度（km/h）	80	60	40	30	20
超车视距（m）	550	350	200	150	100

2.3.4　视距的保证

1. 弯道上视距的保证

汽车在弯道上行驶时，弯道内侧行车视距可能被树木、建筑物、路堑边坡或其他障碍物所遮挡，因此，在路线设计时必须检查平曲线上的视距是否能得到保证，如有遮挡时，则必须清除视距区段内侧遮挡横净距的障碍物，如图2-24所示。

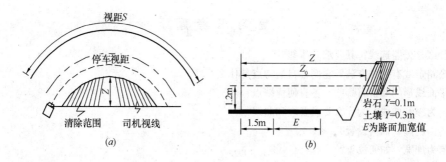

图 2-24　弯道内侧视距障碍物清除

(a) 横净距平面图；(b) 横净距立面图

对弯道进行视距检查是对沿内侧车道边缘 1.5m 处行驶的汽车进行检查，并通过驾驶员高出路面 1.2m 的视线横净距 Z_0 来保证，如图 2-24 所示。当 $Z < Z_0$ 时，视线可以保证。当 $Z > Z_0$ 时，需将图上阴影障碍物部分清除。

上述 $Z - Z_0$ 值是弯道上必须清除的最大横净距，它在曲线的中点或中点附近。其他任意点的横间距设为 Z_1，则该点的清除宽度为 $Z_1 - Z_0$。

Z_1 通常用图解法求得，如图 2-25 所示，AB 是行车轨迹线在该轨迹上的规定的设计视距 S 量出多组对应的起终点，分别把各组对应起终点连接起来，与这些线相切的曲线（包络线）即为视距曲线。在视距曲线与轨迹线之间的空间范围是应保证通视的区域，在这个区域内的障碍物应予清除。

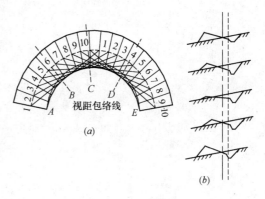

图 2-25　图解法确定横净距

(a) 平面；(b) 横断面

2. 城市道路交叉口的视距

对无交通控制（没有信号和停车标志）的平交路口，特别在交通量少的情况下，交叉视距可采用各相交的停车视距。停车视距所组成的三角形称为视距三角形，如图 2-26 所示，在视距三角形的范围内不能有任何阻碍司机视线的障碍物。

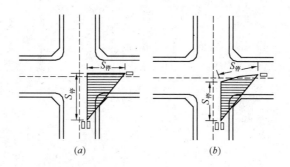

图 2-26　十字形交叉口视距三角形

(a) 直行车与直行车冲突；(b) 直行车与左转车冲突

31

复习思考题

1. 什么是公路选线？其要求有哪些？

2. 公路定线有几种方法？它们各自的特点是什么？

3. 平面线形的要素有哪些？各有何优缺点？

4. 何为缓和曲线？为什么要设置缓和曲线？

5. 何为超高？如何设置？

6. 何为加宽？如何设置？

7. 某山岭区四级公路上有一平曲线，$R=15m$，要求保证横向力系数不大于0.15，试求超高横坡度应为多少？

第3章　道路纵断面设计

沿道路中线竖直剖切，展开后称为道路的纵断面，它反映路线竖向的走向、高程、纵坡大小，即道路的起伏情况。道路的纵断面线形由直线和竖曲线组成，应根据汽车的动力性能，道路等级和汽车技术要求，当地气候、地物、地质、水文、排水要求及工程量等来确定。

反映路线在纵断面上的形状、位置及尺寸的图形叫路线纵断面图，如图 3-1 所示。在道路纵断面图上表示原地面的标高线称为地面线，地面线上各点的标高称为地面标高。沿道路中心线所作的纵坡设计线称为纵断面设计线，在纵断面设计线上的各点标高称为设计标高。设计标高与原地面标高之差，称为填挖高度。设计线高出地面线须填土，低于地面线须挖土。道路纵断面图是道路设计的重要技术文件之一，它与平面图、横断面图结合起来，能够完整地表达道路的空间位置和立体线形。道路纵断面设计就是在路线纵断面图上决定坡度、坡长、竖曲线半径，最后计算直线段与曲线段上各整桩与特殊桩的高程。

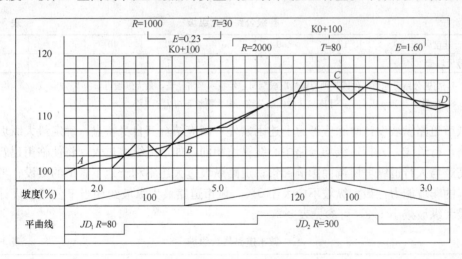

图 3-1　路线纵断面图

3.1　纵　坡　设　计

3.1.1　最大纵坡

最大纵坡系指道路纵坡设计的极限值，是纵面线形设计的一项重要指标。道路最大纵坡的大小，直接影响线形长短、行车安全、运输成本以及道路建设投资等。因此，在确定道路的最大纵坡时，应考虑多方面因素后再予确定。

1. 确定最大纵坡应考虑的因素

（1）汽车的动力性能

汽车的动力特性表明，当车速一定后，对于某类型的汽车，其最大上坡能力可以唯一确定。但是一条道路上的车流通常是由混合车辆组成，不同种类的汽车其动力特性是不相同的，因此若取 V 等于定值时，不同种类的汽车相应的最大纵坡限值是不相同的。

（2）行车安全、经济

坡度过陡，行驶的车辆容易滑溜，且下坡时冲力大极易出事故。从实际经验得知，在坡度大于 8% 的路段，下坡时，由于刹车次数增加，导致制动器发热而使刹车失效，常成为肇事原因。在过陡的纵坡上上、下坡行驶，不仅耗油量大，转动机件间的磨损、轮胎的磨耗等均将增大，因此，有必要限制最大纵坡值。

（3）公路等级对纵坡的影响

一般公路等级高，必然行车密度大，而且要求的行车速度也高。对同类型车辆来说，速度愈高，其爬坡能力愈低，因此等级高的公路需要尽量采用平缓的纵坡，以提高通行能力和降低运输成本。

（4）自然条件的影响

公路所在地区的地形起伏、海拔高度、气温、雨量、温度等，都在不同程度上影响车辆的行驶状况和上坡能力。例如气温低寒，将使车辆的功率得不到充分发挥；路面冰冻积雪，或过分潮湿，使车轮与路面之间的附着系数减小，下坡车辆易滑移，事故较多，则公路的纵坡就应设计得小一些。我国各级公路的最大纵坡值见表 3-1。

各级公路最大纵坡 表 3-1

设计速度（km/h）	120	100	80	60	40	30	20
最大坡度（%）	3	4	5	6	7	8	9

注：1. 高速公路受地形条件或其他特殊情况限制时，经技术经济论证，最大纵坡可增加 1%；

2. 在海拔 2000m 以上积雪冰冻地区的四级公路，最大纵坡不应大于 8%。

城市道路纵坡设计时除应考虑上述因素外，尚应结合其自身特点，确定最大纵坡。城市道路车行道线、人行道线均与路中心线纵坡相同，如道路纵坡过大，将使临街建筑物地坪标高难与人行道纵坡协调而影响街景；道路纵坡过大还不利于地下管道的敷设；考虑到自行车的爬坡能力，最大纵坡不应大于 3%。城市道路最大纵坡约相当于公路按设计速度计的最大纵坡减小 1%，可参见表 3-2。

城市道路最大纵坡 表 3-2

设计速度（km/h）	80	60	50	40	30	20
最大纵坡推荐值（%）	4	5	5.5	6	7	8
最大纵坡限制值（%）	6	7	7	8	9	9

注：1. 海拔 3000～4000m 的高原城市道路的最大纵坡推荐值，按表列数值减小 1%；

2. 秋雪寒冷地区的最大纵坡推荐值不得超过 6%。

2. 桥涵、隧道路线最大纵坡

小桥涵处的纵坡可按表 3-1 的限值设计，但大、中桥上的纵坡不宜大于 4%，桥头引道纵坡不宜大于 5%；位于城镇附近混合交通繁忙地段，桥上及桥头引道纵坡均不得大于 3%；紧接大、中桥桥头的引道线形应与桥上线形相配合。隧道内纵坡不应大于 3%，短于 100m 的隧道不受此限。

3. 纵坡折减

在海拔 3000m 的高原地区，因空气稀薄而使发动机功率降低，相应地降低了汽车的爬坡能力；此外，在高原地区行车，汽车水箱易开锅，破坏冷却系统。故规范规定在海拔3000m 的高原地区，各级公路的最大纵坡值按表 3-3 的规定折减，最大纵坡折减后，如小于 4%，则采用 4%。

高原纵坡折减值　　表 3-3

海拔高度（m）	3000~4000	4000~5000	5000 以上
折减值（%）	1	2	3

3.1.2　最小纵坡

为了保证挖方地段、设置边沟的低填方地段和横向排水不畅地段的纵向排水，防止积水渗入路基而影响其稳定性，规定各级公路的长路堑路段，以及其他横向排水不良地段，均应采用不小于 0.3% 的纵坡。当必须设计水平坡或小于 0.3% 的纵坡时，边沟排水设计应与纵坡设计一起综合考虑，其边沟应作纵向排水设计。城市道路最小纵坡应能保证排水和防止管道淤塞所必须的最小纵坡，其值为 0.3%。如遇特殊困难，其纵坡度必须小于0.3% 时，则应设置锯齿形街沟排除积水。

3.1.3　合成纵坡

道路在平曲线地段，若纵向有纵坡且横向有超高时，则最大坡度既不在纵坡上，也不在超高上，而是在纵坡和超高的合成方向上，这时的最大坡度称之为合成坡度，如图 3-2 所示。合成坡度可按矢量关系或勾股关系导出：

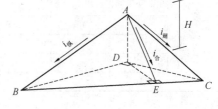

图 3-2　合成坡度

$$i_合 = \sqrt{i_纵^2 + i_超^2} \tag{3-1}$$

式中　$i_合$——合成坡度（%）；

　　　$i_超$——超高横坡度（%）；

　　　$i_纵$——路线纵坡度（%）。

汽车在有合成坡度的地段行驶，若合成坡度过大，当车速较慢或汽车停在合成坡度上，汽车可能沿合成坡度方向产生滑移；同时若遇到急弯陡坡，对行车来说，可能会短时间在合成坡度方向下滑，因合成坡度比纵坡和横坡均大，所以速度会突然加快，使汽车沿合成坡度方向冲出弯道而产生事故。因此对合成坡度也应加以限制。规范规定各级公路的最大容许合成坡度见表 3-4，城市道路最大合成坡度见表 3-5。

公路最大合成坡度　　表 3-4

公路等级	高速公路			一			二		三		四
设计速度（km/h）	120	100	80	100	80	60	80	60	40	30	20
合成坡度（%）	10.0	10.0	10.5	10.0	10.5	10.5	9.0	9.5	10.0	10.0	10.0

城市道路最大合成坡度　　表 3-5

设计速度（km/h）	80	60	50	40	30	20
合成坡度（%）	7	6.5		7		8

3.1.4 坡长限制

坡长是指变坡点与变坡点之间的水平长度，其长度限制主要是对较陡纵坡的最大长度和一般纵坡的最小长度加以限制。

1. 陡坡最大坡长

坡道长度限制，系根据机动车辆上坡能力来决定。上陡坡时，若坡道较短，车辆因动能的辅助，仍可用高排档行驶；如坡道太长，就必须改用低档，长时间使用低档，会使发动机发热，热量大大增加而使水箱开锅，产生气阻，致使汽车爬坡无力，甚至熄火；下坡时制动次数太多使制动器发热失效，而出事故；同时长时间在陡坡上行驶，驾驶员心理紧张，工作条件恶劣。因此，当道路纵坡较大时，为了行车安全，其坡段长度需要限制，各级公路纵坡长度限制见表3-6，城市道路坡长限制见表3-7。

各级公路纵坡长度限制（m） 表3-6

设计速度（km/h）		120	100	80	60	40	30	20
纵坡坡度（%）	3	900	1000	1100	1200			
	4	700	800	900	1000	1100	1100	1200
	5		600	700	800	900	900	1000
	6			500	600	700	700	800
	7					500	500	600
	8					300	300	400
	9						200	300
	10							200

城市道路坡长限制 表3-7

设计速度（km/h）	80			60			50			40		
纵坡坡度（%）	5	5.5	6	6	6.5	7	6	6.5	7	6.5	7	8
坡长限制（m）	600	500	400	400	350	300	350	300	250	300	250	200

2. 最小坡长

若坡长太短，从几何构成来看不能设置两端的竖曲线；从行车来看变坡频繁，纵面起伏大，行车顺适性差。因此考虑上述因素，为使纵断面线形不因起伏频繁而呈锯齿形的状态，并便于平面线形的合理布设，还应对最小坡长加以限制。最小坡长通常以计算行车速度行驶9~15s的行程作为规定值，所取的行程时间，应能使坡长满足相邻竖曲线的设置、纵面视距良好、道路平顺和有利于行车的要求。各级公路最小坡长规定见表3-8，城市道路最小坡长规定见表3-9。

各级公路最小坡长 表3-8

设计速度（km/h）	120	100	80	60	40	30	20
最小坡长（m）	300	250	200	150	120	100	60

城市道路最小坡长 表3-9

设计速度（km/h）	80	60	50	40	30	20
最小坡长（m）	290	170	140	110	85	60

3.1.5 纵坡设计一般原则

在布设各坡段的纵坡时，应按下列要求和规定进行，以求纵坡设计合理：

（1）纵坡设计必须符合《技术标准》中的有关纵坡的各项规定。各级公路的最大纵坡值及陡坡限制坡长，一般不轻易采用，而应留有适当余地。只有在越岭线中为争取高度、缩短路线长度或为避免工程艰巨地段等不得已时才采用最大值。

（2）为保证汽车以一定的速度安全顺利地行驶，设计纵坡应力求连续、平顺、均衡，起伏不宜过大或过于频繁。缓坡宜长，陡坡宜短。在采用较大纵坡的地段应限制其坡长。为使纵坡度均衡，在连续采用极限长度的陡坡之间，不宜夹用短的缓和坡段。在连续升坡或降坡路段，应避免设计反向坡度，以免浪费高程。对连续起伏的路段，坡度要尽量小，避免锯齿形的纵断面。

（3）纵坡设计为保证路基稳定，应尽量减少深路堑和高路堤，在设计中应重视纵、横向填挖的调配利用，力争填挖平衡，尽量减少借方和弃方，节省土石方工程量，降低工程造价。

（4）在非机动车辆较多的路段，应根据具体条件，将纵坡适当设缓。考虑到自行车的爬坡能力，最大纵坡应不大于 3％，最小纵坡应满足排水要求。

（5）确定城市道路纵坡设计线，必须满足城市各种地下管线最小覆土深度的要求。对于旧路改建，如必须降低原标高，则设计标高不宜定得太低，以防损坏路下的各种管线。

（6）从汽车行驶方便和安全出发，应控制平均纵坡。平均纵坡是指某一路段的起终点高差与水平距离之比（％）。实况调查表明，不少路段虽然最大纵坡并不长，但由于平均纵坡较大，上坡用低档的时间较长，容易引起汽车水箱开锅；同样，下坡由于较长时间的不断加速，必须频繁地制动，引起制动器发热，甚至烧掉制动片而出事故。因此《技术标准》中规定：二、三、四级公路越岭线的平均纵坡，一般以接近 5.5％（相对高差 200～500m）和 5％（相对高差大于 500m）为宜，并注意任意相连 3km 路段的平均纵坡不宜大于 5.5％。平均纵坡是在宏观上控制路线纵坡。

3.2 竖曲线设计

当纵断面上两条坡度不同的相邻纵坡线相交时，就出现了转坡点。汽车在转坡点上行驶是不顺适的，故在转坡点处必须将前后两条相邻坡线用曲线顺适地连接起来使之适应行车的需要。这条连接两相邻坡度线的曲线叫竖曲线。竖曲线按其开口方向分为两种：开口朝下的曲线称为凸形竖曲线；开口朝上的曲线称为凹形竖曲线，如图 3-3 所示。

竖曲线的主要作用有两种：①起缓冲

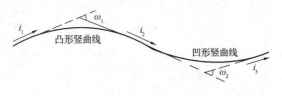

图 3-3　竖曲线示意图

作用。以平缓的曲线取代折线可消除汽车在该处的颠簸，增大乘客的舒适感；②确保公路纵向的路面视距。在凸形竖曲线处，当相邻纵坡坡差 ω 较大时，若无竖曲线，则盲区部位的路障便看不见（图 3-4），若设置了适当的竖曲线，则视距将获得保证。

3.2.1 竖曲线要素的计算

竖曲线一般为圆曲线或二次抛物线。当用二次抛物线时，各基本要素如图 3-5 所示。

图中坐标原点在 O 点，取顶点 O 的曲率半径为 R，则二次抛物线的基本方程为：

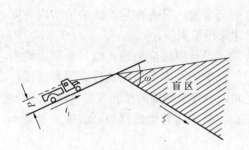

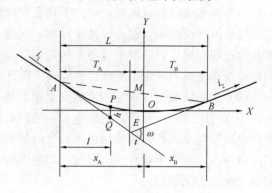

图 3-4 不设竖曲线而产生的盲区   图 3-5 竖曲线要素示意图

$$x^2 = 2Ry$$

即

$$y = \frac{x^2}{2R} \tag{3-2}$$

（1）切线上任意一点 Q 与竖曲线间的竖向距离 h

由图 3-5 可知 $PQ = h$，P 点的纵坐标为：

$$y_P = \frac{x_P^2}{2R} = \frac{(x_A + l)^2}{2R}$$

切线上 Q 点的纵坐标为：

$$y_Q = y_A - |l \cdot i_1|$$

因图中 $i_1 < 0$，故有： $y_Q = y_A + l \cdot i_1$

则

$$
\begin{aligned}
h &= y_P - y_Q \\
&= \frac{(x_A + l)^2}{2R} - (y_A + l \cdot i_1) \\
&= \frac{1}{2R}(x_A^2 + 2x_A l + l^2) - (y_A + l \cdot i_1)
\end{aligned}
$$

又 $y_A = \dfrac{x_A^2}{2R}$

$$i = \frac{dy}{dx} = \frac{x}{R} \tag{3-3}$$

所以 $i_1 = \dfrac{x_A}{R}$

将 $y_A = \dfrac{x_A^2}{2R}$ 及 $i_1 = \dfrac{x_A}{R}$ 代入 h 的表达式

则得

$$h = \frac{l^2}{2R} \tag{3-4}$$

式中 h——切线上任一点至竖曲线上的竖向距离（m）；

38

l——曲线上相应于 h 的 P 点至切点 A 或 B 的距离（m）；

R——二次抛物线原点处的曲率半径，通常称为竖曲线半径（m）；

i——切线的斜率，即纵坡度，上坡为正，下坡为负。

（2）曲线长 L

竖曲线的长度 L 可近似地看成 $L \approx \overline{AB}$

$$\overline{AB} = x_B - x_A$$

由式（3-3）知：

$$x_B = R \cdot i_2$$

$$x_A = R \cdot i_1$$

$$L = R \cdot i_2 - R \cdot i_1 = R(i_2 - i_1)$$

令

$$\omega = i_1 - i_2$$

所以

$$L = R \cdot |\omega| \tag{3-5}$$

（3）切线长 T

因 ω 很小，所以竖曲线的切线 $T_A \approx T_B = \dfrac{L}{2}$，则

$$T = T_A = T_B = \frac{L}{2} = \frac{R \cdot |\omega|}{2} \tag{3-6}$$

（4）外距 E

由式（3-4）可知竖曲线的外距 E 为：

$$E = \frac{T_A^2}{2R} = \frac{T_B^2}{2R} = \frac{T^2}{2R} \tag{3-7}$$

式中　E——外距，即两切线交点至竖曲线顶点间的距离（m）。

综上所述，竖曲线的要素计算公式为：

$$\left. \begin{aligned} L &= R \cdot |\omega| \\ T &= T_A = T_B = \frac{L}{2} = \frac{R \cdot |\omega|}{2} \\ E &= \frac{T^2}{2R} \\ h &= \frac{l^2}{2R} \end{aligned} \right\} \tag{3-8}$$

式中符号意义同前。

按式（3-8）求出竖曲线的基本要素 L、T、E、h 后，可以根据下列公式求出竖曲线内任一里程桩号处设计标高。其计算公式为：

竖曲线起点桩号＝变坡点桩号－T

竖曲线终点桩号＝变坡点桩号＋T

某桩号在凸曲线上的设计标高＝该桩号在切线上的设计标高－h

某桩号在凹曲线上的设计标高＝该桩号在切线上的设计标高＋h

【例 3-1】　某平原微丘区二级公路，转坡点桩号为 K10＋200，变坡点高程为 125.52m，两相邻路段纵坡为 $i_1 = 5\%$ 和 $i_2 = -3\%$，竖曲线半径选用 5000m。试计算（1）竖曲线基本要素；（2）竖曲线起点和终点桩号；（3）求 K10＋000，K10＋100，K10＋200，K10＋300，K10＋400 五个桩号的设计高程。

【解】 （1）计算竖曲线基本要素

两相邻纵坡的坡度差：$\omega = i_1 - i_2 = 0.05 - (-0.03) = 0.08$ 为凸形竖曲线

竖曲线长度：$L = R \times \omega = 5000 \times 0.08 = 400$m

切线长度：$T = R \times \dfrac{\omega}{2} = 5000 \times \dfrac{0.08}{2} = 200$m

竖曲线外距：$E = \dfrac{T^2}{2R} = \dfrac{200^2}{2 \times 5000} = 4$m

（2）竖曲线起点终点桩号

1）竖曲线起点桩号＝K10＋200－T＝K10＋200－200＝K10＋000

2）竖曲线终点桩号＝K10＋200＋T＝K10＋200＋200＝K10＋400

（3）求竖曲线内 K10＋000，K10＋100，K10＋200，K10＋300，K10＋400 桩号的设计标高

1）K10＋000 为竖曲线起点

切线设计标高＝125.52－200×0.05＝115.52m

纵距 $h = 0$

设计标高＝115.52－0＝115.52m

2）K10＋100 处

切线设计标高＝115.52＋100×0.05＝120.52m

纵距 $h = \dfrac{x^2}{2R} = \dfrac{100^2}{2 \times 5000} = 1.00$m

设计标高＝120.52－1.00＝119.52m

3）K10＋200 为竖曲线中点

切线设计标高＝125.52m

纵距 $h = 4.0$m

设计标高＝125.52－4.0＝121.52m

4）K10＋300 处

切线设计标高＝125.52－100×0.03＝122.52m

纵距 $h = \dfrac{x^2}{2R} = \dfrac{100^2}{2 \times 5000} = 1.00$m

设计标高＝122.52－1.00＝121.52m

5）K10＋400 竖曲线终点

切线设计标高＝125.52－200×0.03＝119.52m

设计标高＝119.52m

3.2.2　竖曲线半径

1. 凸形竖曲线的极限最小半径

汽车在凸形竖曲线上行车时，由于竖曲线向上凸起，使驾驶员的视线受到影响，产生盲区，所以凸形竖曲线的半径主要是按视距要求进行计算的。

（1）当竖曲线长 L 小于停车视距 S_T 时

如图 3-6（a）所示，设驾驶员眼睛离路面的高度 h_1，前方障碍物离路面的高度 h_2，因 ω 很小，视 h_1 和 h_2 是垂直于水平面的。

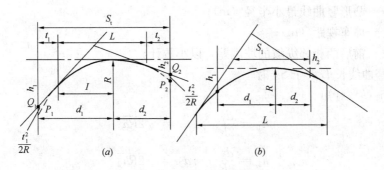

图 3-6 竖曲线半径计算图式

(a) $L < S_T$; (b) $L > S_T$

将竖曲线延长到 h_1 和 h_2 的竖直方向上，由式（3-4）得：

$$P_1Q_1 = \frac{t_1^2}{2R} \qquad P_2Q_2 = \frac{t_2^2}{2R}$$

则

$$h_1 = \frac{d_1^2}{2R} - \frac{t_1^2}{2R} \qquad d_1 = \sqrt{2Rh_1 + t_1^2}$$

$$h_2 = \frac{d_2^2}{2R} - \frac{t_2^2}{2R} \qquad d_2 = \sqrt{2Rh_2 + t_2^2}$$

又

$$t_1 = d_1 - l = \sqrt{2Rh_1 + t_1^2} - l$$

得

$$t_1 = \frac{Rh_1}{l} - \frac{l}{2}$$

同理可得

$$t_2 = \frac{Rh_2}{L - l} - \frac{L - l}{2}$$

因

$$S_T = t_1 + L + t_2$$

将 t_1 和 t_2 代入后得

$$S_T = \frac{Rh_1}{l} + \frac{L}{2} + \frac{Rh_2}{L - l} \tag{3-9}$$

当求出 S_T 为最小值时，相应的竖曲线长度即为最小竖曲线长度。对式（3-9）求导并令

$$\frac{dS_T}{dl} = 0$$

可得

$$l = \frac{\sqrt{h_1}}{\sqrt{h_1} + \sqrt{h_2}}L$$

将此式代入式（3-9），则

$$S_T = \frac{1}{\omega}\left(\sqrt{h_1} + \sqrt{h_2}\right)^2 + \frac{L}{2}$$

即

$$L_{min} = 2S_T - \frac{2}{\omega}\left(\sqrt{h_1} + \sqrt{h_2}\right)^2$$

可得

$$R_{min} = \frac{L_{min}}{\omega} = \frac{2}{\omega}\left[S_T - \frac{1}{\omega}\left(\sqrt{h_1} + \sqrt{h_2}\right)^2\right] \tag{3-10}$$

式中　L_{min}——凸形竖曲线最小长度（m）；

R_{min}——凸形竖曲线最小半径（m）；

S_T——停车视距（m）；

ω——前后两相邻纵坡的坡度差，以小数计。

（2）当竖曲线长 L 大于 S_T 时

由图 3-6（b）可知

$$h_1 = \frac{d_1^2}{2R} \qquad d_1 = \sqrt{2Rh_1}$$

$$h_2 = \frac{d_2^2}{2R} \qquad d_2 = \sqrt{2Rh_2}$$

则有

$$S_T = d_1 + d_2 = \sqrt{2R}(\sqrt{h_1} + \sqrt{h_2})$$

解得

$$R_{min} = \frac{S_T^2}{2(\sqrt{h_1} + \sqrt{h_2})^2} \tag{3-11}$$

式中　h_1——目高（m）；

h_2——物高（m）。

2. 凹形竖曲线的极限最小半径

凹形竖曲线极限最小半径主要从限制离心加速度、确保夜间行车视距和确保净空有障碍时的视距三个方面计算分析确定。

（1）限制离心加速度

汽车在凹形竖曲线上行驶时，由于受离心力作用而产生增重，增重达到某种程度时，旅客就会有不舒适感觉，而且对汽车的悬挂系统产生超载影响。竖曲线半径的大小直接影响离心力的大小，一般情况下以控制离心加速度 a 来限制竖曲线的极限最小半径。

因

$$a = \frac{v^2}{R}$$

有

$$R = \frac{v^2}{a} = \frac{V^2}{13a} \tag{3-12}$$

式中　a——离心加速度（m），常取 $0.5 \sim 0.7 \text{m/s}^2$；

V——计算行车速度（km/h）。

（2）确保夜间行车视距

当凹形竖曲线半径较小时，夜间行车前灯受照射角限制，只能照到一定范围，如图 3-7 所示。

设凹形竖曲线采用二次抛物线 $y = \frac{x^2}{2R}$ 形式，δ 为汽车前灯的灯光向上的照射角，通常取 $\delta = 1°$；汽车前灯的高度 $d = 0.7\text{m}$，则据抛物线公式有

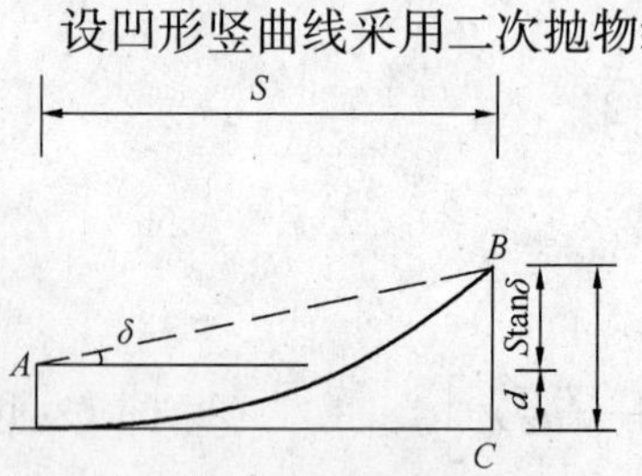

$$BC = y = \frac{S^2}{2R}$$

又根据几何关系，

$$BC = d + S\tan\delta$$

图 3-7　灯光视距确定 R

42

故
$$\frac{1}{2R}S^2 = d + S\tan\delta$$

则
$$R = \frac{S^2}{2(d + S\tan\delta)}$$

将常用已知值代入后得

$$R = \frac{S^2}{1.5 + 0.035S} \tag{3-13}$$

式中 S——前灯照射距离（m），按规定的视距长
度取值。

（3）确保净空有障碍时的视距

当公路与公路或公路与铁路作立体交叉时，若公路于桥下经过，司机视线可能会受到桥跨上部构造的阻挡，如图 3-8 所示。凹曲线按抛物线 $y = \frac{x^2}{2R}$ 设置，则 R 按下式求得：

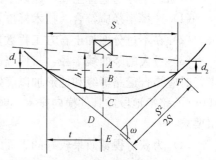

图 3-8 跨线桥下视距确定 R

$$R = \frac{S^2}{\left[\sqrt{2(h - d_1)} + \sqrt{2(h - d_2)}\right]^2} \tag{3-14}$$

式中 S——规定的视距长度（m）；

h——净空高度（m），常取 $h = 4.5\text{m}$；

d_1——目高（m），常取 $d_1 = 1.50\text{m}$；

d_2——物高（m），常取 $d_2 = 0.75\text{m}$。

将上述常用值代入式（3-14），则可得：

$$R = \frac{S^2}{26.93} \tag{3-15}$$

凸形竖曲线极限最小半径与凹形竖曲线极限最小半径确定后，即可根据 $L = R\omega$，求出相应的竖曲线最小长度。

当竖曲线两端直线坡段的坡度差 ω 很小时，即使半径较大，竖曲线长度亦可能较小，此时汽车在竖曲线段倏忽而过，冲击增大，乘客不适；从视觉上考虑也会感到线形突然转折，故在竖曲线上的行车时间不宜过短。据统计，在竖曲线上行车时间 $t = 3\text{s}$ 时，驾驶员操作较为方便，旅客感觉良好，所以通常取 $t = 3\text{s}$，即有

$$L_{\min} = \frac{V}{1.2}(\text{m}) \tag{3-16}$$

各级公路竖曲线最小长度与最小半径规定见表 3-10。

公路竖曲线最小半径和最小长度 表 3-10

设计速度（km/h）		120	100	80	60	40	30	20
凸形竖曲线最小半径（m）	极限值	11000	6500	3000	1400	450	250	100
	一般值	17000	10000	4500	2000	700	400	200
凹形竖曲线最小半径（m）	极限值	4000	3000	2000	1000	450	250	100
	一般值	6000	4500	3000	1500	700	400	200
竖曲线长度（m）	最小值	100	85	70	50	35	25	20
	一般值	250	210	170	120	90	60	50

竖曲线极限最小半径是汽车在纵坡变更处行驶时，为了缓和冲击和保证视距所需的最小半径，该值在受地形等特殊情况约束时方可采用。通常为了使行车有较好的舒适条件，设计时一般采用大于竖曲线极限最小半径的数值，其值为极限最小半径的 1.5~2.0 倍，称其为一般最小半径。凸形及凹形竖曲线一般最小半径规定见表 3-8。

3. 竖曲线半径的选择

竖曲线半径的选择主要考虑以下因素：

（1）选择半径应符合《技术标准》规定的竖曲线最小半径和最小长度的要求。

（2）在不过分增加土石方工程数量的情况下，为使行车舒适，应采用较大的半径。

（3）过大的竖曲线半径，将使竖曲线过长，从施工和排水来看都是不利的，因此选择半径时应结合道路等级和地形加以确定。在各级公路上若遇到坡度小于 0.3% 且坡长超过 100m 的路堑地段或其他横向排水不畅的路段时，应重新设计竖曲线或纵坡，使其满足排水要求。

（4）为获得视觉效果较好的纵面线形，竖曲线半径应选得大一些，可取为一般最小值的 1.5~4.0 倍，可参照表 3-11 所列值选择。

从视觉观点所需的竖曲线最小半径   表 3-11

设计速度（km/h）	凸形竖曲线半径（m）	凹形竖曲线半径（m）
120	20000	12000
100	16000	10000
80	12000	8000
60	9000	6000

3.2.3 平纵面线形组合

线形是指道路平面的形状、纵面的形状或者平、纵组合的立体形状。道路线形设计的顺序一般是从选线开始，首先确定平面线形，其次确定纵面线形，再到平、纵线形的组合设计。平、纵线形的组合设计，是线形设计的最后阶段。把平、纵线形合理地组合起来，使之成为连续、圆滑、顺适、美观的空间曲线，从而达到行车安全、快速、舒适、经济的要求。

1. 线形组合原则

（1）在视觉上自然地诱导驾驶员的视线，并保持视觉的连续性

空间线形应能在视觉上自然地诱导驾驶员的视线，使其能及时和明确判断路线变化情况，不发生错觉和误会。空间线形在视觉上还应保持连续、圆滑、顺适、美观且不单调，使司机有良好的视觉条件和心理反应。

（2）应保持平曲线与竖曲线指标大小均衡

平曲线与竖曲线的大小如果不均衡，例如平面采用高标准的长直线，而纵断面采用低标准的极限纵坡或竖曲线采用极限最小半径等，会给人以不愉快的感觉，失去了视觉上的均衡性。根据经验，平曲线半径如果不大于 1000m，竖曲线的半径大约为平曲线的 10~20 倍便可达到平衡。表 3-12 为德国的经验值，供参考。

平、竖曲线半径的均衡   表 3-12

平曲线半径（m）	500	700	800	900	1000	1100	1200	1500	2000
竖曲线半径（m）	10000	12000	16000	20000	25000	30000	40000	60000	100000

（3）选择适当的合成坡度

合成坡度过大对行车不利，合成坡度过小对排水不利也影响行车。合成坡度的最大允许值在表3-4已作了规定，但在进行平、纵面组合时，如条件可能，最好小于8%。

2. 平纵线形组合

平面线形要素分为直线和平曲线，纵断面线形要素分为直线与竖曲线，它们可组合成表3-13所示的六种立体线形。

空间线形要素　　　　　　　　　　表 3-13

编号	平面要素	纵断面要素	立体线形要素
A	直线	直线	具有恒等坡度的直线
B	直线	曲线	凹形曲线
C	直线	曲线	凸形曲线
D	曲线	直线	具有恒等坡度的曲线
E	曲线	曲线	凹形曲线
F	曲线	曲线	凸形曲线

（1）空间线形要素 A

该空间线形由平面上的直线与纵断面的直坡段组合而成，这种组合应有利于超车和城市道路管线的敷设。当两者长度均较大时，则公路线形过于单调，易使司机疲劳，一旦过多超速行驶会导致车祸。所以应力求避免两种直线均较长的情况，较长的平面直线上也不宜设大坡，并应选择能得到适当合成坡度的线形组合。为调节单调的感觉，增进视线诱导，设计时可用划行车道线、标志、绿化与路旁建筑设施、景点配合等方法来弥补。

（2）空间线形要素 B

直线与凹形竖曲线的配合具有较好的视距效果。由于纵断面上插入了凹形竖曲线，不

仅改善了 A 要素的生硬、呆板的印象，而且还给驾驶员以动的视觉印象，提高行车舒适性。运用时，注意凹曲线的长度不宜过短，以免产生突折感；如长直线内需设置两个凹曲线时，则两凹曲线之间的直坡段不能太短，以免产生"虚设凸曲线"的错觉；长直线的末端避免设置小半径凹形竖曲线。

（3）空间线形要素 C

直线与凸形竖曲线配合时，该组合线形往往导致视距条件差及视觉的单调，设计中应避免采用这种线形。如果难于避免时，应力求采用较大的凸曲线半径以保证有较好的纵面视距。

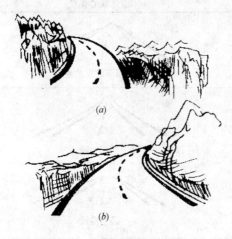

图 3-9　平曲线与直坡段的组合
（a）暗弯上坡；（b）暗弯下坡

（4）空间线形要素 D

平曲线与直坡段的组合，在等级低的公路上较为常见，设计中要避免暗弯，如图 3-9 平曲线与直坡段的组合所示。从图中可见，无论上坡或下坡，在暗弯处的视距条件是较差的。为此在条件允许范围内应尽可能增大平曲线半径。当平曲线半径难以变动时，应尽可能设法减小暗弯边坡高度，力求改暗弯为明弯。当平曲线半径选择适当，平面的直线与圆曲线组合恰当，其透视效果应是良好的。汽车行驶在这种路段上，可获得较好的路旁景观，且景观逐步变化，使驾驶员感觉新鲜，方向盘操纵舒适。组合时，应避免急弯与陡坡相重合。

（5）空间线形要素 E、F

平曲线与竖曲线两者组合时，如果平纵面几何要素的大小，均衡协调，位置适当，则可获得平纵面最好的组合。所以平曲线与竖曲线应相重合，并使平曲线比竖曲线稍长，把竖曲线包起来（俗称"平包竖"）。但当平曲线与竖曲线半径均较小时，两者不得重合，应设法将平曲线与竖曲线分开。

平曲线与竖曲线配合得好的线形是竖曲线的起、迄点最好分别放在两个缓和曲线中间，而不要放在缓和曲线以外的直线上，也不要放在圆弧段内，图 3-10 为平曲线与竖曲线的组合情况。图中平曲线Ⅰ-Ⅰ表示不设缓和曲线的单圆曲线形式，Ⅱ-Ⅱ表示平曲线由缓和曲线与圆曲线所组成。图中Ⅰ₁、Ⅱ₁、Ⅱ₂三条竖曲线的起止点都在缓和曲线范围内，故都是Ⅱ-Ⅱ型平曲线的较好配合方式，而Ⅰ₁竖曲线也是Ⅰ-Ⅰ型平曲线较好的配合方式，Ⅱ₁和Ⅱ₂竖曲线因起点已伸出Ⅰ-Ⅰ型平曲线之外，故Ⅰ-Ⅰ型平曲线与Ⅱ₁、Ⅱ₂竖曲线为非良好配合。对于Ⅰ-Ⅰ型平曲线而言，竖曲线Ⅰ′₁长度偏短，而Ⅱ′₁和Ⅱ′₂又伸出了平曲线的范围。对于Ⅱ-Ⅱ型平曲线而言，这三条竖曲线的起止点都不是同时位于缓和曲线之内。因此，这三种竖曲线设置方式对Ⅰ-Ⅰ和Ⅱ-Ⅱ两种平曲线都不适当。

平、竖曲线组合时，还应注意避免以下不良情况：竖曲线顶点不宜位于平曲线起点、终点及反向平曲线的公切点；设计中应尽量避免一个较长的平曲线内连续出现多个竖曲线，或一个较长的竖曲线包含多个平曲线；平、竖曲线的结合应考虑地形的影响，实践证明平曲线是明弯时配凹形竖曲线，暗弯时配凸形竖曲线，即明凹暗凸，能给人以合理、悦目的感觉，是一种较好的组合；凸形竖曲线的顶部或凹形竖曲线的底部应避免插入小半径平曲线，当凸形竖曲线顶部有小半径的平曲线时，不仅不能引导视线反而要急转方向盘，而凹形竖曲线的底部如果有小半径的平曲线，会引起汽车在加速时急转弯，上述两种情况，行车是危险的，应尽量避免；在保证足够视距的前提下，驾驶员所能看到前方公路长度应有所限制，一般驾驶员在任一点所看到的平面线形弯曲不应超过两个，纵面线形起伏不应超过三个。

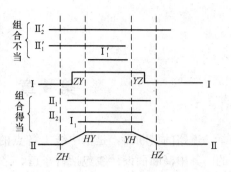

图 3-10　平曲线与竖曲线的配合

复 习 思 考 题

1. 在设计纵断面时，应综合考虑哪几方面的要求？这些要求你认为应如何得到解决？

2. 纵坡过大有哪些害处？

3. 在设计纵断面时为什么要设置凸形和凹形竖曲线？如何确定它们的最小半径？

4. 某二级公路变坡点桩号 K20+520，高程为 58.32m，两个相邻坡段的坡度 $i_1=-5\%$ 和 $i_2=+2\%$，计算行车速度 $V=80km/h$，试确定该处所设置的凹形竖曲线半径，并进行竖曲线设计。

5. 凸形竖曲线的顶部或凹形竖曲线的底部能否与反向平曲线拐点重合，为什么？

第4章 道路横断面设计

道路的横断面，是指中线上各点的法向切面，它是由横断面设计线和地面线所构成的。其中横断面设计线包括行车道、路肩、分隔带、边沟边坡、截水沟、护坡道以及取土坑、弃土堆、环境保护等设施。城市道路的横断面组成中，还包括机动车道、非机动车道、人行道、绿带、分车带等。

4.1 道路横断面组成

4.1.1 公路横断面组成

高速公路、一级公路的路基标准横断面分为整体式路基和分离式路基两类，如图 4-1 所示。整体式路基的标准横断面应由车道、中间带（中央分隔带、左侧路缘带）、路肩（右侧土路肩）等部分组成；分离式路基的标准横断面应由车道、路肩（右侧硬路肩、左侧硬路肩、土路肩）等部分组成。二级公路路基的标准横断面应由车道、路肩（右侧硬路肩、土路肩）等部分组成，三级公路、四级公路路基的标准横断面应由车道、路肩等部分组成，如图 4-2 所示。

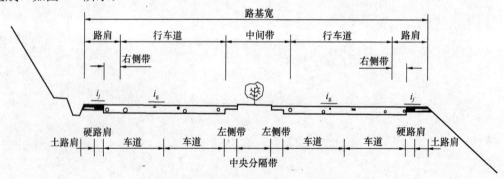

图 4-1 高速公路及一级公路横断面图

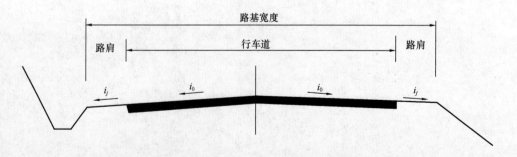

图 4-2 二、三、四级公路横断面图

四级公路宜采用 6.50m 路基宽。交通量小且工程特别艰巨的路段，可采用单车道 4.50m 路基宽。

4.1.2 城市道路横断面组成

城市道路横断面，作为城市交通服务的功能，一般由机动车道、人行道、绿带、排水设施及各种管线工程等组成。

1. 布置类型

根据车行道的分隔情况，城市道路常划分如下几种断面形式：

（1）单幅路

俗称"一块板"断面，各种车辆在车道上混合行驶。在交通组织上有以下几种方式：①画出快、慢车行驶分车线，快车和机动车辆在中间行驶，慢车和非机动车靠两侧行驶。②不画分车线，车道的使用可以在不影响安全的条件下予以调整，如只允许机动车辆沿同一方向行驶的"单行道"；限制载重汽车和非机动车行驶，只允许小客车和公共汽车通行的街道；限制各种机动车辆、只允许行人通行的"步行道"等。上述措施，可以是相对不变的，也可以是按规定的周期变换的。

（2）双幅路

俗称"两块板"断面。在车道中心用分隔带或分隔墩将车行道分为两幅，上、下行车辆分向行驶。各自再根据需要决定是否划分快、慢车道。

（3）三幅路

俗称"三块板"断面。中间一幅为双向行驶的机动车车道，两侧分别为单向行驶的非机动车道。

（4）四幅路

俗称"四块板"断面。在三幅路的基础上，再将中间机动车道部分用中央分隔带分隔为两幅，分向行驶。

（5）不对称路幅

上述四种基本断面形式通常情况下是以道路中线为对称轴对称布置。但是在一些特殊情况下，比如地形限制、交通特点、交通组织等，可以将车行道、人行道、分隔带等设计成标高不对称、宽度不对称或上、下行分幅设计以适应特殊要求。沿江（河）大道、山城道路、大型立体交叉设计中常采用不对称路幅。

上述"一块板"、"两块板"、"三块板"、"四块板"四种横断面布置形式如图 4-3 所示。

在图中：

W_r——红线宽度（m）；

W_e——机动车道宽度或机动车与非机动车混合行驶的车行道宽度（m）；

W_b——非机动车道宽度（m）；

W_{pe}——机动车道路面宽度或机动车与非机动车混合行驶的路面宽度（m）；

W_{pb}——非机动车道路面宽度（m）；

W_{me}——机动车道路缘带宽度（m）；

W_{mb}——非机动车道路缘带宽度（m）；

W_l——侧向净宽（m）；

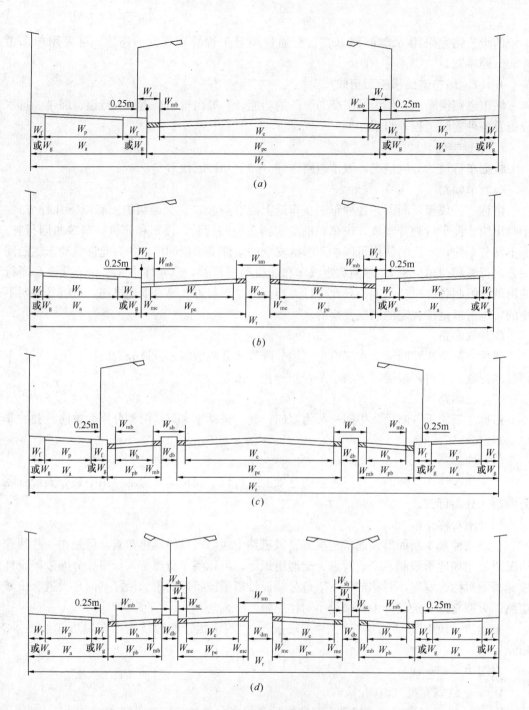

图 4-3　城市道路横断面布置基本形式

(a) 单幅路；(b) 双幅路；(c) 三幅路；(d) 四幅路

W_{dm}——中间分隔带宽度（m）；

W_{sm}——中间分车带宽度（m）；

W_{db}——两侧分隔带宽度（m）；

W_{sb}——两侧分车带宽度（m）；

W_a——路侧带宽度（m）；

W_p——人行道宽度（m）；

W_g——绿化带宽度（m）；

W_f——设施带宽度（m）；

W_{sh}——硬路肩宽度（m）；

W_{sc}——机动车车行道安全带宽度（m）。

2. 断面形式的选用

单幅路占地少，投资省，但各种车辆混合行驶，于交通安全不利，仅适用于机动车交通量不大、非机动车较少的次干路、支路以及拆迁困难、用地不足的旧城改建的城市道路。

双幅路断面用分隔带将对向行驶的车辆分开，减少了对向行车干扰，提高了车速，分隔带还可以用作绿化、布置照明和敷设管线等。它主要用于机动车辆较多、非机动车较少的道路。有平行道路可供非机动车通行的快速路和郊区道路以及横向高差大或地形特殊的路段亦可采用。

三幅路利用分隔带将机动车与非机动车分开，解决了城市交通中一个最大的交通矛盾，对交通安全有利。另外，在分隔带上进行绿化，有利于夏天遮阴防晒、减少噪声、设置公交车站和布置照明等。对于机动车交通量大、非机动车多的城市道路上宜优先考虑采用。但三幅路断面占地较多，一般是当红线宽度等于或大于40m时才能满足车道布置的要求。

四幅路不但将机动车和非机动车分开，还将对向行驶的机动车分开，于安全和车速较三幅路更为有利。它适用于机动车辆车速较高，机动车非机动车交通量均较大的快速路、主干路，但占地很大、行人过街不方便。

不对称路幅应因地制宜，多方面因素综合考虑后论证采用。

值得说明的是，同一条道路宜采用相同的横断面形式。不同断面道路的结合部宜选择在交叉口或较大的结构物处。当道路横断面形式或横断面各组成部分的宽度必须在道路中间改变时，则应该合理设置过渡段。

高速公路或快速路经过城镇地区时，为解决通行压力和原道路狭窄房屋拆迁的困难，往往修建高架道路，它已成为缓解市区交通的良策。高架道路是用6m以上的系列桥架所组成的空间道路。平均车速可达40～45km/h，3～4个车道的高架道路通行能力可达4000～6000辆/h。它能缓解地面交叉的拥阻，空间上分隔穿越市区的过境交通与到达市区的交通，避免了车速差异和相互干扰，已成为穿越城镇地区道路的可行构造。

4.1.3 行车道宽度

1. 行车道宽度的计算原理

$$B = n \times b \tag{4-1}$$

$$n = \frac{N_s}{N} \quad b = a + c \tag{4-2}$$

式中　B——行车道宽度，（m）；

　　　n——车道数，（条）；

b——一条车道的宽度，一般情况下，$V \geqslant 80$km/h 时，$b=3.75$m；$V \leqslant 60$km/h 时，$b=3.5$m；

N_s——设计交通量，（辆/h）；

N——一条车道的设计通行能力，与车速和车型有关，（辆/h）；

a——车辆的集合宽度，一般取 $a=2.5$m；

c——侧向余宽，包括车与车（同向或对向）之间余宽和车与边（内侧边或外侧边）之间的余宽（m），据实测，侧向余宽值的大小与车速和交通组成有关，且与车速成正比。

2. 规定

各级公路的行车道宽度见表 4-1。

各级公路的行车道宽度 表 4-1

公路等级	高速公路						一		二		三		四	
设计速度 （km/h）	120		100	80		60	100	60	80	40	60	30	40	20
车道数	8	6	4	4	4	4	4	4	2	2	2	2	1 或 2	
行车道 宽度（m）	2× 15.0	2× 11.25	2× 7.5	2× 7.5	2× 7.5	2× 7.0	2× 7.5	2× 7.0	9.0	7.0	7.0	6.0	3.5 或 6.0	

注：二级公路当交通量大，并且将慢行道分开有困难时，其行车道宽度可加宽到 14m；并应划分快、慢车道。

城市道路机动车道宽度，应根据汽车车型及设计车速予以确定，推荐按表 4-2 采用。机动车道的路面宽度应计入分隔带及两侧路缘带的宽度。机动车路缘带宽度一般为 0.50m。

机 动 车 道 宽 度 表 4-2

车　型	设计速度 （km/h）	车道宽度（m）	车　型	设计速度 （km/h）	车道宽度（m）
大型汽车或大小 型汽车混行	≥40	3.75	小客车专用线		3.50
	<40	3.50	公共汽车停靠站		3.00

注：小型汽车包括 2t 以下载货车、小型旅行车。

我国城市道路的实际经验，一般认为如下数值可供设计参考采用：

双车道 7.5～8.0m；三车道 10.0～11.0m；

四车道 13.0～15.0m；六车道 19.0～22.0m。

对于汽车与同向行驶非机动车之间的安全间隙，根据调查与观测：自行车与汽车并行时的横向距离约为 1.3～1.5m（至少为 1m）；三轮车与汽车并行时的横向距离约为 1m。因此，建议以汽车车箱右侧 1m 作为划分快慢车分道线的位置。

城市行驶的非机动车包括自行车、三轮车、兽力车、板车等，各种车辆具有不同的横向宽度和相应的平均车速。平均车速一般可采用下述数值：自行车 17km/h；三轮车为 7.5～10km/h；兽力车为 5km/h；板车为 4.5km/h。

非机动车之间行驶的横向安全间隙，三轮车与自行车之间约为 0.8～1.0m，兽力车与

板车约为 $0.4 \sim 0.5$m，非机动车与路缘石之间约为 0.7m。

自行车车道的通行能力是以单车安全行驶所需的宽度划分车道线，以高峰时间各车道线平均的通行量作为一条自行车道的设计通行能力。根据观测及研究，推荐一条自行车道线（宽 1m）的设计通行能力（单纯为自行车行驶，无人力三轮车等时）为：

采用地面标线与机动车分隔的自行车道为 850 辆/h；

采用分车带与机动车分隔的自行车道为 1100 辆/h；

当有信号灯交通管制的路口时，因受路口条件、间距及路段行车密度的影响，设计平均可按 750 辆/h 采用。

根据各种车辆的横向宽度不同的平均车速，通过理论观测研究，每条非机动车道宽度推荐按表 4-3 采用。

非机动车车道宽度   表 4-3

类　　别	每条非机动车道宽度（m）	类　　别	每条非机动车道宽度（m）
自行车	1.0	兽力车	2.5
三轮车	2.0	板　车	$1.5 \sim 2.0$

注：主要供自行车行驶的非机动车道宽度，应另计入两侧各 25cm 的路缘带宽度。

按照我国各城市对非机动车道的使用经验，非机动车道的基本宽度可采用 5.0m、6.5m、8.0m 三种。

4.1.4 路肩

1. 组成和作用

路肩由土路肩和硬路肩组成，如图 4-4 所示。硬路肩又称加固路肩，高速公路和一级公路应在硬路肩宽度内设右侧路缘带，其宽度一般为 0.5m，结构与行车道结构相同，用行车道外侧标线或不同的路面颜色来表示。二、三、四级公路可不设硬路肩，但在村镇附近及混合交通量大的路段应予加固。高速公路采用分离式断面时，行车道左侧应设硬路肩，其宽度一般为 1.25m（应为设计速度 120km/h）、1.00m（应为设计速度 100km/h）或 0.75m（应为设计速度不大于 80km/h）。

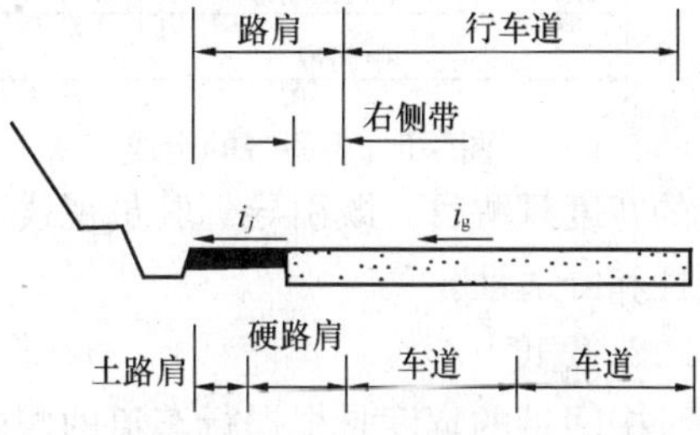

路肩的作用是：

（1）由于路肩紧靠在路面的两侧设置，具有保护路面及支撑路面结构的作用。

图 4-4　路肩的组成

（2）供发生故障的车辆临时停车之用，有利于防止交通事故和交通紊乱。

（3）同驾驶员的视觉、心理作用有着密切的关系。充足的宽度和稳定的路肩能给驾驶员以开阔安全感，有助于增进行车舒适性和避免驾驶紧张，提高公路的通行能力。

（4）为公路的其他设施（如护墙、护栏、绿化、电杆、地下管线等）提供设置的场地（但应注意：设施的设置不得侵入建筑限界以内），也可供养护人员养护操作避车之用。

2. 宽度

各级公路路肩的宽度见表 4-4。

设计速度 （km/h）		高速公路、一级公路				二级公路、三级公路、四级公路				
		120	100	80	60	80	60	40	30	20
右侧硬路 肩宽度 （m）	一般值	3.00 或 3.50	3.00	2.50	2.50	1.50	0.75	—	—	—
	最小值	3.00	2.50	1.50	1.50	0.75	0.25	—	—	—
土路肩宽度 （m）	一般值	0.75	0.75	0.75	0.75	0.75	0.75	0.75	0.50	0.25 （双车道） 0.50 （单车道）
	最小值	0.75	0.75	0.75	0.50	0.50	0.5			

注：1. "一般值"为正常情况下的采用值；"最小值"为条件受限制时可采用的值。

    2. 设计速度为120km/h的四车道高速公路，采用3.5m的右侧硬路肩；六车道、八车道高速公路，采用3.0m的右侧硬路肩。

4.1.5 中间带

1. 组成及作用

高速公路和一级公路的整体式断面形式应设置中间带。中间带由中央分隔带和两条左侧路缘带组成，如图4-5所示。

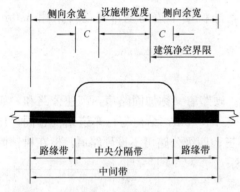

图 4-5 中间带的组成

中间带的作用是：

（1）将对向机动车流分开，减少交通事故的发生，提高通行能力；

（2）种植花草灌木或设置防眩网，可以防止对向车辆灯光眩目，还可以起到美化环境的作用；

（3）为沿线设施（如交通标志、标牌、护栏、防眩网、灯柱地下管线等）的设置提供场地（注意不可侵入建筑限界以内）；

（4）设于分隔带两侧的路缘带，由于有一定的宽度且醒目，既引导驾驶员视线，又增加行车所必须的侧向宽度，从而提高行车的安全性和舒适性。

2. 宽度

中间带的宽度是根据行车道的侧向余宽和设施带宽度而定。中间带越宽作用越明显，但对土地资源十分宝贵的地区要采用宽的中间带是有困难的，所以我国公路基本上采用窄的中间带。《技术标准》规定的最小中间带宽度随公路等级和地形变化在2.5～4.5m之间，特殊情况下可减少至2.0m。整体式断面公路的中间带，一般规定见表4-5。

中 间 带 宽 度   表 4-5

设计速度（km/h）		120	100	80	60
中央分隔 带宽度（m）	一般值	3.00	2.00	2.00	2.00
	最小值	2.00	2.00	1.00	1.00
左侧路缘 带宽度（m）	一般值	0.75	0.75	0.50	0.50
	最小值	0.75	0.50	0.50	0.50

设计速度（km/h）		120	100	80	60
中间带宽度（m）	一般值	4.50	3.50	3.00	3.00
	最小值	3.50	3.00	2.00	2.00

注："一般值"为正常情况下的采用值；"最小值"为条件受限制时可采用的值。

为了便于养护作业和某些车辆在必要时驶向反向车道，中央分隔带应按一定距离设置开口部。开口部一般情况下以每2km的间距设置，不宜太密。

一条公路上不得频繁变化中央分隔带宽度，以保持良好的线形及视觉。不得已必须改变时，应设置渐变过渡段，使车道中心线的线形圆滑、顺适。

4.1.6 分车带与人行道

城市道路的分车带按其在横断面中的不同位置与功能分为中间分车带（简称中间带）及两侧分车带（简称两侧带）。分车带由分隔带及两侧路缘带组成，分车带最小宽度见表4-6。

城市道路分车带最小宽度　　　　　　　　表4-6

类　　别		中间分车带			两侧分车带		
设计速度（km/h）		80	60 50	40	80	60 50	40
分隔带最小宽度（m）		2.00	1.50	1.50	1.50	1.50	1.50
路缘带宽度（m）	机动车道	0.50	0.50	0.25	0.50	0.50	0.25
	非机动车道				0.25	0.25	0.25
分车带最小宽度（m）		3.00	2.50	2.00	2.25	2.25	2.00

注：60km/h的快速路，采用表中80km/h一项数值；不大于40km/h的主干路可设路缘带，采用表中40km/h一项数值；不大于40km/h的支路可不设路缘带，应保证25cm的侧向净宽。

人行道主要供人步行交通，应能满足行人通行的安全和畅通，保证高峰小时的行人流量，并用来设置绿化照明地下管线等。《设计规范》规定，人行道宽度不得小于表4-7所列数值，此外还需加上设施带宽度（表4-8）、行道树等占地宽度方为人行道（即路侧宽）的总宽度。当管线埋设在人行道下面时，人行道的宽度应考虑到既能满足步行交通的需要，同时又要满足铺设管线的需求。例如，埋设电力、电信、电缆和给水管三种管线所需的最小宽度为4.5m，加上行道树和路灯杆的最小占地宽度为1.5m，则单侧人行道宽度至少6.0m。在用地较紧张的城市，在同样宽度的人行道下面，往往需要考虑埋设更多的管道。图4-6为按地下管线布置要求的人行道最小宽度。为协调街道各部分的宽度，一般认为：街道总宽与单侧人行道宽度在5∶1～7∶1之间是适宜的。

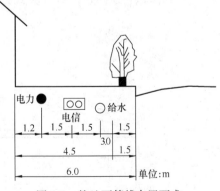

图4-6　按地下管线布置要求
的人行道最小宽度

人行道最小宽度表		表 4-7
项　目	人行道最小宽度（m）	
	大城市	中小城市
各级道路	3	2
商业或文化中心区以及大型商店或大型公共文化机构集中路段	5	3
火车站、码头附近路段	5	4
长途汽车站	4	4

设施带宽度表	表 4-8
项　目	设施带宽度（m）
设置行人护栏	0.25～0.50
设置杆柱	1.00～1.50

注：如同时设置护栏和杆柱时，宜采用表中设置杆柱项中的大值。当红线宽度较窄或条件困难时，设施带与绿化带可合并，但应注意设施与树木间的矛盾。

人行道的设置一般高出车行道 10～20cm，向路缘石一侧倾斜，坡度一般为 1.5％～2.0％。人行道的铺装应平整、抗滑、耐磨、美观。基层材料应具适当强度与水稳定性，保证行人能安全舒适地通行且不占用车行道。城市道路的人行道及人行横道范围内路缘石宜做成低矮的，而且坡面较为平缓，便于儿童车、轮椅及残疾人通行，这种形式也称为"残疾人坡道"。

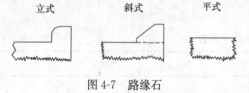

立式　　　　斜式　　　　平式

图 4-7　路缘石

路缘石高度一般为 10～20cm，对桥上隧道内线形弯曲陡坡段可采用 25～40cm，缘石宽度为 10～15cm。并应有足够的埋置深度，以保证稳定。

缘石有立式、斜式及平式三种，如图 4-7 所示。人行道范围的路缘石宜做成斜式或平式；分隔带两侧的路缘石多采用斜式或立式，平式适用于公路路肩。路缘石材料可采用石质或不低于 30MPa 的水泥混凝土。

4.2　路拱和横坡度

4.2.1　路拱

为了利于路面排水，将路面做成中间高两边低的拱形，称为路拱。路拱坡度以百分率表示。路拱的基本形式有抛物线形、屋顶线形和折线形三种。

1. 抛物线形路拱（图 4-8）

（1）二次抛物线路拱。其计算式为

$$y = \frac{4h}{B^2} \cdot x^2 \tag{4-3}$$

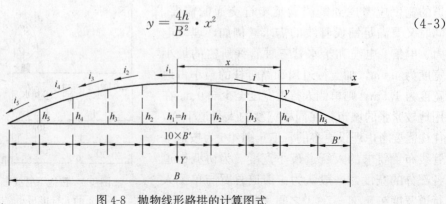

图 4-8　抛物线形路拱的计算图式

式中　x——离车行道中心线的横向距离（m）；

　　　y——相应于各点的竖向距离（m）；

　　　B——车行道总宽度（m）；

　　　h——车行道路拱高度（m）。

（2）改进的二次抛物线路拱。其计算式为

$$y = \frac{2h}{B^2} \cdot x^2 + \frac{h}{B} \cdot x \qquad (4\text{-}4)$$

（3）半立方次（一次半）抛物线路拱。其计算式为

$$y = p \cdot x^{3/2} = h \left(\frac{2x}{B}\right)^{3/2} \qquad (4\text{-}5)$$

式中

$$p = \frac{h}{\left(\frac{B}{2}\right)^{3/2}}$$

（4）改进的三次抛物线路拱：其计算式为

$$y = \frac{4h}{B^3} \cdot x^3 + \frac{h}{B} \cdot x \qquad (4\text{-}6)$$

2. 屋顶线形路拱

这种形式的路拱两边是倾斜直线，在车行道中心线附近加设圆曲线或缓和曲线，如图 4-9 和图 4-10 所示，它的主要形式有以下三种：

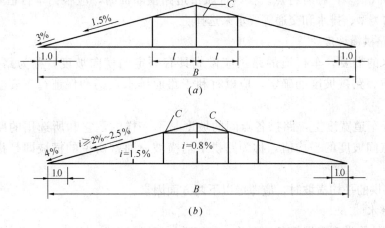

图 4-9　缓和曲形路拱

（a）1.5％横坡路拱；（b）2％横坡路拱

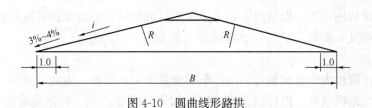

图 4-10　圆曲线形路拱

3. 折线形路拱

折线形路拱包括单折线形和多折线形两种，如图 4-11 和图 4-12 所示。

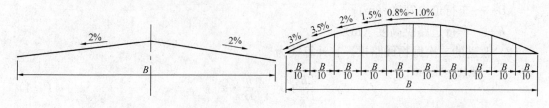

图 4-11　单折线形路拱　　　　　　　　　图 4-12　多折线形路拱

路拱虽然对排水有利，但对行车不利。路拱坡度所产生的水平分力增加了行车的不平稳，并且当路面有水时路面与轮胎间的横向附着系数很小，更增加了侧向滑移的危险。因此，在选择路拱的大小与形状时，应该在保证排水的情况下，兼顾到行车的要求；对于不同的路面类型和行车速度，结合当地的自然条件，降雨强度等采用不同的路拱坡度。《技术标准》对路拱坡度的规定见表 4-9。

表 4-9

路　拱　坡　度

路面类型	路拱坡度（%）	路面类型	路拱坡度（%）
沥青混凝土水泥混凝土	1.0～2.0	碎砾石等粒料路面	2.5～3.5
其他沥青路面	1.5～2.5	低级路面	3.0～4.0
半整齐石块	2.0～3.0		

路拱的形式很多，各有特点。在设计城市道路横断面时，应根据车行道宽度、横坡度、路面结构类型、排水和交通等要求来选择。

4.2.2　路拱横坡度

为了排水的需要，车行道的路拱应做成具有一定的横向坡度，称为路拱横坡度，或简称为横坡。路拱坡度的确定，应以有利于路面排水顺畅和保证行车安全、平稳为原则。

在整个行车道宽度上，路拱各点间的坡度是不一样的，它和所选用的路拱形式有关。路拱各点间坡度的平均值，称为路拱平均横坡，通常所说的横坡即是指平均横坡而言。

在确定路拱的平均横坡时，应考虑以下两方面因素。

1. 横向排水

它与路面结构类型和气候条件有关。车行道的面层越粗糙，雨（雪）水在路面上流动就越迟缓，路拱的坡度就应大一些；反之，路拱坡度应做得小一些。路拱的横坡度可根据路面种类和当地自然条件，按表 4-9 规定的数值采用。表内所规定的路拱坡度范围，可根据当地气候条件选用，在一般情况下，干旱地区可取低值；多雨地区可取高值。南方城市的车行道路拱坡度一般取 $i=2\%$，北方城市一般采用 $i=1.5\%$。

2. 道路纵坡

为了避免出现过大的合成坡度，给行车安全带来不良影响，为此，要根据道路纵坡的大小，适当选定路拱坡度，以控制合成坡度，如道路纵坡较大，则路拱坡度宜小；反之，路拱坡度可大些。对于不同道路纵坡的路拱坡度，可参照表 4-10 的数值采用。

不同道路纵坡的路拱横坡度（%）   表 4-10

道路纵坡（%） 路面类型	<1	1~2	2~3	3~5	>5
水泥混凝土路面	1.5	1.5	1.5	1.5	1.0
沥青混凝土路面	1.5	1.5	1.5	1.5	1.0
其他黑色路面	2.5	2.0	2.0	1.5	1.5
整齐石块路面	2.5	2.0	2.0	1.5	1.5
半整齐或不整齐石块路面	3.0	2.5	2.5	2.0	2.0
碎、砾石等粒料路面	4.0	3.0	2.5	2.0	1.5

4.3 路基横断面设计

4.3.1 横断面设计步骤

（1）点绘横断面地面线。地面线是现场测绘的，若是纸上定线，则从大比例尺的地形图上内插获得。在计算机辅助设计中，可向计算机输入横断面各变化点相对于中桩的坐标，由计算机自动绘制。

（2）根据路线和路基资料，将横断面的填挖值及有关资料（如路基宽度、加宽值、超高坡度、缓和段长度、平曲线半径）抄于相应桩号的断面上。

（3）根据现场调查的土壤地质资料，示出土石界线，确定边坡坡度以及边沟的形状与尺寸。

（4）绘横断面的设计线，俗称"戴帽子"。

设计线应包括路基、边沟、截水沟、加固及防护工程、护坡道、碎落台、视距台等。在弯道上的断面还应示出超高、加宽。一般直线段的断面可不示出路拱坡度。

（5）计算横断面的填挖面积，上墨完成全图。

4.3.2 横断面设计成果

路基横断面设计的主要成果是"两图两表"，即路基横断面设计图、路基标准横断面图、路基设计表与路基土石方计算表。

1. 公路路基横断面设计成果

（1）路基横断面设计图

路基横断面（图 4-13）是路基每一个中桩的法向剖面图，它反映每个桩位处横断面的尺寸及结构，是路基施工及横断面面积计算的依据，图中应给出地面线与设计线，并标注桩号、施工高度与断面面积。相同的边坡坡度可只在一个断面上标注，挡墙等圬工构筑物可只绘出形状不标注尺寸，边沟也只需绘出形状。横断面设计图应按从下到上，从左到右的方式进行布置，一般采用 1:200 的比例。

（2）路基标准横断面图

路基标准横断面是路基横断面设计图中所出现的所有路基形式的汇总。它示出了所有设计线（包括边坡、边沟、挡墙、护肩等）的形状比例及尺寸，用以指导施工。这样路基

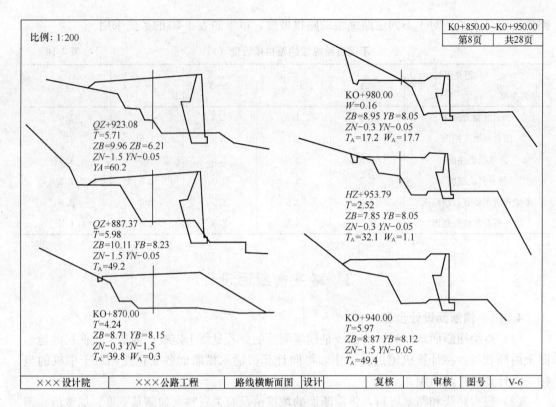

QZ+923.08
T=5.71
ZB=9.96 ZB=6.21
ZN=1.5 YN=0.05
YA=60.2

QZ+887.37
T=5.98
ZB=10.11 YB=8.23
ZN=1.5 YN=0.05
T_A=49.2

KO+870.00
T=4.24
ZB=8.71 YB=8.15
ZN=0.3 YN=1.5
T_A=39.8 W_A=0.3

KO+980.00
W=0.16
ZB=8.95 YB=8.05
ZN=0.3 YN=0.05
T_A=17.2 W_A=17.7

HZ+953.79
T=2.52
ZB=7.85 YB=8.05
ZN=0.3 YN=0.05
T_A=32.1 W_A=1.1

KO+940.00
T=5.97
ZB=8.87 YB=8.12
ZN=1.5 YN=0.05
T_A=49.4

×××设计院	×××公路工程	路线横断面图	设计		复核		审核	图号	V-6

图 4-13　路基横断面图

横断面设计图就不必对每一个断面都进行详细的标注（其中很多的断面的比例、尺寸都是相同的），避免了工作的繁琐，也使横断面设计图比较简洁。

（3）路基设计表

路基设计表严格地说不能只作为横断面设计的成果，它是路线设计成果的一个汇总，其前半部分是平面与纵面设计的成果。横断面设计完成后，再将"边坡"、"边沟"等栏填上。其中"边沟"一栏的"坡度"如不填写，表明沟底纵坡与道路纵坡一致，如果不一致，则需另外填写。其表格形式参见表 4-11。

（4）路基土石方计算表

路基土石方是公路工程的一项主要工程，所以在公路设计和方案比较中，路基土石方数量的多少是评价公路测设质量的主要技术经济指标之一，也是编制公路施工组织计划和工程概预算的主要依据。其表格形式参见表 4-12。

2. 城市道路横断面设计成果

（1）横断面设计图

当按照城市道路的交通性质、地形条件以及近期与远期相结合的原则确定了横断面组成和宽度以后，即可绘制横断面设计图。城市道路的横断面设计图与公路横断面图的作用是相同的，即为指导施工和计算土石方数量。

城市道路横断面设计图一般要用的比例尺为1:100或1:200，在图上应绘出红线宽度、行车道、人行道、绿带、照明、新建或改建的地下管道等各组成部分的位置和宽度，以及排水方向、路面横坡等，如图 4-14 所示。

表 4-11

路 基 设 计 表

平曲线	坡度、坡长及竖曲线交点的桩号和标高	竖曲线要素 凸	竖曲线要素 凹	桩号	地面高程(m)	设计高程(m)	填挖高度(m) 填	填挖高度(m) 挖	横断面各点与设计线的距离(m) 左 W_{B1}	左 W_{B2}	左 W_{B3}	右 W_{A3}	右 W_{A2}	右 W_{A1}	横断面各点与设计高的高差(m) 左 B_1	左 B_2	左 B_3	右 A_3	右 A_2	右 A_1	备注
1	2	3	4	5	6	7	8	9	10	11	12	13	14	15	16	17	18	19	20	21	22
$JD_9(左)$ 34°26′51″ R=3000.00 A_1=519.62 A_2=519.62 T_1=975.06 T_2=975.06 L=1893.68 J=56.44 E=140.97	993.06　−0.40%			K3+440	4.30	4.92	0.62		13.00	12.25	9.25	9.25	12.25	13.00	−0.19	−0.18	−0.12	0.19	0.25	0.23	
				K3+460	4.30	4.84	0.54		13.00	12.25	9.25	9.25	12.25	13.00	−0.19	−0.18	−0.12	0.19	0.25	0.23	
				K3+480	4.30	4.76	0.46		13.00	12.25	9.25	9.25	12.25	13.00	−0.19	−0.18	−0.12	−0.19	0.25	0.23	
				K3+500	4.30	4.68	0.38		13.00	12.25	9.25	9.25	12.25	13.00	−0.19	−0.18	−0.12	0.19	0.25	0.23	
				K3+520	4.30	4.60	0.30		13.00	12.25	9.25	9.25	12.25	13.00	−0.19	−0.18	−0.12	0.19	0.25	0.23	
K3+624.94				K3+540	4.30	4.52	0.22		13.00	12.25	9.25	9.25	12.25	13.00	−0.17	−0.16	−0.10	0.17	0.22	0.21	
				K3+560	4.10	4.44	0.34		13.00	12.25	9.25	9.25	12.25	13.00	−0.15	−0.14	−0.09	0.09	0.13	0.11	
				K3+580	4.10	4.36	0.26		13.00	12.25	9.25	9.25	12.25	13.00	−0.17	−0.15	−0.11	0.02	0.03	0.02	
				K3+600	4.10	4.28	0.18		13.00	12.25	9.25	9.25	12.25	13.00	−0.18	−0.17	−0.12	−0.05	−0.07	−0.08	
				K3+620	3.60	4.20	0.60		13.00	12.25	9.25	9.25	12.25	13.00	−0.20	−0.18	−0.14	−0.12	−0.16	−0.18	
				K3+640	3.50	4.12	0.62		13.00	12.25	9.25	9.25	12.25	13.00	−0.20	−0.18	−0.14	−0.14	−0.18	−0.20	
				K3+660	3.30	4.04	0.74		13.00	12.25	9.25	9.25	12.25	13.00	−0.20	−0.18	−0.14	−0.14	−0.18	−0.20	
				K3+680	3.60	3.96	0.36		13.00	12.25	9.25	9.25	12.25	13.00	−0.20	−0.18	−0.14	−0.14	−0.18	−0.20	
				K3+700	3.40	3.87	0.47		13.00	12.25	9.25	9.25	12.25	13.00	−0.20	−0.18	−0.14	−0.14	−0.18	−0.20	
				K3+720	3.30	3.79	0.49		13.00	12.25	9.25	9.25	12.25	13.00	−0.20	−0.18	−0.14	−0.14	−0.18	−0.20	
				K3+740	3.40	3.71	0.31		13.00	12.25	9.25	9.25	12.25	13.00	−0.20	−0.18	−0.14	−0.14	−0.18	−0.20	
				K3+760	3.50	3.63	0.13		13.00	12.25	9.25	9.25	12.25	13.00	−0.20	−0.18	−0.14	−0.14	−0.18	−0.20	
				K3+780	3.60	3.55		0.05	13.00	12.25	9.25	9.25	12.25	13.00	−0.20	−0.18	−0.14	−0.14	−0.18	−0.20	
	K3+793.06 3.50			K3+793.06	3.50	3.50	0.00														

路基土石方数量计算表

表 4-12

> 表头分组（列号 1–36）：
> (1) 桩号；(2)(3)(4) 横断面面积(m²) 挖/填土/填石；(5)(6)(7) 平均面积(m²) 挖/填土/填石；(8) 距离(m)；(9)~(21) 挖方分类及数量(m³)〔总数量，土：松土%/数量、普通土%/数量、硬土%/数量，石：软石%/数量、次坚石%/数量、坚石%/数量〕；(22)(23) 填方数量(m³) 土/石；(24)~(29) 利用方数量(m³)〔本桩利用土/石、填土/石、挖余土/石〕；(30) 远运利用及向调配示意；(31)(32) 借方数量(m³)及运距(单位) 土/石；(33)(34) 废方数量(m³)及运距(单位) 土/石；(35)(36) 总运量(m³)(单位) 土/石。

桩号(1)	挖(2)	填土(3)	填石(4)	挖(5)	填土(6)	填石(7)	距离(8)	总数量(9)	松%(10)	松量(11)	普%(12)	普量(13)	硬%(14)	硬量(15)	软%(16)	软量(17)	次%(18)	次量(19)	坚%(20)	坚量(21)	填土(22)	填石(23)	本土(24)	本石(25)	填土(26)	填石(27)	余土(28)	余石(29)	远运利用及向调配示意(30)	借土(31)	借石(32)	废土(33)	废石(34)	运土(35)	运石(36)
K14+000	60.0			71.1			17	1209			20	242	10	121			50	604	20	242							363	846	调运上量 土:363 石:500				346③		1033
K+017	82.2	10.0	*4.0	84.3	5.0	*2.0	8	674			20	135	10	67			50	337	20	135				56			202	416	土:202 石:87				329③		987
K+025	86.4		*4.0	43.2	39.0	*2.0	12	518			20	103	10	52			50	259	20	104	468		155(279)	84	34										
K+037		78.0			73.8		4														295				295										
K+041	78.4	69.6		39.2	34.8		9	353					20	71			50	176	30	106	313		71(242)					40							
K+050	34.4			56.4			10	564					20	113			50	282	30	169							113	451					443②		886
K+060	86.8			60.6			12	727					20	145			50	364	30	218							145	582							
K+072	25.0			55.9			8	447					20	89			50	224	30	134							89	358	石:(40)						
K+080				12.5			6	75					20	15			50	37	30	23									土:89 石:(22)						
K+086		24.6	54.6	12.3	12.3	27.3	8														74		15	60	59	104			土:113 石:8；538；土:145 石:(44)；336						8
K+094		28.0	56.0	26.3	26.3	55.3	6														210		14		210	442									226
K+100		28.0	56.0	24.0	24.0	56.0	6														144				144	336									33
K+108		20.0	56.0	22.0	22.0	50.0	6														176				176	400									206
K+114	24.0	24.0	44.0	12.0	12.0	22.0 *1.0	10	72					20	14			50	36	30	22	72	*6	14(56)	58	58	80	70	265						35	
K+124	46.0		*2.0	35.0		*1.5	16	350					20	70			50	175	30	105		*15	64	15				389	土:70 石:265；215				45		
K+140	16.0		*1.0	31.0		*0.5	20	496					20	99			50	248	30	149		*8	116(24)	8			35	440	土:35 石:(129)；215						
K+160	42.0	8.0		29.0	4.0		20	580					20	116			50	290	30	174	140		60						石:(215)				440		
K+180	62.0			52.0	7.0		20	1040					20	208			50	520	30	312	60		76(29)				148	832				148	832		
K+190	14.0	21.0		38.0	3.0		10	380					20	76			50	190	30	114	105				215			275					60		
K+200		36.0		7.0	10.5	28.5	10	70					20	14			50	35	30	21	285								土:654；石:(537)；1362						
小计							200	7555				480		1270				3777		2028	2406	1574 *69(630)	585(630)	281	1191	1362	1165	4894				148	2495	35	3384

注：1.（4）、（7）、（23）栏中"*"表示以石代土；
2.（24）、（30）栏中"（ ）"表示以石代土；
3.（31）、（32）、（33）、（34）栏中分子为数量，分母为运距；
4.（31）、（32）栏系指普通土和次坚石，如有不同，须另加注明；
5.（30）、（31）、（32）、（33）、（34）栏中"○"内数字为平均超运距单位数。

62

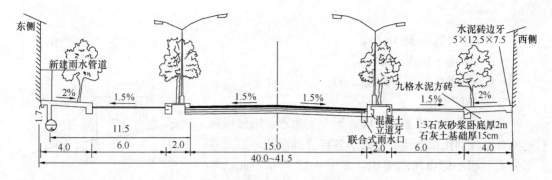

图 4-14 城市道路横断面设计图（单位：m）

（2）横断面现状图

沿道路中线每隔一定距离绘制横断面地面线。若属旧街道的改建，实际上就是横断面的现状图。图中包括地形、地物、原街道的各组成部分、边沟、路侧建筑等。比例尺为1∶100或1∶200。有时为了更加明显地表现地形和地物高度的变化，也可采用纵、横不同的比例尺绘制。

（3）横断面施工图

在完成道路纵断面设计之后，各中线上的填挖高度则为已知。将这一高度点绘在相应的横断面现状图上，然后将横断面设计图以相同的比例尺画于其上。此图反映了各断面上的填、挖和拆迁界线，是施工时的主要根据，如图 4-15 所示。

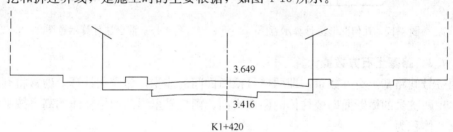

图 4-15　施工横断面图（单位：m）

4.4　路基土石方计算及调配

4.4.1　横断面面积计算

路基土石方数量是分别计算填方数量和挖方数量的，因而在横断面的面积计算时，就应分别计算其填方面积和挖方面积。

填、挖面积的计算方法很多，道路中常用的方法有：

1. 积距法

积距法操作简单迅速且精度能满足要求，是道路设计中应用最广泛的方法，因使用"分规"卡得积距值，又称卡规法。积距法的操作如图 4-16 所示，先将所计算的面积分成横距为 l 的若干个三角形、矩形或梯形条块，每个条块的面积为其平均高度与横距的乘积，则所计算的面积为：

$$A = h_1 \cdot l + h_2 \cdot l + \cdots + h_n \cdot l$$

即

$$A = l\sum h_i \qquad (4-7)$$

式中　A——计算面积（m²）；

　　　l——等分横距（m）；

　　　h_i——条块的平均高度（m）。

2. 几何图形法

几何图形法是将面积分成若干个三角形、矩形或梯形部分，分别用相应计算公式求各部分的面积，最后各部分面积相加即得所求面积，如图4-17所示。此法常用于填挖面积较大且图形简单的情况。

3. 混合法

如图4-18所示断面，可分成用积距法计算部分和用几何图形法计算部分（图中有斜线的部分），分别求得各部分面积后相加而得所求计算面积。此法常用于计算面积较大且图形复杂的情况。一般情况下，填挖面积取小数后一位即可。

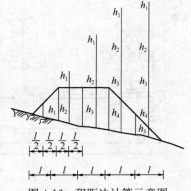

图 4-16　积距法计算示意图

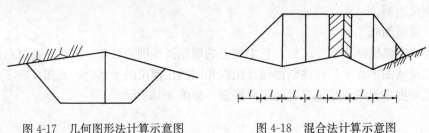

图 4-17　几何图形法计算示意图　　　图 4-18　混合法计算示意图

4.4.2　路基土石方数量计算

两桩号间路基土石方数量，即两桩号横断面间的体积，为简化计算，通常将其视为一棱柱体，两桩号的横断面即棱柱体的两个底面，两桩号里程差即棱柱体的高，按平均断面法计算其体积为

$$V = \frac{A_1 + A_2}{2}L \qquad (4-8)$$

式中　V——两桩号间土方数量（m³）；

A_1，A_2——两桩号的断面面积（m²）；

　　　L——两桩号的中线距离（m）。

计算时注意：应将两桩号间的填、挖部分分别计算；若其中一个桩号的填（挖）为零时，即视为棱锥体，仍按式（4-8）计算。

在道路的测设过程中，路基土石方数量计算通常是用列表法进行，即利用《土石方计算表》（表4-12），将桩号、断面填挖面积、土石成分等资料依次填入，算得相邻断面的距离和平均断面面积并填入，再算得各相邻两断面的填、挖土石方数量并填入即可。通常土石方数量均以 m³ 计。

计算时对每页土石方数量计算表应作本页小计，同时，每公里作合计，以便复核和统计，最后作全路的总计。

4.4.3　土石方调配

路基土石方调配的目的，是将路堑的挖方合理地调用于路堤的填方，使运量最小、搬运方向最便利。

1. 调配计算的几个问题

(1) 免费运距、平均运距和经济运距

土方作业包括挖装运卸等工序，在某一特定距离内，只按挖方数量计价而不计算运费，这一特定距离称免费运距。显然施工作业方向不同，其免费运距也不同。

土石方调配时，从挖方体积重心到填方体积重心的距离称平均运距，为简化设计计算，通常平均运距按挖方路段中心至填方路段中心距离计。当平均运距小于或等于免费运距时，可不另计运费；当平均运距大于免费运距时，超出的运距称超运运距，超运运距的运土应另计运费。

填方用土的来源，一是从路堑挖方纵向调运，另一是就近路外借土。一般情况下，利用挖方纵向调运来填筑较近的路堤是比较经济的。但如果调运的距离较长，以致运费（上述超运运距则另加运费）超过了在路堤外借土所需的费用时，这种移挖作填就不如在附近借土经济。因此，采用"调"或"借"有个运距限度的问题，这个限度距离称经济运距，可用下式求算：

$$L_经 = \frac{B}{T} + L_免 \tag{4-9}$$

式中　$L_经$——经济运距（m）；

　　　B——借方单价（元/m³）；

　　　T——超运运费单价［元/（m³·m）］；

　　　$L_免$——免费运距（m）。

从式（4-9）可知，当调运的距离小于或等于经济运距时，采用"调"是经济的；若调运距离超过经济运距，则应考虑就近借土。

(2) 运量

土石方运量即平均运距与所运土石方数量的乘积。土石方调配时，超运运距的运土才另加计运费，故运量应按平均超运运距计。

$$W = Qn \tag{4-10}$$

式中　W——运量（m³·单位）；

　　　Q——调配土石方数量（m³）；

　　　n——平均超运运距"单位"可按下式计算

$$n = \frac{L + L_免}{N} \tag{4-11}$$

其中　N——超运运距（m）；如人工运输为 10m，轻轨运输为 50m 等；

　　　L——平均运距（m）。

(3) 计价土石方数量

在土石方数量中，所有的挖方数量均应予计价，但填方则按土方的来源决定是否计价，若是路外就近借土就应计价，若是移挖作填的纵向调配方则不应计价，否则就形成双重计价（路堑挖方已计，填方再计）。因而计价土石方数量为：

$$V_\text{计} = V_\text{挖} + V_\text{借} \tag{4-12}$$

式中　$V_\text{计}$——计价土石方数量（m³）；

　　　$V_\text{挖}$——挖方数量（m³）；

　　　$V_\text{借}$——借方数量（m³）。

2. 土石方调配的一般要求

（1）应尽可能在本桩内移挖作填（即横向调配），以减少废方和借方。

（2）选用经济运距时，应综合考虑施工方法运输条件和地形情况等因素。由于施工的安排和运输条件不能合乎理想，一般采用的经济运距要比式（4-9）的计算值小一些。

应该指出，在取土或弃土受限制的路段，虽然远距离运输费用高而不经济，但由于少占耕地少影响农业生产等，这对整体和长远来看，也未必是不经济的。从这个意义上可见，经济运距是决定"调"或"借"的重要指标，但不是唯一指标，还应综合考虑弃方或借方的占地赔偿青苗损失以及对农业生产等方面的影响问题。

（3）不同性质的土石方应分别调配，以做到分层填筑。石方除特殊情况外，一般不作纵向调配。

（4）应妥善处理废方。应使废方少占农田耕地，在可能条件下将弃土平整为可耕地，要防止乱堆乱弃，避免产生堵塞水流、损害农田或其他不良后果。

（5）填方如需要路外借土，应根据借土数量，结合附近地形、土质及农田建设等情况，认真考虑借土还田、整地造田的可能性后进行调配。

（6）调配土石方时应考虑桥涵位置，一般不作跨沟调运；也应考虑地形情况，一般不宜往上坡方向调运。

（7）土石方数量集中的路段，因开挖、运输的施工作业方案与一般路段有所不同，可单独进行调配。

3. 土石方调配的方法

在土石方数量计算复核完毕后即可进行调配，但必须明确填挖情况、桥涵位置、纵坡、附近地形和施工方法，做到调配时心中有数。

调配时可在土石方数量表上进行（表4-12）。

首先进行横向调配，满足本桩号利用方的需要，然后计算挖余和填缺的数量。

根据挖余和填缺量分布情况，可以大致看出调运的方向和数量，结合纵坡情况和经济运距，对利用方进行纵向调配，而后填方若有不足或挖方未尽利用，再选定弃土或借土的合适地点，确定借方或弃方数量。调配一般在本公里范围内进行，必要时也可跨公里调配，但须将数量和方向分别注明。

调配的结果示于土石方数量表上，并可按下式复核：

$$横向调运 + 纵向调运 + 借方 = 填方$$

$$横向调运 + 纵向调运 + 弃方 = 挖方$$

$$挖方 + 借方 = 填方 + 弃方$$

最后算得计价土石方数量，即：

$$计价土石方数量 = 挖方数量 + 借方数量$$

复习思考题

1. 路基的宽度是由哪些部分组成？这些部分的宽度应考虑哪些因素来加以确定？

2. 在平原筑路时，为什么一般均做成低路堤？对较高的路堤，为什么两旁可以不设边沟？

3. 机动车车道的宽度是怎么确定的？应考虑哪些因素？

4. 试述绿化分隔带的作用。

5. 车行道路拱有哪几种形式？路拱各点标高如何计算？

6. 城市道路横断面路幅形式的选用应注意哪些问题？

7. 路基土石方调配的基本原则是什么？

第5章 道 路 交 叉 设 计

道路系统是由各种不同方向的道路所组成，由于道路的纵横交错，不可避免地形成道路交叉，即两条或两条以上道路的交会。根据各相交道路在交叉点的标高，可将道路交叉分为平面交叉和立体交叉两种类型。

交叉口指道路与道路平面相交处。交叉口是道路网络的结点，它一方面有利于交通组织和转换；另一方面也使行车速度下降、通行能力比路段降低，而且交叉口处最容易发生交通事故。因此，在设计道路交叉时，应将其形式与交通组织、交通控制方式等一并综合考虑。先选择正确的交叉口形式，合理布置各种交通设施，然后进行交叉口的具体设计。

5.1　平 面 交 叉 设 计

道路与道路在同一平面内交叉称为平面交叉。平面交叉设计的基本要求有两方面：一是保证相交道路上所有车辆与行人的交通畅通和安全；二是保证交叉口范围内的地面水迅速排除。

在设计平面交叉口时，需要收集和了解以下有关资料：相交道路的条数和等级、车辆和行人的估算交通量、车辆的计算行车速度、相交道路的设计纵坡及横断面、交叉口的地形、交叉口周围的房屋建筑、排水管道等。

平面交叉主要设计内容如下：

（1）正确选择交叉口的形式，确定各组成部分的几何尺寸（包括车行道宽度、缘石转弯半径、绿带、交通岛等）；

（2）合理布置各种交通设施（包括交通信号标志、行人横道线、照明、公共交通停靠站等）；

（3）交叉口的竖向设计（包括雨水口和排水管道的布置）。

5.1.1　交叉口的交通分析和交通组织

1. 交叉口的交通分析

交叉口是道路交通的咽喉，相交道路的各种车辆和行人都要在交叉口处汇集、通过。由于车辆和过街行人之间、车辆和车辆之间，特别是非机动车和机动车之间的干扰，不但会阻滞交通，而且也容易发生交通事故。所以，正确地选择交叉口形式，并合理地组织交通，就可以很大程度地保证交叉口行车安全和提高交叉口通行能力。

进出交叉口的车辆由于行驶方向不同，车辆与车辆之间的交错方式也有所不同，可能产生的交错点性质也不一样。同一方向行驶的车辆向不同方向分开行驶的地点称为分流点（或分叉点），来自不同方向的车辆以较小的角度向同一方向汇合行驶的地点称为合流点（或汇合点），来自不同方向的车辆以较大的角度相互交叉的地点称为冲突点（或交叉点）。

此三类交错点都存在相互尾撞、挤撞或碰撞的可能性，是影响交叉口行车速度、通行能力和发生交通事故的主要原因。其中，以直行与直行、左转与左转以及直行与左转车辆产生的冲突点，对交通干扰和行车安全影响最大，其次是合流点，再其次是分流点。

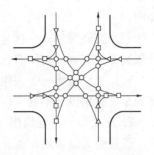

□合流点；△分流点；○冲突点

图 5-1　四条路（十字形）
交叉、交错点

交叉口的交通情况，在机非混行的交叉口上最为复杂。以四条道路相交形成的"十字形"交叉口为例，仅对机动车流在交叉口的交通分析如下：进出交叉口的车辆，由于行驶方向不同，车辆与车辆之间的交错方式也有所不同，所产生的交错点的性质也不一样。四条路（十字形）交叉口车流的交错情况如图 5-1 所示。

假设只考虑每条道路仅有双车道、上下行各为一股车流到交叉口转向，则产生的交错点数量可按下式计算：

$$P_分 = P_合 = n(n-2) \tag{5-1}$$

$$\sum P_{(左，直)} = \frac{n^2(n-1)(n-2)}{6} \tag{5-2}$$

式中　$P_合$——合流点数量；

$P_分$——分流点数量；

$\sum P_{(左，直)}$——直行、左转车辆造成冲突点总数；

n——相交道路的条数。

通过以上分析，可以看出：

（1）产生冲突点最多的是左转弯车辆。在无交通管制的十字交叉口上，若没有左转弯车辆，则冲突点就可以从 16 个减少到 4 个。5 条道路交叉时，其冲突点则可从 50 个减少到 5 个。因此，如何正确处理和组织左转弯车辆，以保证交叉口的交通畅通和安全，是交叉口设计的关键之一。

（2）冲突点的数目随着相交道路条数的增加而显著增加。在没有交通管制的交叉口，3 条道路交叉的冲突点只有 3 个，4 条道路交叉的冲突点就增加到 16 个，而 5 条道路交叉的冲突点竟达到 50 个。因此，道路系统规划时，应避免 5 条或 5 条以上的道路相交，使交叉口交通简化。

（3）设置信号灯，实行交通管制，可以保证交叉口处行车安全。按顺序开放各路交通，使交叉口冲突点明显减少，保证了安全，但增加了交叉口的延误时间，影响了交叉口的通行能力。因此，一般相邻信号灯路口的间距宜采用 400m，信号灯周期通常采用 6~120s。

所以，在交叉口设计中，必须力求减少或消灭冲突点，保障交通安全，同时又要努力提高交叉口的通行能力，保证行车通畅。通常减少或消灭冲突点的方法可考虑以下几个方面：

（1）规划——设置平行道路，在交通量大的路段开辟单行道，使交叉口冲突点明显减少；合理设置交通岛，组织车辆分流，并将冲突点转变为交织点（环形交叉），减少车辆行驶的相互干扰；城市道路可规划非机动车专用道路系统，减少机动车与非机动车的冲突。

（2）交通管制——信号灯控制，用时间分隔车流，使各路交通间的冲突明显减少；另外限制部分交通、封闭多岔路口次要道路的交通、组织单向交通等也可减少冲突。

（3）工程设施——采用环形交叉，将冲突点变为交织点；或采用立体交叉，将互相冲突的车流分别设在不同平面的车行道上，用空间分隔来消灭冲突点。

2. 交叉口的交通组织

道路交叉口各路车流、人流互相交叉，相互影响，不但降低行车速度和通行能力，还经常发生交通事故。交叉口交通组织设计的目的，就是要保证相交道路上的车流和行人的交通安全，并有效地提高交叉口的通行能力。

（1）车辆交通组织

交叉口的车辆交通组织就是正确组织不同去向的车流，通过设置必需的车道，合理布置交通岛、交通信号灯及地面各种交通标线等，使车辆在交叉口能按一定的原则顺利通过交叉口。

车辆交通组织的原则，按如下几点考虑：①交叉路口供分流行驶用的车道数，应根据路口车流量和流向确定，进口道与出口道的直行车数应相同；②交叉路口交通岛的位置应按车流顺畅的流线布置；③进出口道分隔带或交通标线应根据渠化要求布置，并应与路段上的分隔设施衔接协调。常用的交通组织方法有：限定车流行驶方向，设置专用车道，渠化交叉口，实行交通管制等。

1）设置专用车道

组织不同行驶方向的车辆在各自的车道上分道行驶，互不干扰。根据行车道宽度及左、直、右行车辆的交通量大小可做多种组合的车道划分。

2）左转车辆的交通组织

左转车辆是引起交叉口车流冲突的主要原因，合理组织利用左转弯车辆的交通，是保证交通安全、提高交叉口通行能力的有效方式。通常采用的车辆交通组织的方法有以下几种：①设置专用左转车道；②实行交通管制，在规定时间内不准左转；③利用环岛或环道，变左转为右转通行。

3）渠化交通

通过在道路上画线或用灌木和交通岛分隔车流，使各种不同类型和不同速度的车辆能像渠道里的水流，沿规定方向互不干扰行驶。

（2）行人交通组织

行人交通组织的目的，就是要为行人交通提供安全方便的通过条件，确保交叉口的交通安全和提高交叉口的通行能力。因此，交叉口设计时除了合理布置人行横道外，还应把交叉口转角处的人行道加宽。同时，尽量不将吸引大量人流的公共建筑的出入口设在交叉口。

1）人行横道：人行横道的设置方向，原则上应垂直于道路，使行人过街距离最短，并可缩短交通信号控制中对行人的配时。人行横道一般可布置在交叉口人行道的延续方向后退3～4m的地方（停车线设在横道线的后面至少1m处）。人行横道的宽度，一般采用4～10m。另外，也可考虑设置行人天桥或行人地道，以更好地解决行人交通。

2）交叉口转角处人行道：转角处人行道宽度应大于路段人行道宽度，交叉口处宜用栏杆分隔人行道与车行道，拟远期设置人行立交的交叉口，人行道的宽度还应考虑天桥或地道出入口踏步的所需宽度。

5.1.2 交叉口形式与选择

1. 交叉口常见形式

平面交叉口的形式有十字形、T形、Y形、X线及环形交叉等，如图5-2所示。

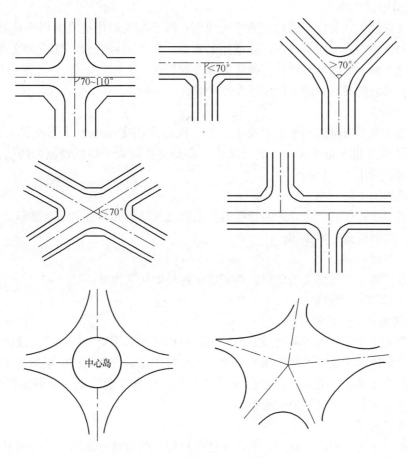

图5-2　平面交叉口的形式

（1）十字形交叉：四岔道路呈"十"字形的平面交叉。它形式简单，交通组织方便，街角建筑容易处理，适用范围广，是交叉口最基本的形式。

简易的十字交叉一般适用于三、四级公路或地方道路，也可用于斜交角不大于30°和交通量较小的主要公路与次要公路相交的交叉。附加车道的十字交叉，就是在交叉范围内主要公路上设置附加车道，提高直行和转弯的通行能力，一般适用于二级公路。

（2）T形交叉：三岔道路呈"T"字形的平面交叉。它与十字形交叉形式基本相同，视线良好，行车安全，但形成断头路，新建路一般不用。

（3）Y形交叉：三岔道路呈"Y"字形的平面交叉。当交角小于45°时，视线受到限制，行车不安全。

（4）X形交叉：四岔道路呈"X"字形的平面交叉。当相交的锐角较小时，将形成狭长的交叉口，对左转车辆交通不利，锐角街口的建筑也难处理，所以应尽量避免形成这种形式的交叉口。

（5）环形交叉：道路交汇处设有中心岛的环形交通平面交叉。环形交叉有利于渠化交通，但占地面积较大，适用于多路交汇及转弯交通量大的路口。

平面交叉形式还有错位交叉和多岔交叉，它们形式复杂，又不利于交通组织，所以在路网规划时应尽量避免这两种形式，对于旧路系统中已存在的，应逐步予以改建。

2. 交叉口形式选择

平面交叉口的形式决定于道路交通系统规划，以及交叉口用地及其周围建筑的情况。交叉口形式的选择涉及的因素较多，如道路的布置、相交道路等级、性质和交通组织等。设计时应通过多种方案的分析比较，择优选取合理形式。

交叉口形式的选择，一般可按以下几点考虑：

（1）形式简单

主干道路相交一般都选用十字形交叉，主、次道路相交也可用 T 形交叉，特殊情况斜交路口可用 X 形和 Y 形交叉，环形交叉用于多路交汇，对于形式较复杂的错位交叉和多岔交叉应避免使用。

（2）交通组织方便

便于交通组织，提高交叉口的通行能力，选择交叉口形式时宜多用十字形交叉，也可用环形交叉，其他形式尽量少用。

（3）便于改建

对于远景规划为立体交叉的路口，近期宜选择环形交叉为好。

5.1.3 交叉口平面设计

1. 加宽转角式交叉口设计

加宽转角式交叉口是指用曲线展宽各个转角而构成的平面交叉口，它是最简单的交叉口设计形式。设计时主要解决两方面的问题：一是要能保证安全，对于车辆在交叉口行驶时，驾驶人员要有足够的视距；二是要保证各方向右转弯车辆能以一定的速度顺利地通过，需要合理地确定交叉口转角的缘石半径。

（1）交叉口的视距

在车辆进入交叉口前的一段距离内，应使司机能够看清路口车辆的行驶情况，以便能安全地通过交叉口，或及时停车避免发生碰撞。这一段距离必须不小于规定的停车视距，停车视距的概念与计算详见第 2 章。

设计时，应使交叉口的视距符合"公路与城市道路平面交叉口停车视距的建议值"，同时必须检查交叉口的视距是否能够得到保证，在视距三角形内不允许有阻碍司机视线的物体和道路设施存在。

视距三角形是指平面交叉路口处，由一条道路进入路口行驶方向的最外侧的车道中线与相交道路最内侧的车道中线的交点为顶点，两条车道中线各按其规定车速停车视距的长度为两边，所组成的三角形（参见第 2 章）。在其范围内不能有任何阻挡驾驶员视线的障碍物。

（2）交叉口转角的缘石半径

为了保证右转弯车辆能以一定的速度顺利地转弯，交叉口转角处的缘石宜做成圆曲线或复曲线，以符合相应车辆行驶的轨迹，一般多用圆曲线，计算与施工均较方便。

圆曲线的半径 R_1，称为缘石半径，交叉口设计时，需要合理地确定交叉口转角处的缘石半径。

通常，交叉口缘石半径应以右转弯计算行车速度设计验算，计算公式如下：

$$R_1 = R - \left(\frac{b}{2} + e + C + W \right) \tag{5-3}$$

$$R = \frac{V_r^2}{127(\mu + i)} \tag{5-4}$$

式中　R_1——交叉口转角缘石半径（m）；

　　　R——机动车最外侧车道中心线的圆曲线半径（m）；

　　　b——最外侧机动车道宽度（m）；

　　　C——分隔带宽度（m）；

　　　W——交叉口转弯处非机动车道宽度（m）；

　　　V_r——交叉口车辆右转弯计算行车速度（km/h）；

　　　μ——横向力系数，一般取 0.15；

　　　e——曲线加宽值（m）；

　　　i——交叉口车行道横坡度，一般取 0.015。

另外，还应注意交叉口转角的缘石半径不得小于汽车最小转弯半径。

城市道路的交叉口，根据相交道路等级，可按规范要求选用缘石半径。单幅路、双幅路交叉口缘石半径最小值应符合表 5-1 要求；三幅路、四幅路交叉口的缘石半径最小值应满足非机动车行车要求，但不得小于 5m。

交叉口缘石最小半径　　　　　　　　　　　　　　表 5-1

右转计算行车速度（km/h）	30	25	20	15
缘石最小半径（m）	33～38	20～25	10～15	5～10

注：非机动车道宽为 6.5m 时取下限，2.5m 取上限，其他宽度插值。

公路交叉口设计时，缘石半径应符合"公路简单交叉口转弯半径"和"公路右转车道转弯最小半径"设计附表的要求。

另外，必须注意的是交叉口缘石半径过小，则使右转车辆行驶速度要降低很多，这将影响其他车道车辆的正常行驶，容易引起交通事故。所以，在可能的条件下，缘石半径 R_1 值最好选取较大值。

2. 拓宽路口式交叉口设计

拓宽路口式交叉口是指在接近交叉口的道路两侧展宽或增辟附加车道的平面交叉口，使转弯车辆不影响其他车辆的正常行驶。此类交叉口可减少转弯交通对直行交通的干扰，车速较高，事故率低，通行能力大，但占地多，投资较大，适用于交通量大、转弯车辆较多的二级公路和城市主干道。

（1）拓宽的车道数

交叉口的通行能力，一般总是比相同车道数的正常路段的通行能力小，所以交叉口的车道数不应少于路段上的车道数。交叉口所需拓宽的车道数，主要取决于进口道各向的交通量、交通组织方式和车道的通行能力。它可根据有关内容进行计算确定，为便于交通组织，一般以增设一条车道为宜。

（2）拓宽位置的选择

选择拓宽车道的位置，可采用以下两种情况：一是向进口道左侧拓宽，利用逐渐缩窄和后退中间分隔带、或偏移中心线占用对向车道；二是向进口道右侧拓宽，利用车行道右侧的分隔带、人行道上绿带或拆迁交叉口处部分房屋。

（3）拓宽车道长度的计算

1）交叉口的进口道增设右转专用车道时，右侧横向相交道路的出口道应设加速车道。右转专用车道长度应保证右转不受相邻停候车队长度的影响，而加速车道则应保证加速所需长度，两者均应调查后具体计算确定。

右转车道拓宽长度与加速车道长度分别按下列公式计算：

$$l'_w = l'_d + l'_t \tag{5-5}$$

$$l''_a = l'_a + l'_t \tag{5-6}$$

式中　l'_w——拓宽右转车道的长度（m）；

　　　l'_d——车辆减速所需长度或相邻停候车队长度（m），两者中取大值；

　　　l'_t——过渡段长度（m）；

　　　l''_a——加宽加速车道长度（m）；

　　　l'_a——车辆加速所需距离（m）。

2）交叉口的进口道增设左转专用车道时，左转专用车道的长度应保证最后一辆左转车能在左转车队后端安全停车，其计算公式如下：

$$l_w = l_d + l_t \tag{5-7}$$

式中　l_w——拓宽左转车道长度（m）；

　　　l_d——车辆减速所需长度或相邻停候车队长度（m），两者中取大值；

　　　l_t——过渡段长度（m）。

3. 环形交叉口设计

环形交叉口是指道路交汇处设有中心岛，所有横穿交通都被交织运行所代替，形成一个单向行驶的环行交通系统，其中心岛称为环岛，如图5-3所示。

环形交叉设计基本要素和要求有以下两个方面：一是中心岛的形状和尺寸，中心岛的形状应根据交通流特性采用，其尺寸应满足最小交织长度和环道上计算行车速度的要求；二是环道的布置和宽度，环道的车行道可根据交通流的情况，采用机、非分行或混行布置，环道的宽度决定于相交道路的交通量和交通组织。

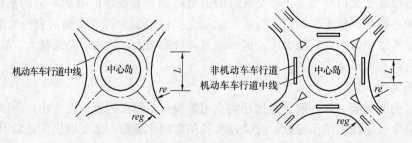

图5-3　环形交叉口

（1）中心岛的形状和尺寸

中心岛的形状和尺寸的确定，必须保证车辆能按一定车速以交织方式来代替一般交叉的车流交叉，即必须同时能满足行车速度以及进环和出环的车辆在环道上行驶时，互相转换车道所需的交织距离的要求，并受到交叉所在地的地形和用地条件的限制。

中心岛的形状一般多用于圆形，有时也可用圆角方形和菱形；主次道路相交时宜采用椭圆形；交角不等的畸形交叉可采用复曲线；结合地形、地物和交角等也可采用其他规则或不规则几何形状的中心岛。

按计算行车速度的要求，圆形中心岛半径计算公式见式（5-8）：

$$R_d = \frac{V^2}{127(\mu \pm i)} - \frac{B}{2} \tag{5-8}$$

式中　R_d——中心岛半径（m）；

　　　V——环道计算行车速度，取路段值的70%计算；

　　　μ——横向力系数，建议大客车取 0.10～0.15，小客车取 0.15～0.20；

　　　i——环道车行道横坡度，一般取 0.015；

　　　B——车道宽度（m）。

进环和出环的两辆车辆，在环道上行驶时互相交织，交织一次车道位置所行驶的路程，称为交织长度。交织长度的大小主要取决于车辆在环道上的行驶速度，最小交织长度 l_w 不应小于计算行车速度 4s 的运行距离，其值见表 5-2。

最 小 交 织 长 度　　　　　　　　　　　　　表 5-2

环道计算行车速度（km/h）	50	45	40	35	30	25	20
最小交织长度 l_w（m）	60	50	45	40	35	30	25

按交织段长度要求的中心岛半径 R_d，可近似地按交织段长度围成的圆周大小来推导，计算公式为：

$$R_d = \frac{n(l + B_p)}{2\pi} - \frac{B}{2} \tag{5-9}$$

式中　n——相交道路条数；

　　　l——相邻路口的交织段长度（m）；

　　　B——环道宽度（m）；

　　　B_p——相交道路的平均路宽（m）。

中心岛半径的最小值必须满足最小交织长度的要求，否则行驶中互相交织的车辆需在环道上停车等让，这不符合环形交叉口连续交通的基本原则。

根据实践经验，中心岛最小半径见表 5-3。一般情况，城市道路环形交叉口的中心岛直径采用 40～60m 为宜，公路上以 50～80m 为宜。

中心岛最小半径　　　　　　　　　　　　　表 5-3

环道计算行车速度（km/h）	40	35	30	25	20
中心岛最小半径（m）	60	50	35	25	20

（2）环道的宽度

环道的宽度决定于相交道路的交通量和交通组织。

环道上的车道数一般以设计三条车道为宜（未计非机动车道），过多的车道并不能显著增加其通行能力。一般是将靠近中心岛的一条车道作绕行之用，靠最外侧的一条车道供右转弯，中间车道作为交织车道。

环道上的车道宽度必须按照弯道加宽值予以加宽。根据机动车车长（按平均车长为10m计算），每条车道的弯道加宽值应按表5-4确定。由于右转车辆的行车轨迹，除进出路口需拐弯行驶外，在交织段长度内多为直线行驶，可不必加宽，因而只需将绕行车道和交织车道加宽。按设计三条机动车道计算加宽后的车道宽度，一般取15～16m。

环道上每条车道的加宽值 表5-4

弯道半径（m）	20	25	30	40	50
加宽值（m）	2.2	2.0	1.7	1.5	1.2

非机动车道所需的宽度，应根据交通量情况具体而定。设计时尽可能设置足够宽度的非机动车道，以减少非机动车与机动车的干扰，最好将其用分隔带隔开，以保证交通安全。分隔带宽度应不小于1.0m。一般情况下，非机动车道宽度不应小于交汇道路中的最大非机动车行道宽度，也不宜超过8m。

（3）交织角

交织角是检验车辆在环道上交织行驶时的安全情况。它以右转弯车道的外缘1.5m和中心岛缘石外1.5m的两条切线的交角来表示，交织角的大小取决于环道的宽度和交织段长度。

环道宽度越窄，交织段长度越大，则交织角越小，行车越安全。但交织段要长，中心岛半径就要增大，占地也要增加。根据经验，交织角以控制在20°～30°之间为宜。通常在交织段长度能够保证的条件下，交织角多能满足要求。

（4）环道进出口的转弯半径

环道进出口的转弯半径决定于环道的计算行车速度。

为了使环道上的车速比较一致，对环道进口车辆的车速加以限制，因此环道进口的曲线半径应接近于或小于中心岛半径。环道出口的曲线半径可较进口曲线半径大些，以便车辆加速驶出，保持交叉口畅通。

环道进出口曲线半径相差过大，将造成入环与出环车速很大差别，直接影响环道的行车安全。

（5）环道的横断面

环道的横断面形状与行车平稳和排水的关系很大。通常横断面的路脊拱线是设在交织车道的中间，在环道进出口处，横坡度的变化应较缓和。中心岛的四周应设置雨水口，以排除环道上的积水，在进出口间无交通的地方可设置三角形的导流岛。

（6）环道的外缘石

环道外缘的平面线形不宜设计成反向曲线，一般采用直线圆角形。进口缘石半径 r_a 见规范"交叉口缘石转弯最小半径"。出口缘石半径 r_w 应大于或等于进口缘石半径。

另外，需要指出的是环形交叉和其他平交形式相比，有不少优越之处，但也有不少弊端而限制了这种形式的使用。所以环形交叉适用于多条道路交汇或转弯交通量较大的交叉口，且相邻道路中心线间夹角宜大致相等。

5.1.4 交叉口竖向设计

1. 交叉口竖向设计的目的和原则

交叉口的竖向设计应符合行车舒适、排水迅速和美观的要求。平面交叉竖向设计的目的就是要统一解决相交道路之间，以及交叉口和周围建筑物之间，在立面位置上的行车、排水和建筑艺术三方面的要求。使相交的道路在交叉口内能有一个平顺的共同面，便利车辆和行人交通；使交叉口范围内的地面水能迅速排除；使车行道和人行道的标高能与建筑物的地面标高相协调而具有良好的观感。

交叉口的立面设计，在很大程度上取决于相交道路的等级、交通量、横断面形状、纵坡方向和大小，以及当地的地形情况。设计时首先应照顾主要道路的行车方便，在不影响主要道路行车方便的前提下，也应适当改变主要道路的纵、横坡，以照顾次要道路的行车方便。

交叉口竖向设计的一般原则如下：

（1）主、次道路相交，主要道路的纵横坡度一般不变，次要道路的纵横坡可适当改变；

（2）同级道路相交，纵坡一般不变，横坡可变；

（3）路口设计纵坡不宜太大，一般不大于 2%，困难情况下不大于 3%；

（4）交叉口立面设计标高应与四周建筑物地坪标高相协调；

（5）为了保证交叉口排水通畅，设计时至少应有一条道路的纵坡向交叉口外倾斜。如遇到困难地形，例如交叉口设在盆形地形，所有道路纵坡都向着交叉口时，必须预先考虑修筑地下排水管道和设置进水口；

（6）合理确定变坡点和布置雨水口。

2. 竖向设计的基本形式

交叉口竖向设计的形式取决于地形，以及和地形相适应的相交道路的纵坡和横断面。以十字形交叉口为例，竖向设计有以下 6 种基本形式：

（1）相交道路的纵坡全由交叉口中心向外倾斜的凸形。

（2）相交道路的纵坡全向交叉口中心倾斜的凹形。

（3）三条道路的纵坡由交叉口向外倾斜，另一条道路的纵坡向交叉口倾斜的分水线形。

（4）三条道路的纵坡向交叉口倾斜，另一条道路的纵坡由交叉口向外倾斜的谷线形。

（5）相邻两道路的纵坡向交叉口倾斜，另两条道路的纵坡由交叉口向外倾斜的斜坡形。

（6）相对两条道路的纵坡向交叉口倾斜，另两条道路的纵坡由交叉口向外倾斜的马鞍形。

从以上所列的竖向设计形式可以看出，竖向设计形式不同，其使用效果有明显差异，最主要的原因是与相交道路的纵坡方向组合有着密切关系。所以，如果要获得较理想的竖向设计效果，在进行路网竖向规划和纵断面设计时，就要为交叉口的竖向设计创造好条件。

除了以上六种基本形式外，还有一种特殊形式，即位于水平地形上的交叉。对于这种地形情况，可采取把交叉处的设计标高稍微抬高一些，设计成第一种凸形地形上的交叉。如果需要也可不改变纵坡，而将道路的排水街沟都设计成锯齿形，用以排除地面积水。

3. 竖向设计的步骤和方法

交叉口竖向设计通常都采用设计等高线法。设计等高线法是在交叉口的设计范围内，选定路脊线和划分标高计算线网，算出路脊线和标高计算线上各点的设计标高，最后勾画出设计等高线，并计算出各点的施工高度。

设计等高线法竖向设计的步骤和方法如下：

(1) 收集资料

(2) 绘制交叉口平面图

(3) 确定交叉口的设计范围

(4) 确定交叉口竖向设计图式

(5) 确定交叉口四端路段上设计标高

1) 计算中心线上相邻等高线的水平间距 l

$$l = \frac{h}{i_1}(\mathrm{m}) \tag{5-10}$$

式中 h——相邻设计等高线的高差，一般取 0.1m；

i_1——路段中心线设计纵坡。

2) 计算街沟至拱顶同各等高线的水平距离 l_1

$$l_1 = \frac{h_1}{i_1}(\mathrm{m}) \tag{5-11}$$

式中 h_1——路拱高度，$h_1 = B/2 \times i_2$，B 为车行道宽度，i_2 为车行道横坡度。

交叉口四端路段上的等高线，按上述求出的两水平距离，即可在交叉口平面图上绘制。

(6) 确定交叉口上的设计标高

根据相交道路的纵坡度方向，选择对应的交叉口竖向设计形式，对路段等高线进行调整，即可确定交叉口中央部分的等高线。

若交叉口中心线两路交点的标高不是等高线整数，则要根据上述公式进行计算。

(7) 绘制交叉口等高线法竖向设计图

按照行车平顺和排水迅速的要求，调整等高线的疏密，并调整个别不合理的标高，以利排水。

(8) 计算交叉口施工高度

5.2 立体交叉设计

道路与道路在不同高程上的交叉称为立体交叉。

立体交叉以空间分隔车流的方式，来避免车流在交叉口形成冲突点，既保证交通安全，又减少延误时间，使交叉口的通行能力比平交有很大地提高。但由于立体交叉占地面积大、施工复杂、投资额大等，所以采用立交方案时，应根据技术、经济及环境效益分析，合理确定。通常立体交叉的设置条件如下：

（1）立体交叉应按规划道路网设置。

（2）高速公路与城市各级道路交叉时，必须采用立体交叉。

（3）快速路与快速路交叉，必须采用立体交叉；快速路与主干路交叉，应采用立体交叉。

（4）进入交叉口的交通量超过 4000～6000 辆/h，相交道路为四条车道以上，可设置立体交叉。

（5）当地形适宜修建立体交叉，经技术、经济比较认为合理时，可设置立体交叉。

（6）道路与铁路相交时，应设置立体交叉。

城市道路立体交叉根据相交道路等级及其直行车流、转向车流（主要是左转车流）行驶特征和非机动车对机动车交通有无干扰等情况，划分为枢纽立交、一般互通式立交、简单立交及分离式立交四个等级，见表5-5。

城市道路立交的等级划分及功能特征   表 5-5

立交等级	主线直行车流运行特征	转向（主要指左转）车流行驶特征	非机动车干扰情况
一	快速或设计车速连续行驶	一般经定向匝道或集散、变速车道行驶或部分左转车减速行驶	机非分行，无干扰
二	快速或设计车速连续行驶，但次要主线直行车可能有转向车流交织干扰	减速行驶或减速交织行驶	机非分行或混行，有干扰
三	快速或按设计车速连续行驶，相交次要主线车流受平面交叉口左转车冲突影响，为间断流	左转车流除实施匝道上跨外，通常受平面交叉口影响减速交织行驶，或为间断流	机非混行，有干扰
四	快速或按设计车速连续行驶	禁止转向，个别容许右转远引绕行	

立体交叉设计方案的拟定，应根据规划要求，相交道路（或铁路）的等级、交通量、性质，交叉口用地和地形，拆迁情况，排水条件，施工难度，工程造价等全面衡量，提出比较方案，最后择优选用。

立体交叉设计中应注意的问题：

（1）立交形式的选择，应满足主要道路对通行能力的要求，同时应远近期结合、全面考虑。

（2）立交形式的选择及设计要密切结合当地的地形、地物情况。

（3）立交设计时除满足机动车交通外，还应综合考虑行人和非机动车交通问题。

（4）设计时应合理选用立体交叉各组成部分的技术指标，并全面分析和衡量立交的经济效益。

5.2.1 立体交叉的组成和类型

1. 立体交叉的组成

立体交叉口的交通组织方式不同，其立体交叉的组成部分也不相同，一般常用的立体交叉的主要组成部分包括：跨路桥、匝道、外环和内环、入口和出口、加速车道、减速车道、引道等。

2. 立体交叉的类型

立体交叉的类型，可按其跨越方式和交通功能划分。

(1) 按其跨越方式可分为上跨式和下穿式两类。上跨式（跨路桥式）立体交叉施工容易、造价低，但占地大，高架桥影响观瞻，且引道长、纵坡大，对非机动车交通不利。下穿式（隧道式）立体交叉占地少，立面较易处理，且美观，但造价高、施工周期长，排水困难，维护费用大。设计时，选用上跨式或下穿式，要根据地形、地质、经济、排水、施工及与周围环境的协调等条件来决定。

(2) 按其交通功能和匝道布置方式可分为互通式和分离式两类。分离式立体交叉（简单立体交叉）上下层道路之间互不连通，在道路交叉处仅设跨路桥或隧道，不设上下连接匝道。这种形式不增占用地、设计简单，但上下层道路的车辆不能互相转换，故多用于道路与铁路的交叉；对不同等级道路的交叉，为不影响高等级道路的交通畅通，也可采用简单立交。互通式立体交叉，在道路交叉处除设置跨路桥或隧道外，上下层道路之间用匝道或其他方式互相连接，可使相交道路的车辆互相转道。这种形式交叉口占地面积较大、设计复杂，故多用于城市道路交叉。互通式立体交叉，按照交通流线的交叉情况和道路互通的完善程度分为完全互通式、不完全互通式和环形三种。根据其几何形式，可将互通式立体交叉分为很多种类型，如图 5-4 所示。

互通式立体交叉基本形式的交通特点和适用条件如下：

1) 菱形立体交叉可保证主要道路直行交通畅通，在次要道路上设置平面交叉口，供转弯车辆行驶，适用于主要道路与次要道路相交的交叉口。

2) 部分苜蓿叶形立体交叉可保证主要道路直行交通畅通，在次要道路上可采用平面交叉或限制部分转弯车辆通行，适用于主要道路与次要道路相交的交叉口。

3) 苜蓿叶形立体交叉与喇叭形立体交叉适用于快速路与主干路交叉处。苜蓿叶形用

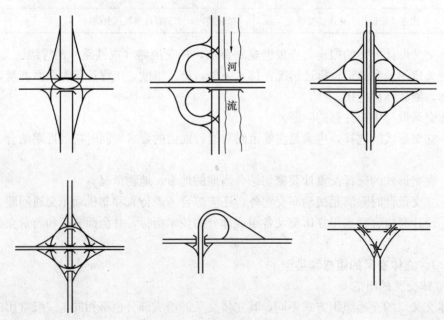

图 5-4 互通式立体交叉

于十字形交叉口，喇叭形用于 T 形交叉口。

4）定向式立体交叉的左转弯方向交通设有直接通行的专用匝道，行驶路线简捷、方便、安全，适用于左转弯交通为主要流向的交叉口。根据交通情况可做成完全定向式或部分定向式。

5）双层环形立体交叉可保证主要道路直行交通畅通，次要道路的直行车辆与所有转弯车辆在环道上通过，适用于主要道路与次要道路交叉和多路交叉。三层环形立体交叉可保证相交道路直行交通畅通，转弯车辆在环道上通过，适用于两条主干路相交的交叉口。

总之，互通式立体交叉的类型很多，设计时立体交叉形式的选择要首先满足交通功能的需要，符合道路的性质布局，还应该考虑与周围环境的协调，结合地形现状取得综合的艺术效果，为立体交叉设计的技术合理性与经济可行性而创造条件。

5.2.2 立体交叉线形设计

立体交叉线形设计的技术要求如下：

1. 立体交叉的计算行车速度规定

（1）立体交叉直行方向和定向方向计算行车速度

分离式、苜蓿叶形、环形立体交叉的直行方向和定向式立体交叉的计算行车速度应采用与路段相应等级道路的计算行车速度。在菱形立体交叉中，通过其平面交叉口直行车流的计算行车速度可采用与路段相应等级道路的计算行车速度的 0.7 倍。

（2）匝道计算行车速度

匝道的计算行车速度通常取道路计算行车速度的 0.5～0.7 倍，以便使车辆适应匝道的行车条件。

（3）环形立体交叉环道的计算行车速度

环形立体交叉环道的计算行车速度一般采用 25～35km/h。

2. 立体交叉的间距

（1）互通式立体交叉在城市道路中，两个相邻立体交叉之间的最小净距应符合表 5-6 的规定。

互通式立体交叉最小净距 表 5-6

干道计算行车速度（km/h）	80	60	50	40
最小净距（m）	1000	900	800	700

（2）互通式立体交叉在高速公路上，两个相邻交叉口之间的最小净距应大于 4km。

3. 立体交叉道路的横断面设计

立体交叉道路横断面形式和组成部分宽度，应根据道路的规划、等级、交通量、机动车与非机动车所占比重和交通组织方式等要求决定。为确保立体交叉上高速行驶的车辆安全，直行道路应设中央分隔带，所以通常采用双幅路和四幅路的横断面形式。双幅路型用于机动车和非机动车分层行驶的立体交叉，机动车道一般设 4 条或 6 条车道，每条车道宽度宜采用 3.75m，中央分隔带宽度 0.5～2m，安全距离为 0.5～1m。四幅路型用于机动车和非机动车在同一层行驶的立体交叉。

4. 立体交叉的纵断面设计

立体交叉中主线的纵坡，直接影响到主体交叉的工程规模和行车安全，所以设计纵坡应尽可能平缓一些。立体交叉引道和匝道的最大纵坡度应符合规范规定值。机动车与非机动车在同一坡道上行驶时，最大纵坡度按非机动车行道的有关规定处理，立体交叉范围内的回头曲线的纵坡度宜小于或等于 2%。

立体交叉范围内竖曲线设计，其半径和最小长度应按照道路纵断面设计的有关规定执行。非机动车道凸形或凹形竖曲线的最小半径为 500m。

立体交叉范围内的视距应符合行车视距要求。

5.2.3 匝道设计

1. 匝道的类型

互通式立体交叉上下各层道路之间供转弯车辆行驶的连接道称为匝道，分为四种类型：右转弯匝道、环形左转匝道、定向式左转匝道和迂回左转匝道。

2. 匝道的"平、纵、横"设计

（1）匝道的平面线形：匝道的半径是匝道平面设计的依据，它也将影响立交规模的大小。城市道路立体交叉中匝道半径取决于立交所在位置的地形和地物。为不扩大拆迁和增加占地，半径不宜过大，但半径过小将影响立交的使用效果。所以匝道半径应符合规范"匝道圆曲线最小半径和平曲线最小长度"表的规定。

匝道曲线超高一般规定单向匝道超高横坡为 2%～4%，最大不得超过 6%。

城市立体交叉的匝道曲线加宽，一般结合平面几何设计用路缘石曲线接顺，所以未设超高的平曲线路段可不设缓和曲线。

（2）匝道的纵断面设计：由于上下道路高差较大，匝道的纵坡也较大，一般可取 4%。匝道与干道连接处匝道的端部应设置小于 2% 的缓坡段，缓坡长度应大于缓坡与缓坡间设置竖曲线的切线长度。单向匝道的纵坡可大于双向匝道纵坡，上坡匝道的纵坡可稍大于下坡匝道中弯道的最大纵坡度，并应符合合成坡度规定。

（3）匝道的横断面设计：匝道宜设计为单向行驶，若采用双向行驶，则应设置分隔带（交通量较小时，也可用路面画线分隔）。单向行驶的匝道路面宽度不得小于 7m，若为机、非混行则不宜小于 12m，而且弯道处应加宽。城市立交匝道上人行道宽度不小于 3m。

3. 匝道端部的设计

匝道端部为匝道与干道相连接的部分，包括变速车道、锥形车道、分叉点交通岛等。匝道端部设计是立体交叉几何构造很重要的一部分，它与立体交叉的交通运行有着密切的关系，设计中应予以重视。

（1）匝道口的设计：匝道口的设计具体分为匝道出口和进口的布置、分流点和合流点交通岛的布置、匝道端部出口或入口横断面的布置。

（2）匝道口的净距：立体交叉范围内相邻匝道口之间的最小净距应符合规范规定。

（3）变速车道：变速车道包括加速车道和减速车道。变速车道的布置有两种形式：直接式变速车道适用于立交直行方向交通量较少时；平行式变速车道适用于直行方式交通量较大时。变速车道的长度不应小于规范要求数值，变速车道与干线正常路段应设一定的过渡段来衔接。

复 习 思 考 题

1. 简述交叉口的交通特性和交通组织方法。

2. 平面交叉口的形式有哪些？怎样选择？

3. 加宽转角式交叉口的设计要求是什么？

4. 拓宽路口式交叉口的设计内容。

5. 环形交叉口的设计步骤和方法。

6. 交叉口竖向设计形式和等高线法设计要点。

7. 立体交叉的设置条件。

8. 互通式立体交叉基本形式的交通特点和适用条件。

9. 立体交叉线形设计的技术要求。

10. 匝道的类型及设计要点。

第6章 路 基 工 程

6.1 概　述

6.1.1　路基的概念和特点

路基是道路工程的主要组成部分，它是按照路线位置和一定技术要求修筑的带状构筑物，是路面的基础，承受由路面传来的行车荷载。

路面底面以下 0.80m 范围内的路基部分称为路床，在结构上分为上路床（0～0.30m）及下路床（0.30～0.80m）两层。

高于原地面的填方路基称为路堤，路堤在结构上分为上路堤和下路堤，上路堤是指路面底面以下 0.80～1.50m 范围内的填方部分；下路堤是指上路堤以下的填方部分。

低于原地面的挖方路基称为路堑。

路基是路面结构的基础，坚强而又稳定的路基为路面结构长期承受汽车荷载提供了保证，路基质量的好坏必然反映到路面上。路面损坏往往与路基排水不畅、压实度不够等因素有关。路基工程具有工程量大、涉及面较广、工程复杂、工期长、劳动强度大、耗费劳力多等特点。

6.1.2　路基的基本要求

路基为道路的基本结构物，路基设计应根据其作用和道路的要求，结合当地自然条件并结合施工方案进行设计。路基设计之前，应做好全面调查研究，充分收集沿线地质、水文、地形、地貌、气象、地震等设计资料。

路基的设计与施工必须满足基本要求：①具有正确合理的外形和断面尺寸；②具有足够的强度、刚度和整体稳定性；③具有足够的水温稳定性。

路基的强度和稳定性，是保证路面强度和稳定，从而保证道路安全畅通的基本条件。对影响路基强度的地面水和地下水，必须采取拦截或排出基础以外的措施，并结合路面排水设计，形成完整的排水系统。经过特殊地质和水文条件地带的路基，应做好调查研究，并结合当地经验，进行特别设计。

6.1.3　路基用土

1. 路基用土的分类

土的分类方法在不同国家、不同行业则不尽相同，但是分类依据则大致相近。土的分类依据一般都是根据土颗粒的粒度成分，土颗粒的矿物成分或其余物质的含量，土的塑性指标等进行区分。一般对粗粒土（包括碎石类土和砂类土）主要按粒度成分进行分类，黏性土则按塑性指数分类。

我国公路路基用土依据交通部颁布的《公路土工试验规程》（JTJ051—93）对土进行分类：按照土的颗粒组成特征，土的塑性指标（液限 w_L、塑限 w_p 和塑性指数 I_p）及土中有机质含量的情况，分为巨粒土、粗粒土、细粒土和特殊土四类，详细分类见表 6-1。

巨粒组		粗粒组						细粒组	
漂石（块石）	卵石（碎石）	砾　粒			砂　粒			粉粒	黏粒
		粗砾	中砾	细砾	粗砂	中砂	细砂		
粒径界限值（mm） 200	60	20	5	2	0.5	0.25	0.074	0.002	

（1）土的颗粒组成特征可以以土的级配情况表示。土的级配可以用级配指标的不均匀系数 C_u 和曲率系数 C_c 表示。

工程上用不均匀系数或曲率系数对土的级配情况进行定量分析。

把限定粒径 d_{60} 与有效粒径 d_{10} 的比值称为不均匀系数，用 C_u 表示，它反映粒径级配曲线上土粒的分布范围。

$$C_u = \frac{d_{60}}{d_{10}} \tag{6-1}$$

曲率系数 C_c 反映粒径级配曲线的形状：

$$C_c = \frac{d_{30}^2}{d_{60} \cdot d_{10}} \tag{6-2}$$

式中　d_{10}、d_{30}、d_{60} 分别为土的级配曲线上对应通过率为 10％、30％、60％的粒径。

不均匀系数反映土中不同大小粒组的分布情况。不均匀系数 C_u 愈大，表示土体愈不均匀，土粒的分布范围就比较大。一般情况下，工程上把 $C_u < 5$ 的土看成是均粒土，属级配不良；$C_u > 10$ 的土属级配良好。实际上要确定土的级配情况，还需要参考曲率系数，工程上把 $C_u \geq 5$，且 $C_c = 1 \sim 3$ 的砾类土或砂类土，称为级配良好砾或级配良好砂。

土颗粒的组成、大小愈不均匀，级配曲线愈平缓，则土的级配良好，土就较密实，压缩性低，强度较高。反之，土颗粒的组成大小愈均匀，级配曲线愈陡，则土的级配较差，土粒之间孔隙就较大，土的压缩性较高。

（2）土的分类总体系如图 6-1 所示。

公路用土的土类代号，由土的成分、级配、液限和特殊土等的基本代号组成。表 6-2 给出了公路用土的基本代号。

土类的代号可以用一个基本代号来表示，也可以由两个或三个基

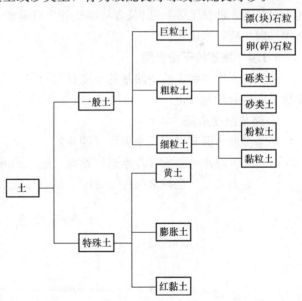

图 6-1　土的分类总体系

本代号构成。由两个基本代号构成时，第一个基本代号表示土的主成分，第二个基本代号表示土中所含副成分（或者是土的级配或土的液限）。由三个基本代号构成时，第一个基本代号表示土的主成分，第二个基本代号表示液限，第三个基本代号表示土中微含的成分。

公路用土的基本代号 表 6-2

土 类	巨粒土	粗粒土	细 粒 土	特殊土
成分代号	漂石 B 块石 Ba 卵石 Cb 小块石 Cba	砾 G 角砾 Ga 砂 S	细粒土 F（C 和 M 合称） 黏土 C 粉土 M 混合土（粗细粒土合称）SI	有机质土 O 黄土 Y 膨胀土 E 红黏土 R
级配情况、液限高低代号	级配良好 W，级配不良 P；高液限 H，中液限 I，低液限 L			

2. 路基用土的选择

各类公路用土具有不同的工程性质，在选择路基填筑材料及修筑稳定土路面结构层时，应注意土的工程性质的差异，并采取不同的工程技术措施。路基用土应选择强度高、水稳性好、易于压实的土作填料；同时考虑取土来源和经济性。

不易风化的岩石，具有强度高、透水性大、水稳性好的性能。碎（砾）石质土不仅透水性大、强度高而且在施工中还易于压实。在使用时若严格掌握碎石土中碎（砾）石的含量、颗粒的联结情况、填充物的性质等也可成为良好的筑路材料。

从土的工程性质的角度看，砂性土是修筑路基的最好的材料，黏性土次之，粉性土是不良材料，最容易引起路基病害。重黏土（特别是含有蒙脱石的重黏土）也是不良的路基填料。

对于特殊的土类，如具有特殊结构的土（大孔土或黄土、微膨胀性土等）、含有机质的土（泥碳、硅藻土等）、以及含易溶盐的土（盐渍土、石膏土等）等，用于填筑路基时必须采取相应技术措施。

6.1.4 路基的干湿类型

路基的强度和稳定性受路基的湿度状况影响很大，在进行路基设计时，要对路基的湿度状况进行分析和评价。

1. 路基湿度来源

路基湿度来源有以下几个方面（图 6-2）：

（1）大气降水——大气降水通过路面（透水的或有裂隙的）、路肩、边沟等渗入路基。

（2）地面水——当排水条件不良时，地表径流水、边沟流水而形成积水渗入路基。

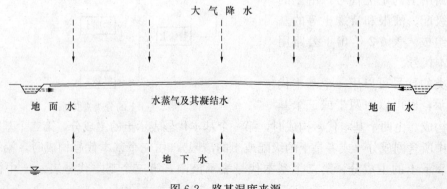

图 6-2 路基湿度来源

（3）地下水——路基下水位较高时，水分就会因地下水位升高或毛细作用而上升侵入路基。

（4）水蒸气及其凝结水——由于温度变化，导致土孔隙中移动的水蒸气遇冷凝结为水，侵入路基。

（5）薄膜移动水——在土的结构中水以薄膜的形式从含水量高的地方向含水量低的方向移动。

路基土湿度来源随着季节和地区的不同而发生变化。干旱地区和炎热季节，地表水蒸发量大，路基湿度小；潮湿地区及雨季，路基湿度较大。进行路基设计时，应根据不同地区和季节的湿度来源情况，结合当地的自然条件，采取相应的设计措施，以保证路基的强度和稳定性。

2. 路基的干湿类型划分

路基的干湿类型划分为干燥、中湿、潮湿和过湿 4 种类型。根据路基土的平均稠度，可以对路基的干湿类型进行划分，一般要求路基处于干燥或中湿状态，对于过湿的路基必须经过处理，方可铺筑路面。

各自然区划的分界稠度值表（表 6-3）给出了各自然区划的分界稠度值。

各自然区划的分界稠度值表 表 6-3

	土质砂				黏质土				粉质土				附注
	ω_{c0}	ω_{c1}	ω_{c2}	ω_{c3}	ω_{c0}	ω_{c1}	ω_{c2}	ω_{c3}	ω_{c0}	ω_{c1}	ω_{c2}	ω_{c3}	
$II_{1,2,3}$					$\dfrac{1.29}{1.20}$	$\dfrac{1.20}{1.12}$	$\dfrac{1.03}{0.94}$	$\dfrac{0.86}{0.77}$	1.12	$\dfrac{1.04}{0.96}$	$\dfrac{0.96}{0.89}$	$\dfrac{0.81}{0.73}$	黏性土分母适用于 $II_{1,2,3}$；粉性土分母适用于 II_{2a}
$II_{4,5}$	1.87	1.05	0.91	0.78	1.29	1.20	1.03	0.86	1.12	1.04	0.89	0.73	
III	2.00	1.19	0.97	0.78					1.20	$\dfrac{1.12}{1.04}$	$\dfrac{0.96}{0.89}$	$\dfrac{0.81}{0.73}$	分子适用于粉土地区；分母适用于粉质亚黏土地区
IV	1.73	2.32	1.05	0.91	1.20	1.03	0.94	0.77	1.04	0.96	0.89	0.73	
V					1.20	1.08	0.86	0.77	1.04	0.96	0.81	0.73	
VI	2.00	1.19	0.97	0.78	1.29	1.12	0.98	0.86	1.20	1.04	0.89	0.73	
VII	2.00	1.32	1.10	0.91	1.29	1.12	0.98	0.86	1.20	1.04	0.89	0.73	

注：1. ω_{c0}——干燥状态路基常见下限稠度。

2. ω_{c1}、ω_{c2}、ω_{c3}——分别为干燥和中湿、潮湿和过湿状态的分解稠度。

路基的干湿类型可以以实测不利季节路槽底以下 80cm 深度内土的平均稠度 B_m 确定，B_m 按下式计算：

$$B_m = (\omega_L - \omega_m)/(\omega_L - \omega_p) \tag{6-3}$$

式中 B_m——土的平均稠度；

ω_L——土的液限含水量（%）；

ω_p——土的塑限含水量（%）；

ω_m——土的平均含水量（%）。

也可根据自然区划、土质类型、排水条件以及路槽底距地下水位或地表积水水位的高度按表 6-4 的一般特征确定。

路 基 干 湿 类 型 表 6-4

干湿类型	不利季节路槽底以下 80cm 深度内土的平均稠度 B_m	一 般 特 征
干　燥	>1.0	路基干燥、稳定、土基上部土层的强度不受地下水和地表积水的影响。$H>H_1$
中　湿	0.75～1.00	路基上部土层处于地下水或地表积水影响的过渡区内。$H_1>H>H_2$
潮　湿	0.50～0.75	路基上部土层处于地下水和地表积水的影响区内。$H_2>H>H_3$
过　湿	<0.5	路基极不稳定，冰冻区春融翻浆，非冰冻区雨季软弹，路基处理后方可铺筑路面。$H<H_3$

注：1. H 为不利季节路槽最低点距地下水或地表积水位高度（m）。

2. H_1、H_2、H_3 分别为土基干燥、中湿和潮湿状态的水位临界高度（m）。

3. 路基临界高度

临界高度是指不利季节当路基分别处于干燥、中湿或潮湿状态时路槽至地下水位的最小高度。临界高度根据各自然区域的气候因素及土质情况确定，路基干燥、中湿和潮湿状态的水位临界高度应由各城市根据当地情况确定。当地无资料时，可参考公路路基设计规范及有关设计手册确定。

6.2　路　基　设　计

路基设计应根据公路的性质、等级和技术标准，结合当地自然条件进行设计。路基设计的内容主要包括：确定路基横断面形状及边坡坡度；路基排水系统及排水构筑物的设计；路基坡面防护、冲刷防护和支挡构筑物的设计；路基工程的其他设施（如取土坑、弃土堆、护坡道等）的布置设计等。设计时应收集包括沿线地质、水文、地形、地貌、气象、地震等设计资料；改建公路设计时，还应收集历年路况资料及当地路基的翻浆、崩塌、水毁、沉降变形等病害的防治经验。

6.2.1　路基横断面基本形式

路基常用的典型断面形式，有填方路基（路堤）、挖方路基（路堑）、半填半挖路基（挖填结合路基）等三种类型。路基设计应根据当地自然条件和工程地质条件，选择适当的路基横断面形式和边坡坡度。河谷地段不宜侵占河床，可视具体情况设置其他的构筑物和防护工程。陡坡上的半填半挖路基，可根据地形、地质条件，采用护肩、砌石或挡土墙；当山坡高陡或稳定性差，不宜多挖时，可采用桥梁、悬出路台等构筑物；三、四级公路的悬崖陡壁地段，当山体岩石整体性好时，可采用半山洞。沿河路基根据冲刷情况，需设置必要的防护设施。沿河路基废方应妥善处理，以免造成河床堵塞、河流改道或冲毁沿线构筑物、农田、房屋等不良后果。

1. 填方路基

填方路基是指高于原地面填筑而成的路基，即路堤，它是全部用岩土填筑而成的路基。路堤的几种常用横断面形式：一般路堤（填土高度介于矮路堤和高路堤之间）、矮路堤（填土高度低于 1.0m 者）、高路堤（填土高度大于 18m（土质）或 20m（石质）），以及浸水路堤、护脚路堤、挖沟填筑路堤等。

矮路堤的设计要求：①满足最小填土高度的要求；②注意排水；③路基工作区深度范围内注意压实（天然地面也应按规定进行压实，达到与路堤填土相同的压实度，必要时应进行换土或加固处理，以保证路基路面的强度和稳定性）。

高路堤的设计要点：合理选择边坡形状及坡度。路堤边坡形式和坡度应根据填料的物理力学性质、边坡高度和工程地质条件确定。当地质条件良好，边坡高度不大于 20m 时，细粒土和粗粒土其边坡坡度为：上坡坡度不宜陡于 1∶1.5，下坡坡度不宜陡于 1∶1.75；巨粒土分别为 1∶1.3 和 1∶1.5。对边坡高度超过 20m 的路堤，边坡形式宜用阶梯形，边坡坡度应由稳定性分析计算确定，并应进行个别设计。浸水路堤在设计水位以下的边坡坡度不宜陡于 1∶1.75。

填方路基填料的选择，应优先选用级配较好的砾类土、砂类土等粗粒土作为填料，填料最大粒径应小于 150mm。泥炭、淤泥、冻土、强膨胀土、有机土及易溶盐超过允许含量的土等，不得直接用于填筑路基。冰冻地区的路床及浸水部分的路堤不应直接采用粉质土填筑。路堤应分层铺筑，均匀压实，压实度应符合相应的要求；当采用细粒土填筑时，应符合路堤填料最小强度的规定。

填方路基根据其填料和形式的不同有：填土路堤、砌石路堤、护肩路堤、护脚路堤、填石路堤、粉煤灰路堤等。

砌石路基的砌石应选用当地不易风化的片、块石砌筑，内侧填石；岩石风化严重或软质岩石路段不宜采用砌石路基。砌石顶宽不小于 0.8m，基底面向内倾斜，砌石高度不宜超过 15m。砌石内、外坡度符合《公路路基设计规范》（JTG D30—2004）的规定。护肩路基护肩的高度不宜超过 2m，顶面宽度不应侵占硬路肩或行车道及路缘带的路面范围。当填方路基受地形地物限制或路基稳定性不足时，可采用护脚路基，护脚高度不宜超过 5m，受水浸淹的路堤护脚应予以防护或加固。

用填石料修筑公路的填石路堤，应采取相应的技术措施，做好断面设计、结构设计和排水设计，保证填石路堤有足够的强度和稳定性，并具有可供铺筑路面的坚实基础。填石路堤应采用大功率推土机与重型压实机具施工。在施工前，应通过试验路段，确定填石路堤合适的填筑层厚、压实工艺以及质量控制标准。采用强夯或冲击压路机进行施工的填石路堤，其压实层厚与质量控制标准可通过现场试验或参照相应的技术规范确定。

粉煤灰路堤系指全部采用粉煤灰（纯灰）或部分采用粉煤灰（灰土间隔）填筑的公路路堤。用粉煤灰修筑公路路堤，同样应采取相应的技术措施，做好断面设计、结构设计和排水设计，保证粉煤灰路堤有足够的强度和稳定性。在不能使用大型压路机碾压的部位，应采取换填或其他固化措施。位于地震动峰值加速度系数大于等于 0.05g 地区的粉煤灰路堤，应按《公路工程抗震设计规范》（JTJ 004—89）的有关规定进行设防。用于高速公路、一级公路路堤的粉煤灰烧失量宜小于 20%，烧失量超过标准的粉煤灰应作对比试验，分析论证后采用。设计粉煤灰路堤应预先调查料源并作好必要的室内试验，掌握粉煤灰材料的工程特性。

粉煤灰路堤的边坡和路肩应采取土质护坡保护措施。应根据施工季节和当地降雨量的大小，决定是否在土质护坡中设置排水渗沟，并应采取相应措施防止渗沟淤塞。粉煤灰路堤上路床范围应采用土质填筑，也可与路面结构层相结合，采用石灰土、二灰土等路面底基层材料作封顶层。粉煤灰路堤底部应离开地下水位或地表长期积水位500mm以上，否则应设置隔离层。隔离层厚度不宜小于300mm，隔离层横坡不宜小于3%。

图 6-3～图 6-6 分别是一般路基、矮路堤、沿河路堤、护脚路堤路基的横断面示意图。

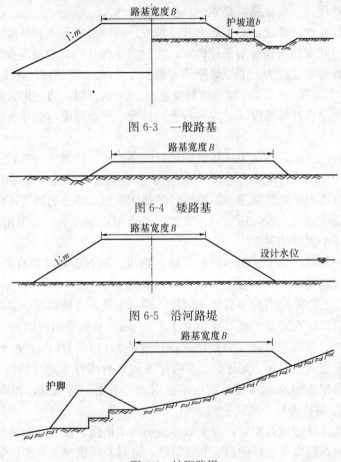

图 6-3　一般路基

图 6-4　矮路基

图 6-5　沿河路堤

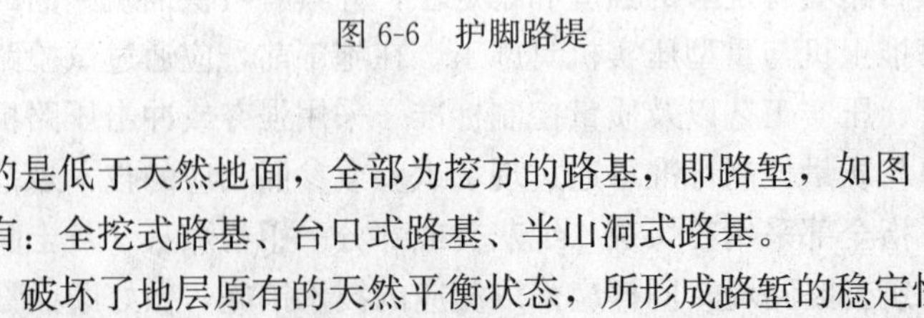

图 6-6　护脚路堤

2. 挖方路基

挖方路基指的是低于天然地面，全部为挖方的路基，即路堑，如图 6-7 所示。路堑横断面的基本形式有：全挖式路基、台口式路基、半山洞式路基。

路堑的开挖，破坏了地层原有的天然平衡状态，所形成路堑的稳定性是挖方路基设计的关键，路堑的边坡形式及坡度决定了它的稳定性。土质路堑边坡形式及坡度应根据工程地质、水文地质条件、边坡高度、排水措施、施工方法，并结合自然稳定山坡和人工边坡的调查及力学分析综合确定。岩质路堑必要时可采用稳定分析方法予以检算。当挖方边坡较高时，可根据不同的土质、岩石性质和稳定要求开挖成折线式或台阶式边坡，边沟外侧

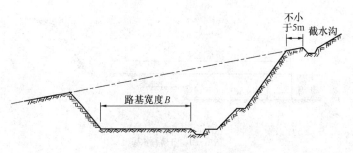

图 6-7 挖方（全挖）路基

应设置碎落台，其宽度不宜小于 1.0m；台阶式边坡中部应设置边坡平台，边坡平台的宽度不宜小于 2.0m。

路堑设计的要点：①应根据地质及水文条件，选用合适的边坡坡度；②合理确定路堑的排水；边坡坡顶、坡面、坡脚和边坡中部平台应设置地表排水系统；③控制路堑以下的天然土基的压实度；④避免采用深而长的路堑。

3. 半填半挖路基

路基断面上既有填方又有挖方的路基，称为半填半挖路基（亦即挖填结合路基）。半填半挖路基可以看作由半路基和半路堑组合而成，其设计兼有路堤、路堑的特点。设计时应注意土石方的挖填平衡，通常路中心线的设计标高与原地面一致。路中心线受纵坡设计控制，横断面的挖填比例，随山坡的横坡坡度而变化较大。考虑路基的稳定性，填方地面应挖成台阶，同时根据需要设置相应的支挡结构。

图 6-8～图 6-11 分别是半填半挖路基、矮墙路基、护肩路基、挡土墙路基的横断面示意图，均是挖填结合路基。

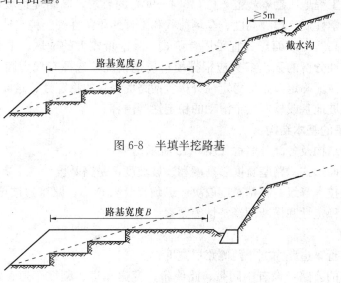

图 6-8 半填半挖路基

图 6-9 矮墙路基

4. 高边坡路堤与陡坡路堤

高边坡路堤与陡坡路堤设计应贯彻综合设计和动态设计的原则。应在充分掌握场地水文地质条件、填料来源及其性质的基础上，综合进行路堤断面、排水设施、边坡防护、地基及堤身处治等的设计。当实际情况有变化时，应及时调整设计，保证路堤稳定。对边坡

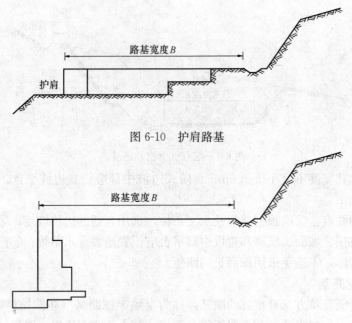

图 6-10 护肩路基

图 6-11 挡土墙路基

高度超过 20m 的路堤或地面斜坡坡度陡于 1：2.5 的路堤，以及不良地质、特殊地段的路堤，应进行个别勘察设计，对重要的路堤应进行稳定性监控。高边坡路堤与陡斜坡路堤的地基勘察应查明地基土的土质类别、层位、厚度、分布特征和物理力学性质，确定地下水埋深和分布特征，确定地基土的承载能力，获取设计所需的物理力学指标。其工程地质勘察应满足《公路工程地质勘察规范》（JTJ064—98）的要求。高路堤边坡形式和坡度应根据填料的物理力学性质、边坡高度、车辆荷载和工程地质条件等经稳定计算，并结合工程经验分析确定。高路堤断面形式宜采用台阶式，降水量较大的地区，平台上应加设截水沟。高路堤稳定性分析的强度参数应根据填料场地情况，选择有代表性土样进行室内试验，并结合现场情况确定。路堤稳定性分析包括路堤堤身的稳定性、路堤和地基的整体稳定性、路堤沿斜坡地基或软弱层带滑动的稳定性等内容。

6.2.2 路基的基本结构

路基的基本结构及各部分名称如图 6-12 所示。

路基的横断面形式、路基宽度、高度和边坡坡度，是路基设计的主要内容。路基宽度主要取决于公路技术等级；路基高度取决于纵坡设计及地形；路基边坡坡度取决于地质、水文条件，边坡稳定性和横断面经济性等因素。

1. 路基宽度

路基宽度＝行车道路面宽＋两侧路肩宽度；

技术等级高的公路，设有中间带、路缘带、变速车道、爬坡车道、紧急停车带等设施，这些均应包括在路基宽度范围内。

图 6-13 所示为高速公路和一级公路路基宽度示意图。

各级公路的车道宽度、中间带宽度、路肩宽度及路基宽度按《公路工程技术标准》（JTGB01—2003）的规定进行设计。表 6-5 为标准所给出的各级公路路基宽度值。在确定路基宽度时除考虑行车要求外，还应考虑节约公路用地，节省工程造价。

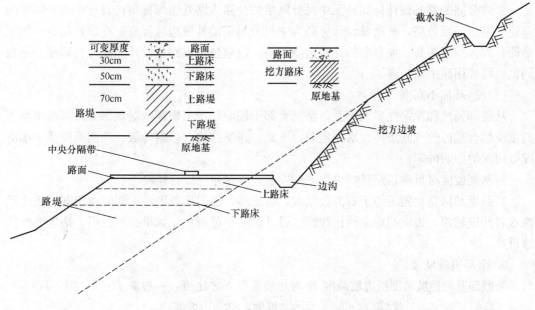

图 6-12 路基的基本结构及各部分名称

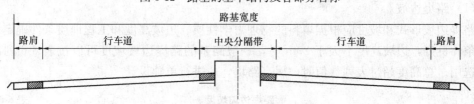

图 6-13 高速公路和一级公路路基宽度

各级公路路基宽度   表 6-5

公路等级		高速公路、一级公路								二、三、四级公路				
设计行车速度 (km/h)		120			100			80		60	80	60	40	30	20
车道数		8	6	4	8	6	4	6	4	4	2	2	2	2	2 或 1
路基宽度 (m)	一般值	45.0	34.5	28.0	44.0	33.5	26.0	32.0	24.5	23.0	12.0	10.0	8.5	7.5	6.5 (双)
	最小值	42.0	—	26.0	41.0	—	24.5		21.5	20.0	10.0	8.5	—	—	4.5 (单)

注：1.“一般值”为正常情况下的采用值；“最小值”为条件受限制时可采用的值。

2. 八车道高速公路路基宽度“一般值”为设置左侧硬路肩、内车道采用 3.50m 时的宽度。

3. 八车道高速公路路基宽度“最小值”为不设置左侧硬路肩、内车道采用 3.75m 时的宽度。

2. 路基高度

路基高度指的是路基中心线处设计标高与原地面标高之差，而路基两侧边坡的高度是指填方坡脚或挖方坡顶与路基边缘的相对高差。由于原地面沿路基横断面方向往往有一定坡度，因此，在路基宽度范围内，路基高度有中心高度与边坡高度之分。

（1）路基高度设计

路基高度的设计，应使路基边缘高出路基两侧地面积水高度，同时要考虑地下水、毛细水和冰冻的作用，不致影响路基的强度和稳定性。

新建公路的路基设计标高：无中央分隔带的公路为路基边缘标高；设有中央分隔带的高速公路、一级公路，其路基设计标高为中央分隔带的外侧边缘标高；在设置超高、加宽地段，则为设置超高、加宽前的路基边缘标高。改建公路的路基设计标高可与新建公路相同，也可采用路中线标高。

（2）路基最小高度

从路基强度和稳定性要求出发，路基上部土层应处于干燥或中湿状态。路基最小填土高度应综合地区的气候条件、水文地质、土质、路基结构、公路等级、路面类型及排水情况等因素的影响确定。

路基高度应尽量满足路基临界高度的要求，尽量避免设计矮路堤。

高路堤和深路堑施工的土石方数量大、占地多，施工比较困难。同时由于其填筑比较高或者开挖较深，边坡的稳定性比较差，设计时应尽量避免。如果必须使用，则应进行特殊设计。

3. 路基边坡坡度

公路路基的边坡坡度指边坡高度 H 与边坡宽度 b 之比值，一般取 $H=1$，则：$H:b=1:n$（路堑）或 $1:m$（路堤），m、n 表示其坡度，称为边坡坡度。

（1）路堤边坡

路堤边坡形式和坡度应根据填料的物理力学性质、边坡高度和工程地质条件确定。当地质条件良好，边坡高度不大于 20m 时，一般路基的路堤边坡坡度可以按表 6-6 列出的坡度选用。总高度超过表列数值时，属高路堤，应进行单独设计。

路堤边坡坡度 表 6-6

填料类别	边坡坡度		填料类别	边坡坡度	
	上部高度 （$H\leqslant8$m）	下部高度 （$H\leqslant12$m）		上部高度 （$H\leqslant8$m）	下部高度 （$H\leqslant12$m）
细粒土	1：1.5	1：1.75	巨粒土	1：1.3	1：1.5
粗粒土	1：1.5	1：1.75			

对边坡高度超过 20m 的路堤，边坡形式宜用阶梯形，边坡坡度应进行稳定性分析计算确定，并应进行个别设计；浸水路堤在设计水位以下的边坡坡度不宜陡于 1：1.75；陡坡上采用砌石路基进行路基填方，砌石边坡坡度按表 6-7 选用。

砌石边坡坡度 表 6-7

序号	砌石高度（m）	内坡坡度	外坡坡度
1	≤5	1：0.3	1：0.5
2	≤10	1：0.5	1：0.67
3	≤15	1：0.6	1：0.75

填石路堤可采用与土质路堤相同的路堤断面形式，填石路堤的边坡坡度应根据填石料种类、边坡高度和基底的地质条件确定。易风化岩石与软质岩石用作填料时，应按土质路堤边坡设计。在路堤基底良好时，填石路堤边坡坡度可按表 6-8 选用。

填石路堤边坡坡度 表 6-8

填石料种类	边坡高度（m）			边坡坡度	
	全部高度	上部高度	下部高度	上部高度	下部高度
硬质岩石	20	8	12	1：1.1	1：1.3
中硬岩石	20	8	12	1：1.3	1：1.5
软质岩石	20	8	12	1：1.5	1：1.75

（2）路堑边坡

影响路堑边坡的因素较为复杂，除了路堑深度和坡体土石的性质外，地质构造特征、岩石的风化和破碎程度、土层的成因类型、地面水和地下水的影响、坡面的朝向以及当地的气候条件等都会影响路堑边坡的稳定性，因此，在路堑边坡设计时必须综合考虑上述因素。

土质路堑边坡形式及坡度应根据工程地质、水文地质条件、边坡高度、排水措施、施工方法，并结合自然稳定山坡和人工边坡的调查及力学分析综合确定。边坡高度不大于20m时，边坡坡度按表 6-9 选用，土质挖方边坡高度超过 20m，岩石挖方边坡高度超过30m 以及不良地质、特殊岩土地段的挖方边坡，应进行个别勘察设计。

土质路堑边坡坡度 表 6-9

土 的 类 别		边坡坡度
黏土、粉质黏土、塑性指数大于 3 的粉土		1：1
中密以上的中砂、粗砂、砾砂		1：1.5
卵石土、碎石土、圆砾土、角砾土	胶结和密实	1：0.75
	中 密	1：1

注：黄土、红黏土、高液限土、膨胀土等特殊土质挖方边坡形式及坡度应按相关规定确定。

岩质路堑边坡形式及坡度应根据工程地质构造、岩石的特性及风化程度、水文地质条件、边坡高度、施工方法等确定。设计时可按表 6-10 选用，必要时可采用稳定分析方法予以检算。

岩质路堑边坡坡度 表 6-10

边坡岩体类型	风化程度	边坡坡度	
		$H<15m$	$15m{\leqslant}H<30m$
Ⅰ类	未风化、微风化	1：0.1～1：0.3	1：0.1～1：0.3
	弱风化	1：0.1～1：0.3	1：0.3～1：0.5
Ⅱ类	未风化、微风化	1：0.1～1：0.3	1：0.3～1：0.5
	弱风化	1：0.3～1：0.5	1：0.5～1：0.75
Ⅲ类	未风化、微风化	1：0.3～1：0.5	
	弱风化	1：0.5～1：0.75	
Ⅳ类	弱风化	1：0.5～1：1	
	强风化	1：0.75～1：1	

注：1. 有可靠的资料和经验时，可不受本表限制；
　　2. Ⅳ类强风化包括各类风化程度的极软岩。

6.2.3　路基工程的附属设施

路基工程的附属设施有取土坑、弃土堆、护坡道等，是路基工程必不可少的组成部分。

（1）取土坑

在路基工程中出现填方时，就会有借方。路基土石方的借方，需要合理地选择地点和取土数量、土质及运输条件等，亦即合理地选择及设计取土坑。路线外集中取土坑的设置，应根据各地段所需取土数量，并结合路基排水、地形、土质、施工方法等，作出统一设计。

取土坑设置应符合下列规定：

1）取土坑至路基之间的距离不得影响路基边坡稳定。

2）桥头引道两侧不宜设置取土坑。如若需设兼作排水的取土坑，应确保水流通畅排泄，其深度不宜超过该地区地下水水位，并应与桥涵进口高程相衔接；其纵坡不应小于0.2%，平坦地段亦不应小于0.1%。

3）对取土坑应采取必要的排水、防护和绿化措施，避免水土流失。路线外集中取土应尽量设在荒坡、高坡，并考虑兼顾农田、水利及环境保护。

（2）弃土堆

路基的开挖，应考虑挖填平衡，移挖作填，减少废方。对于废方应充分利用，或用以加宽路基，或用弃土改地造田。

路基弃土堆应合理设置，不得影响路基稳定及斜坡稳定。其设计应与当地农田建设和自然环境相结合，并注意保护林木、农田、房屋及其他工程设施。

弃土堆应堆放规则，进行适当碾压，并应采取必要的排水、防护和绿化措施。沿河弃土时，应防止加剧下游路基与河岸的冲刷，避免弃土阻塞、污染河道，必要时应设置防护支挡工程避免引起水流冲毁农田或房屋。桥头弃土不得挤压桥墩，阻塞桥孔。

（3）护坡道

护坡道是保证路基稳定的一种措施。当路基边缘与路侧取土坑底的高差小于或等于2m时，取土坑侧坡顶可与路堤坡脚相衔接，并采用路堤边坡坡度；当高差大于2m时，应设置宽1m的护坡道；当高差大于6m时，应设置宽2m的护坡道。

桥头两侧不设取土坑，如特殊情况可在下游一侧设取土坑，但应留有宽度不小于2m的护坡道。

6.3 路基防护与支挡

6.3.1 路基的防护与加固

路基防护工程是防止路面病害、保证路基强度和稳定性、改善环境、保护交通安全的重要工程技术措施。组成路基的岩土大面积暴露于大气空间，长期受自然因素的影响，在不利的自然条件下，岩土的物理力学性质就会不断发生变化，使路基边坡的稳定性受到影响，所以必须进行路基的防护与加固。

路基的防护与加固的措施主要有坡面防护、沿河路基冲刷防护与加固、支挡等。

各级公路应根据当地气候、水文、地形、地质条件及筑路材料分布情况，采取工程防护和植物防护相结合的综合措施，防治路基病害，保证路基稳定，并与周围环境景观相协调。路基坡面防护工程应在稳定的边坡上设置，防护类型的选择应综合考虑工程地质、水文地质、边坡高度、环境条件、施工条件和工期等因素的影响，对于路基稳定性不足和存在不良地质因素的路段，应注意路基边坡防护与支挡加固的综合设计。路基支挡结构设计应满足在各种设计荷载组合下支挡结构的稳定、坚固和耐久；结构类型选择及设置位置的确定应安全可靠、经济合理、便于施工养护；结构材料应符合耐久、耐腐蚀的要求。在地下水较为发育路段，应注意路基边坡防护与地下排水措施的综合设计。在多雨地区，用砂类土、细粒土等填筑的路堤，应采取坡面防护与截排水的综合措施，防止边坡冲刷破坏。

防护支挡结构应与桥台、隧道洞门、既有支挡结构物协调配合，衔接平顺。路基施工过程中应注意边坡临时防护措施，边坡临时防护工程宜与永久防护工程相结合。

1. 坡面防护

坡面防护可以采用植物防护、骨架植物防护、圬工防护、封面和捶面等。

(1) 植物防护

植物防护是用植物覆盖坡体表面，依靠植物根系固结表土，防止坡面被冲刷，调节边坡土体湿温以稳定坡体。植物防护同时还可以起到美化路容、生态环境的作用。植物防护可以采用植被防护、三维植被网防护、湿法喷播、客土喷播等。

1) 植被防护

植被防护包括：种草、铺草皮、植树等。

种草适宜坡度较低缓的土质边坡。种草的目的，是防止坡面受侵蚀同时协调环境。选用草种应根据防护目的、气候、土质、施工季节等确定，宜采用易成活、生长快、根系发达、叶茎矮或有匍匐茎的多年生草种。种子的配合、播种量等的设计应根据选用植物的生长特点、防护地点及施工方法确定。

铺草皮适用于需要快速绿化的边坡，且坡度缓于 1：1 的土质边坡和严重风化的软质岩石边坡。草皮应选择根系发达、茎矮叶茂耐旱草种，不宜采用喜水草种，严禁采用生长在泥沼地的草皮。

植树适用于坡度缓于 1：1.5 的边坡，或在边坡以外的河岸及漫滩外。树种应选用能迅速生长且根深枝密的低矮灌木类。公路弯道内侧边坡严禁栽植高大树木。

2) 三维植被网防护

三维植被网防护也是通过植物的生长对边坡进行加固的一门技术，它主要是利用活性植物并结合土工合成材料等工程材料，在坡面构建一个具有自身生长能力的防护系统，进而起到有效地防治水土流失，增加绿化面积，改善生态环境。

三维植被网可以热塑树脂为原料，采用科学配方，经挤出、拉伸、焊接、收缩等工序制成，其结构分为上下两层，下层为一个经双面拉伸的高模量基础层，其强度足以防止植被网变形，上层由一个具有一定弹性、规则的、凹凸不平的网包组成。三维植被网植被防护的工艺流程包括：边坡整理平整、铺网挂网并固定、覆土、播种、再覆土、覆盖并浇水养护等工序。

三维植被网护坡综合了土工合成材料网格和植物护坡的优点，起到了复合护坡的作用。在草皮没有长成之前，它可以保护土地表面免遭受风雨的侵蚀，同时在播种初期稳固草籽。植物生长起来后形成的复合保护层可经受高水位、大流速的冲刷。它可替代混凝土、沥青、抛石等坡面防护材料用于公路、铁路、河道、堤坝等边坡的保护。

三维植被网适用于砂性土、土夹石及风化岩石，且坡度缓于 1：0.75 边坡防护；三维植被网中的回填土采用客土或土、肥料及含腐殖质土的混合物。

3）湿法喷播

湿法喷播是一种以水为载体的机械化植被建植技术。它采用专门的设备（喷播机）施工。种子在较短时间内萌芽、生长成株、覆盖坡面，达到迅速绿化、稳固边坡的目的。

湿法喷播适用于土质边坡、土夹石边坡、严重风化岩石的坡度缓于1：0.5的路堑和路堤边坡及中央分隔带、立交区、服务区及弃土堆绿化防护。

4）客土喷播

客土喷播技术也是一种生态防护技术，它是将客土（提供植物生长的基盘材料）、纤维（基盘辅助材料）、侵蚀防止剂、缓效肥料和种子按一定比例混合，加入专用设备中充分搅拌均匀后，喷射到坡面上，使植物获得必要的生长基础，达到快速修复生态系统、绿化和护坡的目的。

客土喷播中常采用的材料有壤土、泥炭或腐殖土肥料、保水剂、其他材料等。其厚度依岩性而变，一般岩性越强，客土层就越厚，岩性越弱，客土层就越薄。

"客土喷播"技术的核心是在缺乏植物生长基本条件的岩石坡面上营造一个既能让植物生长发育而又不被冲刷的多孔稳定结构层。它是以团粒剂使客土形成团粒化结构，植物纤维在其中起到类似植物根茎的网络加筋作用，从而造就有一定厚度的具有耐雨水、风侵蚀，牢固透气，与自然表土相类似或更好的多孔稳定结构。客土喷播适用于风化岩石、土壤较少的软质岩石、养分较少的土壤、硬质土壤，植物立地条件差的高大陡坡面和受侵蚀显著的坡面。当坡度陡于1：1时，宜设置挂网或混凝土框架。

（2）骨架植物防护

骨架植物防护是一种综合防护——植物防护和圬工防护相结合的防护形式。它包括有浆砌片石或水泥混凝土骨架植草护坡、多边形水泥混凝土空心块植物护坡、锚杆混凝土框架植物防护等形式。

骨架植物防护适用于土质和全风化的岩石边坡，防止边坡受雨水侵蚀，避免土质坡面上产生沟槽。其骨架形式主要有拱形骨架、菱形（方格）骨架、人字形骨架、多边形混凝土空心块等。应视边坡坡度、土质和当地情况确定骨架形式，并与周围景观相协调。框架内应采用植物或其他辅助防护措施，降雨量较大且集中的地区，骨架宜做成截水沟型，截水沟断面尺寸由降雨强度计算确定。

多边形水泥混凝土空心块植物护坡适用于坡度缓于1：0.75的土质边坡和全风化、强风化的岩石路堑边坡。并视需要设置浆砌片石或混凝土骨架。多边形空心预制块的混凝土强度不应低于C20，厚度不应小于150mm。空心预制块内应填充种植土，喷播植草。

锚杆混凝土框架植物防护是在总结锚杆挂网喷浆（混凝土）防护的基础上发展起来的，它适用于土质边坡和坡体中无不良结构面、风化破碎的岩石路堑边坡。锚杆采用非预应力的全长粘结型锚杆，锚杆间距、长度应根据边坡地质情况而定。锚杆保护层厚度不应小于20mm。框架应采用钢筋混凝土，混凝土强度不应低于C25，框架几何尺寸应根据边坡高度和地层情况等确定，框架内宜植草。其防护形式可以有多种组合：锚杆混凝土框架＋喷播植草、锚杆混凝土框架＋挂三维土工网＋喷播植草、锚杆混凝土框架＋混凝土空心块＋喷播植草等。

（3）圬工防护

圬工防护包括喷护、锚杆挂网喷浆（混凝土）、片石护坡、护面墙等形式，圬工防护存在与周围环境不协调、道路景观差等问题，而且不宜采用锚杆挂网喷浆，应尽量少用。

喷护适用于坡度缓于1:0.5、易风化但未遭强风化的岩石边坡；喷浆防护厚度不宜小于50mm，采用的砂浆强度不应低于M10；喷射混凝土防护厚度不宜小于80mm，混凝土强度不应低于C15。喷护坡面应设置泄水孔和伸缩缝。

锚杆挂网喷浆（混凝土）适用于坡面为碎裂结构的硬质岩石或层状结构的不连续地层以及坡面岩石与基岩分开并有可能下滑的挖方边坡。锚杆应嵌入稳固基岩内，锚固深度应根据岩体性质确定。钢筋网喷射混凝土支护厚度不应小于100mm，亦不应大于250mm。钢筋保护层厚度不应小于20mm。

护坡有干砌片石护坡、浆砌片（卵）石护坡、水泥混凝土预制块护坡等。干砌片石护坡适用于坡度缓于1:1.25的土（石）质路堑边坡。干砌片石护坡厚度不宜小于250mm。浆砌片（卵）石护坡适用于坡度缓于1:1的易风化的岩石和土质路堑边坡。浆砌片（卵）石护坡的厚度不宜小于250mm，砂浆强度不应低于M5，护坡应设置伸缩缝和泄水孔。水泥混凝土预制块护坡适用于石料缺乏地区的路基边坡防护，预制块的混凝土强度不应低于C15，在严寒地区不应低于C20。铺砌层下应设置碎石或砂砾垫层，厚度不宜小于100mm。

护面墙以墙体形式覆盖于坡面，适用于防护易风化或风化严重的软质岩石或较破碎岩石的挖方边坡以及坡面易受侵蚀的土质边坡，边坡不宜陡于1:0.5。护面墙类型应根据边坡地质条件确定，窗孔式护面墙防护的边坡不应陡于1:0.75；拱式护面墙适用于边坡下部岩层较完整而上部需防护的路段，边坡应缓于1:0.5。单级护面墙的高度不宜超过10m，并应设置伸缩缝和泄水孔。护面墙基础应设置在稳定的地基上，埋置深度应根据地质条件确定。冰冻地区，应埋置在冰冻深度以下不小于250mm。护面墙前趾铺砌的应低于边沟底面。

（4）封面、捶面

封面适用于坡面较干燥、未经严重风化的各种易风化岩石边坡，但不适用于由煤系岩层及成岩作用很差的红色黏土岩组成的边坡。抹面防护使用年限为8~10年，抹封面厚度不宜小于30mm，表层可涂软化点稍高于当地气温的沥青保护层。高速公路路基边坡不宜采用抹面防护。

捶面适用于边坡坡度缓于1:0.5、易受冲刷的土质边坡或易风化剥落的岩石边坡，使用年限为10~15年。捶面宜采用等厚截面，其厚度不宜小于100mm。高速公路路基边坡不宜采用捶面防护。

2. 沿河路基冲刷防护

冲刷防护分为直接和间接两种。直接防护有植物防护、坡面加铺护面墙、混凝土板或采用砌石护坡以及土工织物护面等，也包括沿河浸水边坡或坡脚进行抛石、石笼、梢料、浸水挡土墙防护。间接防护是指沿河路堤修筑调治构筑物以及营造防护林带。如采用丁坝、顺坝等导治构筑物以及改移河道等。

当沿河地段路基受水流冲刷时，应根据河流特性、水流性质、河道地貌、地质等因素，结合路基位置，选用适宜的防护工程类型、导流或改河工程。冲刷防护工程顶面高程，应为设计水位加上波浪侵袭、壅水高度及安全高度。基底埋设在冲刷深度以下不小于1m或嵌入基岩内。当冲刷深度较深、水下施工困难时，可采用桩基、沉井基础或适宜的平面防护。设置导流构筑物时，应根据河道地貌、地质、水流特性、河道演变规律和防护要求等设计导治线，并应避免农田、村庄、公路和下游路基的冲刷加剧。在山区河谷地段，不宜设置挑水导流构筑物。

（1）直接防护

植物防护适用于允许流速小于 1.2～1.8m/s 的季节性水流冲刷。经常浸水或长期浸水的路堤边坡，不宜采用种草防护。在沿河路基外的河滩上植造防护林带，树种应具有喜水性。

砌石或混凝土护坡适用于允许流速 2～8m/s 的路堤边坡。浆砌片（卵）石护坡厚度应按流速及波浪的大小等因素确定，并不应小于 350mm。护坡底面应设厚度不小于 100mm 反滤层。

护坡防护适用于沿河路基挡土墙或护坡的局部冲刷深度过大，深基础施工不便的路段。

抛石适用于经常浸水且水深较大的路基边坡或坡脚以及挡土墙、护坡的基础防护。抛石一般多用于抢修工程。抛石边坡坡度和选用石料粒径应根据水深、流速和波浪情况确定，石料粒径应大于 300mm，坡度不应陡于所抛石料浸水后的天然休止角，厚度不应小于所用最小石料块径的两倍。

石笼防护适用于受水流冲刷和风浪侵袭，且防护工程基础不易处理或沿河挡土墙、护坡基础局部冲刷深度过大的沿河路堤坡脚或河岸。石笼内所填石料，应采用重度大、浸水不崩解、坚硬且未风化石块，粒径应大于石笼的网孔。石笼可以采用铁丝石笼和钢筋混凝土框架石笼。

浸水挡土墙适用于允许流速 5～8m/s 的峡谷急流和水流冲刷严重的河段。浸水挡土墙设计应符合有关规定，并应注意浸水挡土墙和岸坡的衔接。

土工织物软体沉排、土工膜袋适用于允许流速为 2～3m/s 的沿河路基冲刷防护。土工膜袋可用于替代干砌块石、砂浆块石等修建堤坡堤脚，构筑丁坝、堤坝主体，还可以用于堤坝崩塌、江河崩岸险情的抢护。

（2）间接防护

1）丁坝

丁坝适用于宽浅变迁性河段，用以挑流或减低流速，减轻水流对河岸或路基的冲刷。丁坝长度应根据防护长度、丁坝与水流方向的交角、河段地形、水文条件及河床地质情况等确定，垂直于水流方向上的投影长度不宜超过稳定河床宽度的 1/4。用于路基防护的丁坝宜采用漫水坝或潜坝，丁坝与水流方向的交角以小于或等于 90°为宜。当设置群坝时，坝间距离不应大于前坝的防护长度。丁坝间的河岸或路基边坡所能承受的允许流速小于水流靠岸回流流速时，应缩短坝距，或对河岸及路基边坡采取防护措施。丁坝的横断面形式和尺寸应根据材料种类、河流的水文特性等确定，坝顶宽度根据稳定计算确定。

2）顺坝

顺坝适用于河床断面较窄、基础地质条件较差的河岸或沿河路基防护，调整流水曲度和改善流态。顺坝与上、下游河岸的衔接，应使水流顺畅，起点应选择在水流匀顺的过渡段，坝根位置宜设在主流转向点的上方。坝顶宽度应根据稳定计算确定，坝根应嵌入稳定河岸内不小于 3m。漫溢式顺坝，应在坝后设置格坝。

3）改移河道

当沿河路基受水流冲刷严重，或防护工程艰巨，以及路线在短距离内多次跨越弯曲河道时可改移河道。主河槽改动频繁的变迁性河流或支流较多的河段不宜改河。改河起点和终点的位置应与原河床顺接。为防止水流重归故道，宜在改河入口处加陡纵坡并设置拦河坝或顺坝。新河槽断面应按设计洪水频率的流量设计。改河河段的防护设计应参照有关规定进行。

3. 湿软地基加固

湿软地基上的路基易产生沉陷变形，造成路基破坏，路面断裂和损坏，影响道路的行车安全，因此必须对湿软地基进行加固处理。湿软地基加固的方法有多种，常见的有：换填处理、碾压与夯实、排水固结、挤密法、化学加固法等。

（1）换填法

换填法处理湿软地基的机理，就是将湿软地基一定深度范围内的软土挖去，换填以强度高、透水性好、压缩性低的土，从而提高地基的承载力和抵抗变形的能力。

换填的材料可以采用素土、灰土、砂土、砾石土、碎石土等压缩性低、强度高的填料。以砂垫层为例，可以将软土挖去换填一定厚度的砂垫层，以此提高地基的承载力，减少地基的压缩变形量，加速软土地基的排水固结，防止冻胀，消除膨胀土的胀缩作用。砂垫层的厚度一般为 0.5～2.0m，一般不大于 3.0m；垫层厚度太薄，起不到加固的作用，垫层如果太厚则施工较困难。

（2）碾压与夯实

碾压与夯实法是根据土的压实原理，控制土的最佳含水量，利用一定的压实能量，对土进行分层夯实，进行软土地基加固的一种方法。这种方法适用于处理松散的填土和其他松软土层。重锤夯实是利用钢筋混凝土制成的截头圆锥体为重锤，提升到一定高度后，自由落下，重复夯打，以提高地基表层的土的强度。其加固的效果，取决于土的含水量和锤的重量、落距、夯击的遍数、土的种类、土的分层厚度等。碾压法的加固效果主要取决于被加固土的含水量、压实机械的能量和压实遍数。土的分层厚度一般控制在 20～30cm，采用分层铺设，逐层压实。碾压与夯实法不宜处理含水量大、地下水位较高的软土层。

（3）排水固结

排水固结法是根据土的排水固结原理加固软土地基的一种方法。适用于处理饱和的软土地基。饱和的软土在荷载作用下排水固结，土的强度随着固结而提高，固结后的土压缩变形量减小。排水固结法设计主要考虑两个方面的问题，一是预压荷载的施加，二是加速土的排水。预压荷载可以采用堆载预压、真空预压和降低地下水位预压等，排水可以采用水平砂垫层和竖向砂井，以缩短排水距离，加速排水。加固的效果取决于预压荷载、预压时间、加固土层的土质和土的厚度等。路基工程中采用路基土自重进行砂井预压、处理软土地基，可以获得比较好的效果。

（4）挤密法

挤密法是通过振动、锤击、冲击等在土基中成孔，在孔中灌砂、石、土、灰土或石灰等材料，并利用专门的振动冲击器械进行捣实，形成大截面的桩体，利用机械产生的重复水平振动和侧向挤压作用，使土体的结构逐步由松变密，达到提高土的强度和承载力，同时桩体与周围土体形成复合地基，达到加固地基的效果。

采用振冲加固，在饱和软土地基中，起不到挤密作用，反而会由于对土体的扰动，使土体的强度降低。所以，对于饱和的软土地基，振冲只能起到置换作用。

（5）化学加固法

化学加固法是利用化学浆液，通过压力灌浆等方法将化学浆液注入土中，或者与土体搅拌混合，通过化学浆液将土体胶结固化，以达到加固土体的目的。根据施工工艺的不同，化学加固法有高压喷射注浆法、搅拌法等，所用浆液多以水泥浆为主。

高压喷射注浆法是以高压力使水泥浆液通过管路从喷射孔喷出，直接切割破坏土体结构，同时浆液强制进入土体，与土体拌合并起部分置换。浆液与土体凝固后成为拌合桩（柱）体，这种桩（柱）体与地基一起形成复合地基。用这种方法加固软土地基、形成挡土结构或防渗结构。

搅拌法主要用于加固饱和软黏土。它利用水泥浆体中的水泥（或石灰粉体）作为主固化剂，与土体拌合，以加固土体。深层搅拌是应用特制的深层搅拌机械将固化剂送入地基土中与土强制搅拌，形成水泥（石灰）土的桩（柱）体，与原地基组成复合地基。

6.3.2 路基挡土墙

路基挡土墙是支挡路堤填土或路堑坡体的结构物。在受地形、地物或占地等限制而需收缩坡脚、采用较陡的边坡坡度、或者在坡体下滑而需要采取措施以增加抗滑力时，应考虑设置挡土墙。挡土墙类型应综合考虑工程地质、水文地质、冲刷深度、荷载作用情况、环境条件、施工条件、工程造价等因素选用，尽量使挡土墙工程与自然环境相协调，以提高公路的环境质量。

1. 挡土墙的基本概念

（1）挡土墙类型概述

路基挡土墙可以按支挡机理的不同划分为三大类：外部支挡系统、内部稳定系统和杂交系统。具体的挡墙类型有重力式挡土墙、半重力式挡土墙、悬臂式挡土墙、扶壁式挡土墙、锚杆挡土墙、锚定板挡土墙、加筋土挡土墙、桩板式挡土墙等。挡土墙类型应综合考虑工程地质、水文地质、冲刷深度、荷载作用情况、环境条件、施工条件、工程造价等因素确定，表 6-11 给出了常见的挡土墙的适用条件，实践中可参照选用。

各类挡土墙适用条件 表 6-11

挡墙类型	适 用 条 件
重力式挡土墙	适用于一般地区、浸水地区和地震地区的路肩、路堤和路堑等支挡工程。墙高不宜超过 12m，干砌挡土墙的高度不宜超过 6m。高速公路、一级公路不应采用干砌挡土墙
半重力式挡土墙	适用于不宜采用重力式挡土墙的地下水位较高或较软弱的地基上。墙高不宜超过 8m
悬臂式挡土墙	宜在石料缺乏、地基承载力较低的填方路段采用。墙高不宜超过 5m
扶壁式挡土墙	宜在石料缺乏、地基承载力较低的填方路段采用。墙高不宜超过 15m
锚杆挡土墙	宜用于墙高较大的岩质路堑地段。可用作抗滑挡土墙。可采用肋柱式或板壁式单级墙或多级墙。每级墙高不宜大于 8m，多级墙的上、下墙体之间应设置宽度不小于 2m 的平台
锚定板挡土墙	宜使用在缺少石料地区的路肩或路堤式挡土墙，但不应建于滑坡、坍塌、软土及膨胀土地区。可采用肋柱式或板壁式，墙高不宜超过 10m。肋柱式锚定板挡土墙可采用单级墙或双级墙，每级墙高不宜大于 6m，上、下级墙体之间应设置宽度不小于 2m 的平台。上下两级墙的肋柱宜交错布置

挡墙类型	适 用 条 件
加筋土挡土墙	用于一般地区的路肩式挡土墙、路堤式挡土墙。但不应修建在滑坡、水流冲刷、崩塌等不良地质地段。高速公路、一级公路墙高不宜大于12m，二级及二级以下公路不宜大于20m。当采用多级墙时，每级墙高不宜大于10m，上、下级墙体之间应设置宽度不小于2m的平台
桩板式挡土墙	用于表土及强风化层较薄的均质岩石地基、挡土墙高度可较大，也可用于地震区的路堑或路堤支挡或滑坡等特殊地段的治理

（2）挡土墙的设计与计算

在挡土墙设计之前，应对挡土墙地基基础进行综合地质勘察，查明地基地质条件和地基承载能力。设计中应分析预测挡土墙对环境产生的影响，确定必要的环境保护方案和植物措施；结合具体工程实际，合理选择挡土墙的形式；并确定施工阶段应采用的施工方法，尽量减少对环境和相邻路基段的不利影响。

1）挡土墙的设计原则

挡土墙的设计采用以极限状态设计的分项系数法为主的设计方法。

挡土墙构件承载能力极限状态设计采用的一般表达式：

$$\gamma_0 S \leqslant R \tag{6-4}$$

$$R = R\left(\frac{R_k}{\gamma_f}, \alpha_d\right) \tag{6-5}$$

式中　γ_0——结构重要性系数，按相关规范确定，见表6-12；

　　　S——作用（或荷载）效应的组合设计值；

　　　R——挡土墙结构抗力函数；

　　　R_K——抗力材料的强度标准值；

　　　γ_f——结构材料、岩土性能的分项系数；

　　　α_d——结构或结构构件几何参数的设计值，当无可靠数据时，可采用几何参数标准值。

结构重要性系数 γ_0　　　　　　　　　　　表6-12

墙高	公 路 等 级		墙高	公 路 等 级	
	高速公路、一级公路	二级及以下公路		高速公路、一级公路	二级及以下公路
≤5.0m	1.0	0.95	>5.0m	1.05	1.0

2）挡土墙的设计计算

路基挡土墙支挡着路堤填土或路堑坡体，承受土体的侧压力，挡土墙要保证在土的侧压力作用下的稳定。其设计计算包括土压力的计算、墙体的稳定性验算、挡土墙基础的设计与稳定性计算、挡土墙自身强度的计算。

作用在墙背上的主动土压力，可按库仑土压力理论进行计算。墙后填土的物理力学指标，应根据填料的土质试验确定。

挡土墙的稳定性计算包括抗滑动稳定、抗倾覆稳定计算，表6-13给出了不同荷载组合下的抗滑动、抗倾覆稳定安全系数。

抗滑动、抗倾覆的稳定系数　　　　　　　　表 6-13

荷载情况	验算项目	稳　定　系　数	
荷载组合Ⅰ、Ⅱ	抗滑动	K_c	1.3
	抗倾覆	K_0	1.5
荷载组合Ⅲ	抗滑动	K_c	1.3
	抗倾覆	K_0	1.3
施工阶段验算	抗滑动	K_c	1.2
	抗倾覆	K_0	1.2

注：荷载组合Ⅰ：挡土墙结构重力、墙顶上的有效永久荷载、填土重力、填土侧压力及其他永久荷载组合；荷载组合Ⅱ：组合Ⅰ与基本可变荷载相组合；荷载组合Ⅲ：组合Ⅱ与其他可变荷载、偶然荷载相组合。

（3）挡土墙的设计构造要求

1）墙身构造

挡土墙墙身截面构造对墙体的稳定性产生影响，不同种类的挡土墙对墙体构造要求也不同，尤其是重力式和半重力式挡土墙，其截面构造的影响较大。挡土墙设计时，应合理选择其截面形式和截面尺寸。

2）排水设施

挡土墙的排水设计，是挡土墙设计的一个重要内容，防止墙后土体因含水量增大，土体强度降低，墙侧压力增大，导致墙体失稳破坏；或者挡土墙由于地基渗入水而发生失稳。排水设计考虑两方面的措施，一是采用截水和隔水措施，阻断地表水渗入墙后土体；二是设置泄水通道，将墙后的水排出。

3）基础埋置深度

挡土墙基础有一定的埋置深度，以保证其稳定性，同时还要考虑地基土冻胀的影响，基底应在冻结线以下一定深度，考虑水流冲刷影响，基底应置于局部冲刷线以下不小于1m。

4）墙身材料

墙体承受土体的侧压力，在墙身内部产生内力，墙体材料要有足够的强度以承受此内力。

5）填料

墙后的填料采用透水性好、易于压实、压缩性低的填料，不能用淤泥等软土、腐殖土、膨胀土、冻胀土等作填料。

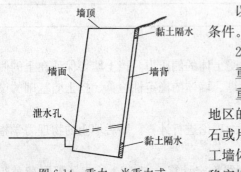

图 6-14　重力、半重力式
挡土墙基本断面

以下分别介绍各类挡土墙的设计构造及其适用条件。

2. 重力、半重力式挡土墙

重力、半重力式挡土墙基本断面如图 6-14 所示。

重力式挡土墙适用于一般地区、浸水地区和地震地区的路肩、路堤和路堑等支挡工程，墙身一般由块石或片石浆砌，或用混凝土浇筑而成。它主要依靠圬工墙体的自重抵抗墙后土体的土压力，以维持土体的稳定性。墙高不宜超过 12m，干砌挡土墙的高度不宜超过 6m，适用于地基条件良好的地段。高速公路、一级公路不应采用干砌挡土墙。半重力式挡土墙适用于不宜采用重力式挡土墙的地下水位较高或较软弱的地基上，墙高不宜超过8m。半重力式挡土墙的特点是缩小墙身上部断面，加宽基底，藉以减小基底压力，以适应软弱地基的需要，例如：可将前趾改为钢筋混凝土底板，向前伸出适当距离，使基底宽度 B 增大，并在局部拉应力较大处配以少量钢筋，以钢筋加强的重力式挡土墙。重力和半重力式挡土墙体积庞大，结构简单，施工方便，可以做到就地取材，山区低等级公路较适用。

（1）重力、半重力式挡土墙的构造要求有：

1）墙背 石砌挡土墙的墙背可做成仰斜、俯斜、凸形折线或衡重式（图 6-15）。仰斜墙背所受主动土压力小，故墙身断面可以较经济，它适用于路堑墙、墙趾处地面较平坦的路肩或路堤墙。根据墙趾处地形情况及经济比较，合理选择重力式挡土墙墙背坡度，仰斜的墙背坡度不宜缓于 1：0.35；俯斜墙背所受的土压力较大，通常在横坡陡峻处使用，借以采用陡直的墙面减小墙高，俯斜墙背可做成台阶形。凸形折线墙背系由仰斜墙背演变而成，上部俯斜而下部仰斜，以减小上部的断面尺寸，多用于路堑墙体。衡重式墙背系在上下墙背间设一衡重台，并采用陡直墙面；衡重式路肩挡土墙的衡重台与上墙背相交处应采取适当的加强措施，提高该处墙身截面的抗剪能力。半重力式挡土墙应按弯曲抗拉强度和刚度计算要求，确定立壁与底板之间的转折点。端部厚度不应小于0.4m，底板的前趾扩展长度不宜大于1.5m。

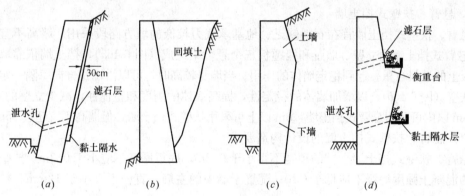

图 6-15　重力式挡土墙的断面形式
(a) 仰斜；(b) 俯斜；(c) 凸形折线；(d) 衡重式

2）墙面 基础以上的墙面，一般都采用直线，其坡度应与墙背的坡度相配合，地面较陡时，墙面可采用 1：0.05～1：0.20；地面平缓时，墙面可缓一些，但不宜缓于 1：0.40，以免过多地增加墙高。

3）墙顶 墙顶最小宽度，当墙身为混凝土浇筑时，不应小于 0.4m；当为浆砌时，不应小于 0.5m；当为干砌圬工时，不应小于 0.6m。

4）基础埋深 设置在土质地基上的挡土墙，基础埋深应在天然地面下不小于1m。考虑地基土的冻胀，当冻结深度小于或等于 1m 时，基底应在冻结线以下不小于 0.25m；当冻结深度超过 1m 时，基底最小埋置深度不小于 1.25m，还应将基底至冻结线以下 0.25m 深度范围的地基土换填为弱冻胀材料。受水流冲刷时，应按路基设计洪水频率计算冲刷深度，基底应置于局部冲刷线以下不小于1m。路堑式挡土墙基础顶面应低于路堑边沟底面不小于 0.5m。在风化层不厚的硬质岩石地基上，基底一般应置于基岩表面风化层以下；在软质岩石地基，基底最小埋置深度不小于 1m。

挡土墙宜采用明挖基础。基底建筑在大于 5‰纵向斜坡上的挡土墙，基底应设计为台阶式。

5）排水　浆砌挡土墙应在墙身适当高度处布置一排或多排泄水孔，以疏干墙后填料中的水分。泄水孔尺寸可为直径 5～10cm 的圆孔，或边长 5cm×10cm、10cm×10cm、15cm×20cm 的方孔；泄水孔间距一般为 2～3m。泄水孔进口处宜设粗颗粒材料组成滤水层，以免孔道淤塞。墙后填土为黏土时，宜在填料与墙背之间用渗水材料填筑厚度大于 30cm 的连续排水层（图 6-15a）。

6）沉降缝和伸缩缝　为避免地基不均匀沉陷而引起墙身开裂，须按墙高和地基性质的变化设置沉降缝。同时，为了减少圬工砌体因收缩硬化和温度变化作用而引起开裂，须设置伸缩缝。两者结合设在同一位置，一般每隔 10～15m 设置一道，缝宽 2～3cm。干砌挡土墙可不设。

（2）重力、半重力式挡土墙的设计计算

重力式、半重力式挡土墙应满足基础设计与稳定性计算的规定，进行基础计算和抗滑动稳定、抗倾覆稳定计算。其墙身材料强度可按现行《公路砖石混凝土桥涵设计规范》的规定采用，必要时应做墙身的剪应力验算，重力式挡土墙按承载能力极限状态设计。

3. 悬臂、扶壁式挡土墙

悬臂、扶壁式挡土墙宜在石料缺乏、地基承载力较低的填方路段采用。墙高不宜超过 5m。悬臂式挡土墙由立壁、墙趾和墙踵板三个悬臂梁组成（图 6-16a），挡土墙依靠墙体及墙踵板上的填料自重，起到稳定墙体的作用。当墙身较高时，可以沿墙长方向每隔一定距离设置扶壁（图 6-16b），以增加墙体的稳定性，提高墙体的刚度和整体性，减少立壁的变形。一般 6m 以内可采用悬臂式挡土墙，6m 以上可采用扶壁式挡土墙，但墙高不宜超过 15m。

（1）悬臂、扶壁式挡土墙的设计构造要求

悬臂、扶壁式挡土墙立壁的顶宽不得小于 0.2m，底板厚度不应小于 0.3m。扶壁式挡土墙的混凝土强度等级不应低于 C20；配置于墙中的主筋，直径不宜小于 12mm。扶壁式

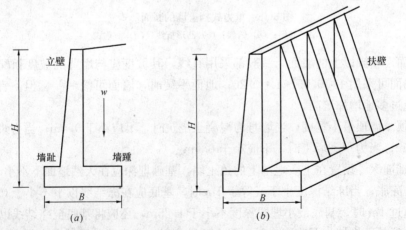

图 6-16　悬臂式、扶壁式挡土墙断面形式

(a) 悬臂式挡土墙；(b) 扶壁式挡土墙

挡土墙分段长度不宜超过 20m。每一分段宜设三个或三个以上的扶壁。

挡土墙可采用锥坡与路堤连接，墙端应伸入路堤内不应小于 0.75m，锥坡坡度宜与路堤边坡一致，并宜采用植草防护措施。挡土墙端部嵌入路堑原地层的深度：土质地层不应小于 1.5m；风化软质岩层不应小于 1.0m；微风化岩层不应小于 0.5m。

（2）悬臂、扶壁式挡土墙的设计计算

悬臂、扶壁式挡土墙应按前述挡土墙的计算内容，进行挡土墙稳定性、地基基础设计与稳定性、墙体强度的计算。悬臂式挡土墙按悬臂梁进行计算，扶壁式挡土墙的前趾板可按悬臂梁计算，后踵板可按支承在扶壁上的连续板计算，不计立壁对底板的约束作用；扶壁可按悬臂的 T 形梁计算；顺路线方向立壁的弯矩，可按以扶壁为支点的连续梁计算。

4. 锚杆与锚定板挡土墙

锚杆挡土墙和锚定板挡土墙分别是通过一端埋设在破裂面外侧稳定区土体内的锚杆或锚定板所提供的抗拔力或被动土抗力，承受挡土墙板所支挡的下滑土体的侧向推力（图 6-17）。挡土墙的形式有肋柱式和板壁式两种。肋柱式由肋柱和挡板组成，板壁式挡土墙的墙面为现浇的钢筋混凝土整体面板，或预制装配式钢筋混凝土面板。

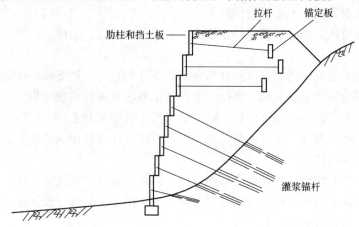

图 6-17　锚杆、锚定板挡土墙的断面示意图

锚杆挡土墙采用钢拉杆作锚杆，一端用水泥砂浆锚入稳定的岩层内，来承受路基土体的侧压力。肋柱式挡土墙，锚杆间距一般比板壁式锚杆挡土墙大，属于以粘结力为主要锚固作用的锚杆类型。锚杆挡土墙宜用于墙高较大的岩质路堑地段，可用作抗滑挡土墙。

锚定板挡土墙由钢拉杆的一端连接埋置在填土中的锚定板，通过锚定板和锚杆来承受土压力，起到稳定土体的作用。肋柱式锚定板挡土墙一般设双层拉杆，锚定板面积较大，拉杆较长，适用于路堤或路肩墙。板壁式锚定板挡土墙，可通过墙面板的几何形状及板厚的搭配，获得整齐而富有变化的客观性外观，多用于城市交通支挡结构物。

（1）锚杆与锚定板挡土墙的设计构造要求

肋柱、挡土板、墙面板、锚定板以及肋柱分离式垫块基础、肋柱杯座式基础、板壁式锚定板挡土墙帽石等的混凝土强度等级不应低于 C20，肋柱条形基础的混凝土强度等级不应低于 C15。

锚杆与锚定板挡土墙采用肋柱式或板壁式单级墙或多级墙。每级墙高不宜大于 8.0m，多级墙的上、下级墙体之间应设置宽度不小于 2.0m 的平台。

肋柱式锚杆挡土墙的肋柱间距，宜为 2.0~3.0m。每级肋柱上的锚杆层数，可设计为双层或多层。锚杆可按弯矩相等或支点反力相等的原则布置，向下倾斜。每层锚杆与水平面的夹角宜控制在 15°~20°之间，锚杆层间距不小于 2.0m。

肋柱式锚定板挡土墙的肋柱间距，宜为 1.5~2.5m，每级肋柱高度宜采用 3.0~5.0m。肋柱须预留圆形或椭圆形拉杆孔道，孔道直径或短轴长度应大于拉杆直径。肋柱下端应设置混凝土条形基础、分离式垫块基础或杯座式基础，基础厚度不宜小于 0.5m，襟边宽度不宜小于 0.1m。

肋柱宜垂直布置或向填土一侧仰斜，但仰斜度不应大于 1：0.05，严禁肋柱前倾布置。肋柱受力方向的前后侧内应配置通长受力钢筋，钢筋直径不应小于 12mm。

多级肋柱式锚定板挡土墙的平台，宜用厚度不小于 0.15m 的 C15 混凝土封闭，并设置向墙外倾斜 2‰的横坡度。采用细粒土作填料时，路基顶面也宜设置封闭层。壁式挡土墙的每块墙面板至少连接一根拉杆，拉杆直径宜为 22~32mm。锚定板宜采用钢筋混凝土板，肋柱式锚定板面积不应小于 0.5m²，无肋柱式锚定板面积不应小于 0.2m²。锚定板需双向配筋。拉杆、拉杆与肋柱及拉杆与锚定板连接处，必须做好防锈处理。

（2）锚杆与锚定板挡土墙的设计计算

锚杆与锚定板挡土墙的计算包括土压力的计算和挡土板、肋柱、锚杆、锚定板的设计计算。

挡土板直接承受土压力，它以肋柱为支点，设计时预制的挡土板可按简支板计算，计算跨径为肋柱间的净距加板两端的搭接长度。现浇整体式板可按连续板进行计算，分别沿竖直方向和水平方向取单位宽度计算。肋柱承担挡土板传来的土压力，肋柱与基底的连接根据地质构造、埋置深度和地基承载力的大小，可以设计为自由端或铰支端，肋柱按简支梁或连续梁进行内力计算。

锚杆承受肋柱上的侧压力并将之传至岩层，因此，锚杆必须具有足够的截面强度不致被拉断，以及足够的锚固长度以保证其抗拔承载力。锚定板的设计要保证其面积满足拉杆拉力，以及抗拔承载力的要求。

锚定板挡土墙整体滑动稳定性验算可采用"折线滑面分析法"或"整体土墙法"计算，滑动稳定系数不应小于 1.8。稳定计算时，应按墙顶有、无附加荷载，土压力计入或不计入增大系数的最不利组合，作为计算采用值。墙面板按支承在拉杆上的受弯构件计算，如一块墙面板上连接一根拉杆时可按单支点双向悬臂板计算及配置钢筋。

锚杆与锚定板挡土墙钢筋混凝土构件按承载能力极限状态计算、正常使用极限状态验算进行计算，其设计计算按《公路路基设计规范》（JTGD 30—2004）和《公路钢筋混凝土及预应力混凝土桥涵设计规范》（JTGD 62—2004）的相关规定进行。

5. 加筋土挡土墙设计计算

（1）加筋土挡土墙的一般概念

加筋土是由各种加筋材料和土组成的一种复合材料，通过加筋材料同土之间的摩阻和粘附等作用而使这种复合材料具有承受拉应力的能力。利用加筋土和各种墙面材料修成的挡土墙，称作加筋土挡土墙。

加筋土是由法国工程师 Vidal 在 1965 年首次提出，并与 1968 年在法国南部建成第一座加筋土挡墙。随后，加筋土技术得到了迅速的发展和推广，演变出了许多加筋土系统。

加筋材料可用金属（镀锌带钢、不锈钢、铝）或非金属（塑料、玻璃纤维等）；其形状可为条带、网格、板、纤维等。通常选用粒料作为填料，以满足剪应力传递、耐久性和排水要求。墙面只起保护表层填料免受侵蚀和坍塌作用，可由混凝土预制板、预制金属片和板、焊接钢丝网、喷浆混凝土或笼筐等材料组成。

加筋土挡土墙用于一般地区的路肩式挡土墙、路堤式挡土墙。但不应修建在滑坡、水流冲刷、崩塌等不良地质地段。高速公路、一级公路墙高不宜大于12m，二级及二级以下公路不宜大于20m。当采用多级墙时，每级墙高不宜大于10m，上、下级墙体之间应设置宽度不小于2m的平台。

1）条带加筋

如图 6-18 所示。将镀锌带钢不锈钢或塑料制成的条带，水平放置于相继铺筑的填料层之间，条带同预制混凝土板块或预制 U 形金属片连接在一起，依靠条带与填料之间的摩阻力组成能承受拉应力的加筋土。采用塑料条带的方案是为了避免条带在不利环境中的锈蚀问题，但其耐久性需进一步检验。

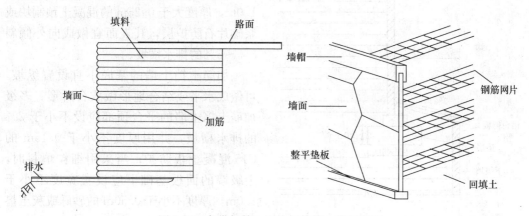

图 6-18　条带加筋、网格加筋挡土墙示意图

2）网格加筋

由具有抗拉性能的金属或聚合物材料排成矩形网格，水平放置于填料内，通过网格的横向单元的被动土抗力和网格水平面同填料之间的摩阻力，抵抗加筋土体向外侧移动。金属加筋可采用钢筋网或钢丝网，钢丝网同混凝土预制面板相连接；高强度聚合物网格可由高密度聚乙烯或聚丙乙烯用拉伸方法加工而成，在墙面处可将网格向上翻卷以形成墙面，或者把它同混凝土面板或筐笼相联结。

3）土工织物加筋

用土工织物分层平铺在填料土层上，通过填料与土工织物间的摩阻力传递应力，以形成加筋土复合材料。用于加筋的土工织物可由聚酯或聚丙烯纤维材料采用纺织、无纺织加热粘结或树脂粘结等方法加工而成。填料为粒料土（粉质砂或砾石）。各层土工织物在邻近墙面处向上卷起，以包住外露的填料，并喷射沥青乳液或混凝土覆盖住外露的织物表面，也可采用各种方式将土工织物同混凝土预制面板或笼筐联结在一起。

4）纤维加筋

在填料内掺入抗拉的短纤维，如合成纤维或土工织物线头、金属纤维或天然纤维等，以形成三维空间加筋的新型复合材料。

（2）加筋土挡土墙的构造要求

加筋土挡土墙的钢筋混凝土、混凝土面板宜采用预制件，其强度等级不宜低于C20，厚度不应小于80mm。筋带与面板的连接必须坚固可靠，应与筋带有相同的耐腐蚀性能。

加筋土墙面的平面线形可采用直线、折线和曲线。相邻墙面间的内夹角不宜小于70°。加筋体的墙面若不是砌筑在石砌圬工、混凝土构件上或地基为基岩时，均应设置宽度不小于0.40m，厚度不小于0.20m的混凝土基础。基础埋置深度，对于土质地基不应小于0.60m。

对可能危害加筋土工程的地表水和地下水，应采取适当的排水或防水措施。设计水位以下宜做成石砌或混凝土实体墙，季节性冰冻地区的加筋体应采取防冻胀措施。

斜坡上的加筋体应设宽度不小于1m的护脚，加筋体面板基础埋置深度从护脚顶面算起。非浸水加筋土挡土墙，当基础埋深小于1.25m时，宜在墙面地表处设置宽度为1.0m，厚度大于0.25m的混凝土预制块或浆砌片石防护层，其表面宜做成向外倾斜3%～5%的排水横坡。

加筋土挡土墙的基底不宜设置纵坡，可做成水平或结合地形做成台阶形。多级加筋土挡土墙的平台顶部应设不小于2%的排水横坡，并用厚度不小于0.15m的C15混凝土板防护；当采用细粒填料时，上级墙的面板基础下应设置宽度不小于1.0m，厚度不小于0.50m的砂砾或灰土垫层（图6-19）。

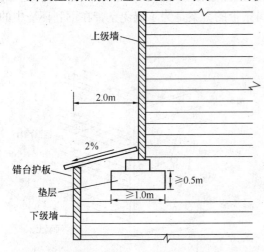

图6-19 加筋挡土墙平台与垫层横断面图

在满足抗拔稳定的前提下，采用的拉筋长度应符合下列规定：①墙高大于3.0m时，拉筋最小长度宜大于0.8倍墙高，且不小于5.0m；当采用不等长的拉筋时，同等长度拉筋的墙段高度，应大于3.0m；相邻不等长拉筋的长度差不宜小于1.0m；②墙高小于3.0m时，拉筋长度不应小于3.0m，且应采用等长拉筋；③采用预制钢筋混凝土带时，每节长度不宜大于2.0m。

双面加筋土挡土墙的筋带相互插入时，应错开铺设，避免重叠。加筋土挡土墙顶面，宜设置混凝土或钢筋混凝土帽石。

（3）加筋土挡土墙的设计计算

加筋土挡土墙的稳定性验算包括内部稳定性验算和外部稳定性验算。加筋土挡土墙内部稳定性的破坏有两种情况：一是拉筋强度不足，发生开裂，导致挡土墙失稳；二是拉筋与填土之间结合力不足。设计时应对筋带截面的抗拉强度、单个筋带结点的抗拔稳定性和全墙面板的抗拔稳定性进行验算。

加筋土挡土墙的外部稳定性按前述挡土墙的稳定性验算进行，包括抗滑移稳定、抗倾覆稳定性验算和地基承载力的验算。引起加筋土挡土墙外部失稳的因素主要有：①加筋土挡土墙与地基间的摩阻力不足或土体侧向推力过大导致的滑移；②墙后土体侧力导致加筋土挡土墙的倾覆；③加筋土挡土墙和墙后土体的整体滑动以及建于软土地基上的加筋体由于地基变形过大或地基承载力不足而导致失稳。浸水加筋土挡土墙设计应考虑水的浮力的作用。

6.4 路基的稳定性

路基的稳定性是路基设计的重要内容之一，路基的滑移、剥落、滑坍、崩坍、塌坍、路基沿山坡滑动，都是路基失去稳定的表现。路基一旦失去稳定，则会造成大量岩土体的坍塌，轻则阻塞交通，重则影响行车安全。因而，进行路基工程设计必须对路基稳定性进行分析和设计。路基稳定性分析的方法一般有力学分析法和工程地质法。

6.4.1 路基的滑动类型

路基发生失稳的破坏形式有滑坡、滑移、崩坍、塌坍等。

路基发生崩坍、塌坍等往往没有固定的滑动面，表现为整块岩体在重力作用下突然脱离母体，从高陡边坡上剥落、倾倒下来，塌坍的岩块在运动中有翻滚和跳跃现象。

路基失稳较多的表现为路基土体的一部分沿某一滑动面滑动，从而失去稳定。

6.4.2 力学验算法

力学验算法是按照极限平衡理论，假定出路基岩土体滑动的剪切滑动破坏面，对滑动面上的岩土体进行力学分析。对于未知剪切滑动面，可以拟定出几个滑动面，找出安全系数最小的剪切滑动面，然后根据极限平衡理论进行分析。随着路基材料的不同、路基岩土体的岩层构成和土层组成的不同，所形成的剪切滑动破坏面也不同。力学验算法假设滑动面是直线形和圆弧形进行验算，一般有直线验算法、不平衡推力法、圆弧法等，Bishop法是假定剪切破坏面为一圆弧，进行计算的。

路堤稳定性分析包括路堤堤身的稳定性、路堤和地基的整体稳定性、路堤沿斜坡地基或软弱层带滑动的稳定性等内容。

1. 直线验算法

如图 6-20 所示，假设路基失稳破坏时剪切破坏面是一平面（图示 AB 面），剪切滑动面 AB 以上的土楔体沿 AB 面向下滑动，路基失去稳定发生破坏。对于由透水性比较好的砂类土组成的路基边坡，其剪切面接近于平面，可用这种直线法求解。

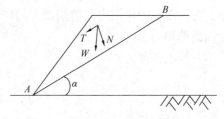

图 6-20　直线滑动面

计算模型取滑动面 AB 面上的土楔体进行受力分析，AB 面为过坡脚的的一个平面，AB 面上路基土体在重力作用下沿滑动面向下滑，土体强度提供了抗滑力，建立起力的平衡，得到滑动土体的稳定安全系数 F_s：

$$F_s = \frac{抗滑力}{滑动力} = \frac{T'}{T} = \frac{W\cos\alpha \cdot \tan\phi + cL}{W\sin\alpha} \tag{6-6}$$

式中　W——滑动土体的重力（kN）；

　　　α——滑动面的倾斜角（°）；

　　　ϕ——路基土体的内摩擦角（°）；

c——路基土体的粘结力（kPa）；

L——直线滑动面的长度（m）。

对于砂土和砂性土，土的黏聚力一般很小，可以取 $c=0$，则上式变为：

$$F_s = \frac{\text{抗滑力}}{\text{滑动力}} = \frac{T'}{T} = \frac{\tan\phi}{\tan\alpha} \tag{6-7}$$

从上式可以看出，当 $F_s=1$ 时，有 $\tan\phi=\tan\alpha$；此时，滑动力等于抗滑力，滑动土体处于极限平衡状态。此时路堤的极限坡角等于砂土的内摩擦角，称之为砂土的自然休止角。当 $F_s>1$ 时，边坡土体处于稳定状态；$F_s<1$ 时，边坡土体失去稳定。工程中，一般取 $F_s \geqslant 1.30$。

2. 圆弧法

（1）简单条分法

简单条分法又称瑞典条分法，是瑞典工程师费伦纽斯（W. Fellenius）首先提出来。该法假设土体边坡滑动面为一过坡脚的圆弧滑动面，将滑动面上的土体划分成若干宽度相等的土条，略去各土条之间的作用力，每个土条上只有荷载和自身重力以及滑动面上的作用力，根据土条的受力分析边坡土体的稳定性。

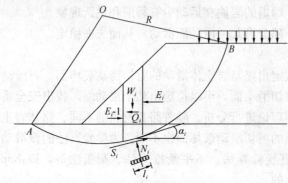

图 6-21　圆弧滑动面条分法

如图 6-21 所示一边坡土体，假设滑动面为一圆心为 O 的圆弧面 AB，圆弧的半径为 R。分析滑动面上土体的稳定性，将滑动土体划分成若干个宽度相等的土条，任意取一土条 i 分析，略去土条之间的作用力，则土条受力有土条的重力 W_i、土条受水平作用力 Q_i、剪切面上的作用力。剪切面上的作用力可以分解为垂直于剪切面的法向力 N_i、沿滑动面的剪切力 T_i。

分析土条受力：

$$N_i = W_i\cos\alpha_i - Q_i\sin\alpha_i \tag{6-8}$$

$$T_i = W_i\sin\alpha_i + Q_i\cos\alpha_i \tag{6-9}$$

土体抗剪强度：

$$\tau = c + \sigma_i\tan\phi$$

$$\sigma_i = \frac{1}{l_i}N_i$$

式中　W_i——i 土条滑动土体的重力（kN）；

　　　Q_i——i 土条所受水平向作用力（kN）；

　　　α_i——i 土条滑动面处的倾斜角（°）；

　　　ϕ——路基土体的内摩擦角（°）；

　　　c——路基土体的粘结力（kPa）；

　　　l_i——i 土条滑动面的长度（m）。

抗剪切力：

$$S_i = \frac{\tau_i l_i}{K_s} = \frac{1}{K_s}(c_i l_i + N_i \tan\alpha_i) \tag{6-10}$$

给出稳定安全系数：

$$K_s = \frac{S_i}{T_i} = \frac{(W_i\cos\alpha_i - Q_i\sin\alpha_i)\tan\varphi + c_i l_i}{(W_i\sin\alpha_i + Q_i\cos\alpha_i)} \tag{6-11}$$

式中　K_s——i 土条稳定安全系数；

　　　S_i——i 土条沿滑动面的抗剪力（kN）。

考虑边坡土体稳定性有：

$$K_s = \frac{\sum S_i}{\sum T_i} = \frac{\sum\left[(W_i\cos\alpha_i - Q_i\sin\alpha_i)\tan\phi + c_i l_i\right]}{\sum(W_i\sin\alpha_i + Q_i\cos\alpha_i)} \tag{6-12}$$

根据边坡土体的土质等因素，一般给出稳定安全系数 $K_s \geqslant 1.20 \sim 1.25$。

简单条分法由于完全不考虑土条间作用力，所以理论计算出的结果与实际存在误差，通常误差 $10\% \sim 20\%$。

（2）毕肖普法

毕肖普（A. W. Bishop）法也是利用条分法，同时考虑了土条之间作用力，对构成土体边坡的每一土条建立起力的平衡式。为简化计算起见，假设土条两侧竖直剪力 $F_i = F_{i-1}$；水平向作用力 E_i 和 E_{i-1} 作用于同一条直线上如图 6-22 所示。

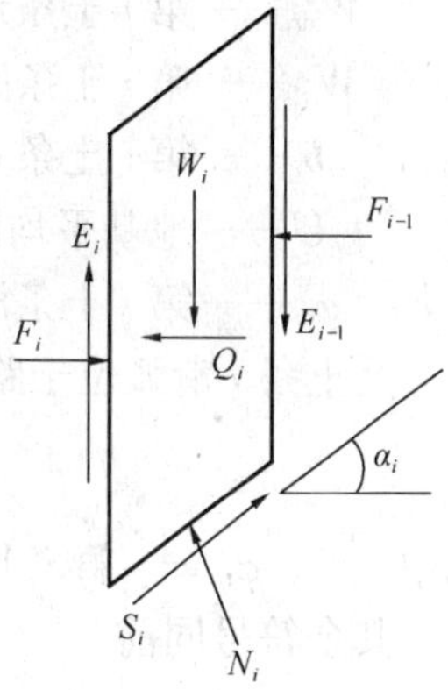

取出 i 土条，分析土条受力，土条受有：土条的重力 W_i，土条水平荷载 Q_i，土条间两侧作用力竖向剪力 $F_i = F_{i-1}$，水平作用力 E_i 和 E_{i-1}，滑动面上法向力 N_i 和抗剪力 S_i，沿滑动面建立起力的平衡方程式：

$$S_i + (E_i - E_{i-1})\cos\alpha_i = W_i\sin\alpha_i + Q_i\cos\alpha_i$$

$$\Delta E = (E_i - E_{i-1}) = \left[(W_i\sin\alpha_i + Q_i\cos\alpha_i) - S_i\right]/\cos\alpha_i$$

图 6-22　简化 Bishop 法图示

分析滑动面上整个土体受力，考虑到土体处于极限平衡状态，有 $\sum\Delta E_i = 0$，则：

$$\sum\Delta E = \sum(E_i - E_{i-1}) = \sum\left[(W_i\sin\alpha_i + Q_i\cos\alpha_i) - S_i\right]/\cos\alpha_i = 0$$

$$\sum[W_i\tan\alpha_i + Q_i] = \sum S_i/\cos\alpha_i \tag{6-13}$$

将式（6-10）代入式（6-13），得到：

$$K_s = \frac{\sum(N_i\tan\phi + c l_i)\sec\alpha_i}{\sum(W_i\tan\alpha_i + Q_i)} \tag{6-14}$$

考虑土条竖向力的平衡，得到：

$$W_i = S_i\sin\alpha_i + N_i\cos\alpha_i$$

将式（6-13）代入上式，整理后得：

$$N_i = \frac{W_i - c_i l_i\sin\alpha_i/K_s}{\cos\alpha_i + \tan\varphi\sin\alpha_i/K_s}$$

代入，得到

$$K_s = \frac{\sum[N_i\tan\varphi(W_i - c l_i\sin\alpha_i/K_s)/(\cos\alpha_i + \tan\varphi\sin\alpha_i/K_s) + c l_i]}{\sum(W_i\tan\alpha_i + Q_i)} \tag{6-15}$$

设:计算系数
$$m_a = 1/\left[\left(1 + \frac{\tan\alpha_i\tan\varphi}{K_s}\right)\cos\alpha_i\right]$$ (6-16)

则有:
$$K_s = \frac{\sum(W_i\tan\varphi + cl_i\cos\alpha_i)m_a}{\sum(W_i\tan\alpha_i + Q_i)}$$ (6-17)

在上式中等式的右边包含安全系数 K_s,计算时先假定一个 K_s 值,把这个假定的 K_s 值和 c_i、φ 值及边坡断面尺寸参数代入,即得一个新的 K_s 值,如此反复迭代,计算值逐渐与假定值逐渐接近直至符合,即可得出一个最小的稳定安全系数。

考虑土体的固结程度,按照路基设计规范,给出计算式:K_{si} 依土条滑弧所在位置分别按式(6-18)和式(6-19)计算。

当土条 i 滑弧位于地基中时
$$K_{si} = \frac{c_{di}b_i + W_{di}\tan\varphi_{di} + U(W_{ti} + Q_i)\tan\varphi_{di}}{m_{ai}}$$ (6-18)

式中　m_{ai}——由式(6-16)计算出的第 i 土条的计算系数;

　　　W_{di}——第 i 土条地基部分的重力;

　　　W_{ti}——第 i 土条路堤部分的重力;

　　　b_i——第 i 土条宽度;

　　　U——地基平均固结度;

　　c_{di}、φ_{di}——第 i 土条滑弧所在地基土层的粘结力和内摩擦角。

当土条 i 滑弧位于路堤中时
$$K_{si} = \frac{c_{ti}b_i + (W_{ti} + Q_i)\tan\varphi_{ti}}{m_{ai}}$$ (6-19)

式中　c_{ti}、φ_{ti}——第 i 土条滑弧所在路堤土的粘结力和内摩擦角;

　　　其余符号同前。

$$m_{ai} = \cos\alpha_i + \frac{\sin\alpha_i\tan\varphi_i}{F_s}$$ (6-20)

式中　φ_i——第 i 土条滑弧所在土层的内摩擦角。滑弧位于地基中时取地基土的内摩擦角,位于路堤中时取路堤土的内摩擦角。

路堤的堤身稳定性、路堤和地基的整体稳定性宜采用简化毕肖普(W. Bishop)法进行分析计算,稳定系数 F_s 按式(6-21)计算。

$$F_s = \frac{\sum K_{si}}{\sum(W_i + Q_i)\sin\alpha_i}$$ (6-21)

3. 传递系数法

传递系数法假设土条间作用力的推力(土条间竖向剪力和水平力的合力)的作用方向与土条的滑动面平行,对滑动面上的土条计算出其总的推力,建立起力的平衡方程式,进行土体的稳定分析。

路堤沿斜坡地基或软弱层带滑动的稳定性可采用传递系数法进行分析计算,如图6-23所示,稳定系数 F_s 按式(6-22)方法计算。

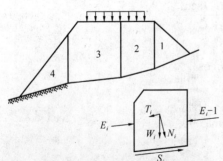
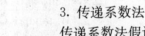

图 6-23　传递系数法计算图示
(图中数字为不同坡度时,路堤滑动土体的序号)

114

$$E_i = W_{Qi}\sin\alpha_i - \frac{1}{F_s}\left[c_i l_i + W_{Qi}\cos\alpha_i \tan\varphi_i\right] + E_{i-1}\psi_{i-1} \tag{6-22}$$

$$\psi_{i-1} = \cos(\alpha_{i-1} - \alpha_i) - \frac{\tan\varphi_i}{F_s}\sin(\alpha_{i-1} - \alpha_i) \tag{6-23}$$

式中　W_{Qi}——第 i 个土条的重力与外加竖向荷载之和；

　　　α_i——第 i 个土条底滑面的倾角；

　　c_i、φ_i——第 i 个土条底的粘结力和内摩擦角；

　　　l_i——第 i 个土条底滑面的长度；

　　α_{i-1}——第 $i-1$ 个土条底滑面的倾角；

　　E_{i-1}——第 $i-1$ 个土条传递给第 i 个土条的下滑力；

　　　F_s——土体的稳定安全系数。

计算时，先设定一个稳定安全系数 F_s，然后自上而下逐条计算土条间的推力，计算至最后一土条的推力。如果 $E_n \neq 0$ 时，调整 F_s 直至 $E_n = 0$，对应的 F_s 即为所求的稳定安全系数。当 $E_n \leqslant 0$ 时，可判定土体是稳定的；当 $E_n > 0$ 时，则是不稳定的。此可作为设计支挡结构的所承受的推力。

路堤稳定性计算分析得到的稳定系数应为 1.2～1.45。

6.4.3　工程地质法

工程地质法就是对照当地已有的具有类似工程地质条件，而处于极限平衡的天然斜坡和人工边坡情况进行调查分析，并用于路基断面的设计中，对路基边坡的稳定性进行分析。挖方路基边坡的形状和坡度经常用这一方法来确定。采用工程地质法分析路基边坡的稳定性，可以与力学验算法进行核对，以对路基边坡的稳定性作出综合评价。

按工程地质法对路基进行稳定性设计，对比分析时，要考虑各方面因素，包括岩石（土）的性质、工程地质和水文地质条件、拟采用的施工方法、边坡形状等。

对岩石和岩质土挖方边坡（路堑），应注意两个方面的问题，一是边坡岩土体的岩性和岩体的结构，二是边坡坡体的类型。分析岩体的岩性要考虑到岩石的生成环境、生成条件以及生成的年代，不同地质年代的岩体，其岩性也会有差异；岩体的结构，特别需要注意的是岩体中结构面的情况：结构面的形状、密集程度、结构面的充填和胶结情况、结构面的产状和组合情况等。岩体的结构面的情况在很大程度上影响了坡体的稳定性。如果结构面处的联结强度较低或存在软弱夹层，遇到地下水湿润时，则极易产生顺坡体滑坍。坡体的类型对比是建立在坡体的岩性、岩体的结构相对比的基础上的。进行地质分析对比时，需要抓住主要和关键因素，地质条件类似的边坡岩土体，可以作为边坡稳定性分析的一个依据。对岩石和岩质土挖方边坡，其边坡坡度按工程地质法确定，并与力学计算相对比；较均匀的土质边坡可按力学验算法，以工程地质法对比校核。

6.5　路　基　施　工

路基是道路工程的重要组成部分，应有足够的强度和稳定性以便能抵御行车荷载的往复作用及各种自然因素的影响。而路基施工则是要把路线和路基设计的方案及图纸转换为实物，确保在合理的工期内，保证质量、节省投资，最优地完成任务。路基施工具有线形工程的特性，是在狭长的线形地带内的露天作业。由于地形的变动和路线的起伏，沿线的路基工程量、填挖情况和土石类型变动大，所以沿线各路段所使用的施工方法、劳动力和机具的组织等都有所不同，需要变换。在交通不便的情况下，要在狭长的地带内调动劳动力和机具，无论在组织上还是管理上都会有一定的困难，气候和季节对路基施工的质量和工期也都会产生影响。

因此，要保质保量地完成路基施工任务，必须精心组织、合理安排。路基施工的基本方法：人工施工、简易化机械施工、水利机械化施工、爆破法施工、机械化施工等，在施工过程中应根据工程性质综合考虑工期、数量、工程造价等因素优选施工方法。

6.5.1 路基施工前的准备工作

路基施工前的准备工作一般包括：施工的组织准备、物资准备和技术准备三个方面的工作。

（1）施工的组织准备包括建立健全的施工组织机构，制定施工管理制度，明确分工，落实责任。同时，进行相关工作的协调，例如：与相关单位及个人签订协议等，在动工前将各种拆迁及征用土地等事项处理完毕。

（2）施工的物资准备包括材料、施工机具与设备的购置、调配、运输和储存等，临时道路及临时设施的建设，供水、供电、通信及必要设施的安装等。

（3）施工的技术准备包括施工前的现场调查，设计文件的核对，编制施工组织设计，划定路界，清理施工现场和路基放样等。施工组织设计主要包括工程简况、工程施工方案、施工进度计划、劳动力资源供应计划、材料机具及机械设备供应计划、施工平面图及其他一些文件图表等。

除此之外，路基施工前还要做好安全体系的建立，保证施工安全生产；制定好环境保护措施进行生态保护，水土流失的防治防止措施等。

6.5.2 路基土方施工

路基土方作业的工作内容，由开挖、运输、堆填、压实和整修五个环节组成。然而随着路基填挖高（深）度、地形和运距的不同，这五个环节在整个工程中所占的比重及相互关系不尽相同。通常，把土方作业分为下述几种基本的工作类型：

（1）以横向短距离运土为主的类型，包括：挖取边沟土填筑低矮的路堤；挖取侧向取土坑（单侧或双侧）内的土填筑下侧半路堤，或者把台口式路堑的土挖送至路堑下侧。

（2）以纵向长或短距离运土为主的类型，包括：挖取路堑土纵向运至填土处填筑路堤；挖取取土坑的土纵向运至填土处填筑路堤；挖取路堑土纵向运至弃土地点。

不同的工作类型，由于填挖的要求和运距的不同，施工方法和施工组织也不尽相同。在路基土方施工时，根据各自的特点，在挖填路堑或路堤时采用不同的推进顺序和方案。

1. 路堤的填筑

为保证路堤的强度和稳定性，在填筑路堤时，要处理好原地基，选择好路堤的填料，保证施工的压实度和正确选择填筑方案。

（1）原地基的处理

路堤基底是指土石填料与原地面的接触部分。为了防止路堤沿基底发生滑动，或路堤填筑后产生过大的沉陷和变形，可根据基底的土质、水文、坡度和植被以及填土高度，采取相应的基底地基的处理措施。

原地基处理按下列原则实施：原地基处理应按照设计要求精心施工，防止路堤沿基底发生滑移，或路堤填筑后产生过大的沉陷变形；因地制宜，节约用地，合理利用当地材料和工业废料，保护耕地和农田水利设施，保护生态环境。同时，应做好原地面临时排水设施，并与永久排水设施相结合。排走的雨水，不得流入农田、耕地；亦不得引起水沟淤积和路基冲刷。

路堤修筑范围内，原地面的坑、洞、墓穴等应用原地土或砂性土回填，并按规定进行压实。原地基为耕地或松土时，清除深度应达到设计要求，一般不小于15cm，平整后按规定要求压实；在深耕地段，必要时应将松土翻挖、土块打碎、然后回填、整平、压实。原地基原状土的强度不符合要求时，应进行换填，换填深度应不小于30cm，并予以分层压实到规定要求，路堤原地基应在填筑前进行压实。高速公路、一级公路、二级公路路堤原地基的压实度应符合原设计要求，当路堤填土高度小于路床厚度80cm时，基底的压实度不宜小于路床的压实度标准。

密实稳定的土质地基，当地面横坡缓于1:10，且路堤高度超过0.5m时，基底可不作处理；路堤高度小于0.5m时，应将原地面草皮清除。地面横坡为1:10～1:5时，需铲除原地面草皮、杂物、积水等后再行进行填筑。地面横坡为1:5～1:2.5时，在清除草皮杂物后，应将地面做成台阶形，台阶宽度不宜小于2.0m，高度不小于1.0m，台阶顶做成内倾2%～4%的斜坡，如图6-24所示。当横坡陡于

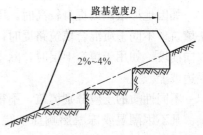

图6-24　斜倾基底处理

1:2.5时，应采用护墙或护脚等对外坡脚进行处理；当路堤原地基横坡陡于1:5时，原地基应挖成台阶，台阶宽度不小于1.0m，并予以夯实。

（2）路基填料的选择

由于公路沿线的土、石的性质和状态不同，故路基的稳定性亦有很大差异。为保证路堤的强度和稳定性，需尽可能选择当地稳定性良好的土、石作填料。

石块、碎石土、卵石土、中砂和粗砂等，具有透水性好、内摩擦角大、压缩性低、强度受水的影响小等优点，所以是良好的填筑材料。

粉质低液限土、低液限粉土、中液限黏土及高液限粉土，经压实后能获得足够的强度和稳定性，也是比较理想的路堤填筑材料。施工时注意控制土中有机质和易溶盐含量不超出规定的数值。液限大于50、塑性指数大于26的土，以及含水量超过规定的土，不得直接作为路堤填料。需要应用时，必须采取满足设计要求的技术措施，经检查合格后方可使用。

不得使用淤泥、沼泽土、冻土、有机土、含草皮土、生活垃圾、树根和含有腐朽物质的土作路堤填料。用盐渍土、黄土、膨胀土填筑路堤时，应遵照有关的规定。

钢渣、粉煤灰等材料，可用作路堤填料，其他工业废渣在使用前应进行有害物的含量试验，避免有害物质超标，污染环境。

捣碎后的种植土，可用于路堤边坡表层。

（3）路堤填筑方式

1）分层填筑

填筑路堤宜采用水平分层填筑法施工。即按照横断面全宽分成水平层次逐层向上填

筑。如原地面不平，应由最低处分层填起，每填一层，经过压实符合规定要求之后，再填上一层。土方路堤，必须根据设计断面，分层填筑、分层压实。路堤填土宽度每侧应宽于填层设计宽度，压实宽度不得小于设计宽度，最后削坡。

2）纵向填筑法

当原地面纵坡大于12%的地段，可采用纵向分层法施工，沿纵坡分层，逐层填压密实。山坡路堤，地面横坡不陡于1：5且基底符合规定要求时，路堤可直接修筑在天然的土基上。地面横坡陡于1：5时，原地面应挖成台阶（台阶宽度不小于1m），并用小型夯实机加以夯实。填筑应由最低一层台阶填起，并分层夯实，然后逐台向上填筑，分层夯实，所有台阶填完之后，即可按一般填土进行。高速公路和一级公路，横坡陡峻地段的半填半挖路基，必须在山坡上从填方坡脚向上挖成向内倾斜的台阶，台阶宽度不应小于1m。

3）混合填筑法

如因地形限制或堤身较高时，不宜按前述两种方法自始至终进行填筑时，可采用混合法填筑。不同土质混合填筑路堤时，以透水性较小的土填筑于路堤下层时，应做成4%的双向横坡，如用于填筑上层时，除干旱地区外，不应覆盖在由透水性较好的土所填筑的路堤边坡上。

不同性质的土应分别填筑，不得混填。每种填料层累计总厚不宜小于0.5m。

凡不因潮湿或冻融影响而变更其体积的优良土应填在上层，强度较小的土应填在下层。

河滩路堤填土，应连同护道在内，一并分层填筑。可能受水浸淹部分的填料，应选用水稳性好的土料。

2. 路堑开挖

路堑施工就是按照设计要求进行挖掘，并将挖掘出来的土方运至路堤地段作填料，或者运往弃土地点。它虽然不像路堤填筑那样有填料的选择和分层压实的问题。但是，路堑是由天然地层构成，一般具有复杂的地质结构，如果施工不当，就更易发生变形和失去稳定而导致破坏。因此，路基开挖前应对沿线的土质结构进行检测试验。同时，应注意下面几个方面问题。

（1）排水设施的开挖与设置

水是影响路堑施工稳定的一个重要因素，无论采用哪种方法开挖，在施工时均应做好排水工作，保证在开挖过程中及竣工后能够顺利排水。施工时可修建一些临时排水设施，并把临时排水设施与永久排水设施相结合。

施工时先挖截水沟，设法引走可能影响边坡稳定的地表水和地下水，并与路堑的路线方向保持一定的纵坡。边沟、截水沟以及其他的排水、截水设施均应事先进行设计，确定其位置、断面尺寸等。

（2）边坡的稳定

开挖路堑应注意边坡的稳定，开挖前应了解边坡土体的土性和岩性，并分析其地质构成，进行边坡坡度设计，做好施工放样等工作，开挖时按断面自上而下，依照设计边坡分层进行。对于地质条件不良的路堑边坡，可设计挡土墙，采用分段开挖、分段修筑防护支挡，以保证施工的安全和边坡的稳定。

（3）弃土的处理

路堑挖出的土方，除应尽量利用填方外，余土应有计划地弃置。开挖之前，应提出弃土方案，并报有关部门审核批准。弃土以不妨碍路基排水和路堑边坡稳定为原则，尽可能用于改地造田，美化环境。

3. 路堑开挖方案

（1）横挖法

以路堑整个横断面的宽度和深度，从一端或两端逐渐向前开挖的方式称为横挖法，该法适用于短而深的路堑。路堑深度不大时，可以一次挖到设计标高，如图 6-25 所示。路堑深度较大时，可分成几个台阶分层进行开挖，如图 6-26 所示。用人力按横挖法挖路堑时，可在不同高度分几个台阶开挖，其深度视工作与安全而定，一般宜为 1.5～2.0m。无论自两端一次横挖到路基标高或分台阶横挖，均应设单独的运土通道及临时排水沟。分层横挖使得工作面纵向拉开，多层多向出土，加快了开挖速度。用机械

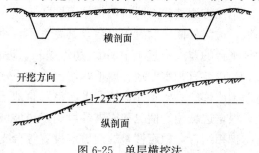

图 6-25 单层横挖法

按横挖法开挖路堑且弃土（或以挖作填）运距较远时，宜用挖掘机配合自卸汽车进行；此时，每层台阶高度可增加到 3～4m，其余要求与人力开挖路堑相同。路堑横挖法也可用推土机进行。若弃土或以挖作填运距超过推土机的经济运距时，可用推土机推土堆积，再用装载机配合自卸汽车运土。机械开挖路堑时，边坡应配以平地机或人工分层修刮平整。

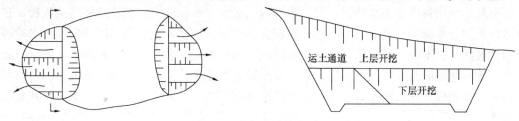

图 6-26 分层横挖法示

（2）纵挖法

沿路堑纵向将深度分成高差不大的层次依次开挖。纵挖法适用于较长的路堑。如果路堑的宽度及深度都不大，可以按横断面全宽纵向分层挖掘，称为分层纵挖法，如图 6-27（a）所示；如果路堑的宽度和深度都比较大，可沿纵向分层，每层先挖出一条通道，

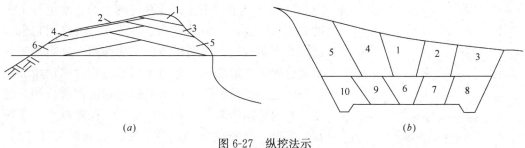

(a)   (b)

图 6-27 纵挖法示

(a) 分层纵挖法（图中数字为挖掘顺序）；(b) 通道纵挖法（图中数字为拓宽顺序）

119

然后开挖两旁，称为通道纵挖法，如图 6-27（b）所示，通常可作为机械通行或出口路线，以加快施工速度；如果路堑很长，可在适当位置将路堑的一侧横向挖穿，把路堑分成几段，各段采用上述纵向开挖，称为分段纵挖法，此法适用于傍山长路堑。

各种挖掘方案的选择，应考虑当地的地形条件、工程量大小、施工工期及采用的机具等因素。此外，尚需考虑土层的分布及利用，如利用挖方填筑路堤时，则应按不同的土层分层挖掘，以满足路堤填筑的要求。

岩质路堑开挖时，硬质岩石挖方路基宜采用光面、预裂爆破技术。边坡高度大于 20m 的软弱松散岩质路堑，宜采用分层开挖、分层防护和坡脚预加固技术。

当挖方边坡较高时，可根据不同的土质、岩石性质和稳定要求开挖成折线式或台阶式边坡，边沟外侧应设置碎落台，其宽度不宜小于 1.0m；台阶式边坡中部应设置边坡平台，边坡平台的宽度不宜小于 2m。边坡坡顶、坡面、坡脚和边坡中部平台应设置地表排水系统。当边坡有积水湿地、地下水渗出或地下水露头时，应根据实际情况设置地下渗沟、边坡渗沟或仰斜式排水孔，或在上游沿垂直地下水流向设置拦截地下水的排水隧洞等排导设施。根据边坡稳定情况和周围环境确定边坡坡面防护形式，边坡防护应采取工程防护与植物防护相结合，稳定性差的边坡应设置综合支挡工程。条件许可时，宜优先采用有利于生态环境保护的防护措施。

当土质挖方边坡高度超过 20m、岩石挖方边坡高度超过 30m 和不良地质地段路堑边坡，应进行路基边坡个别处理设计。

6.5.3 路基压实

1. 压实路基的意义

土基的压实程度对路基的强度和稳定性影响极大，未经压实的土质路基结构疏松，在自然因素和行车荷载作用下，必然要产生较大的变形或破坏，而且其抵抗暴雨或流水冲刷的能力很低。在季节性冰冻区，由于毛细作用，水分积聚，易发生冻胀和翻浆现象。与此相反，压实紧密的路基，强度得以提高，变形显著地减小，稳定性得到明显改善，可以避免路基的大规模破坏。因此，土基的压实是路基施工的极其重要的环节，是保证路基质量的关键。

2. 影响路基压实效果的因素

影响路基压实效果的因素很多，对具有塑性的细粒土，影响压实效果的因素有内因和外因。内因主要是土质和含水量，外因是压实功能、压实方法等。

（1）含水量对压实效果的影响

具有塑性的细粒土其含水量对压实效果影响很大，图 6-28 所示为室内击实试验获得的土的含水量与干密度的关系曲线，图中纵坐标为干密度，可以用它来表征土的密实程度。在同样的压实功作用下，当土的含水量达到某一值之前，土的干密度随着含水量增加而提高，这主要是由于水在土颗粒之间起润滑作用，使得土粒间摩阻力减小，外力施加后，孔隙减小，土粒彼此挤紧，干密度提高。当干密度达到最大值之后，若继续增大土的含水量，土粒孔隙中出现了过多的水

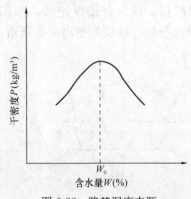

图 6-28　路基湿度来源

分，压实时孔隙水一般不为外力所压缩，而且通常不易排除，就会阻止土粒相互靠拢，土的干密度反而随着其含水量的增加而降低。在一定的压实条件下使土获得最大干密度的土的含水量，称之为最佳含水量。因此，在路基压实过程中，控制施工含水量为最佳含水量，就能获得最好的压实效果。试验表明，一般塑性土的最佳含水量（按轻型击实试验）大致相当于土液限含水量的 0.58～0.62 倍。

（2）土质对压实效果的影响

不同类型的土，压实时的压实效果也不同。如图 6-29 所示，给出不同的土质的压实曲线，可以看出，不同土质具有不同的最佳含水量和最大干密度。

分散性（液限、黏性）较高的土，其最佳含水量较高而最大干密度较低，这是由于土粒愈细，其比表面积愈大，土粒表面水膜愈多，从而导致压实效果降低，同时黏土中含有亲水性较高的胶体物质，也对其产生影响。对于砂土，由于其颗粒粗并且呈松散状，故最佳含水量对其没有更多的实际意义。

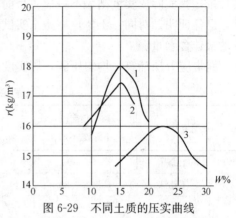

图 6-29　不同土质的压实曲线

1—粉土质砂；2—粘土质砂；3—高液限粘土

（3）压实功能对压实效果的影响

压实功能系指压实机具的重量、压实遍数、作用时间等。对于同一种的土，随着压实功能大小的变化，其最大干密度和最佳含水量也随之发生变化。当压实功能较大时，土经压实后的干密度较大，最佳含水量则较小，反之，则最大干密度较小，对应的最佳含水量则较大。因此，提高压实功能可增大干密度的又一种方法。然而，当压实功能增加到一定程度后，土的密度增长就不明显了，故最好的办法是严格控制施工现场土的含水量，在最佳含水量范围附近的土最容易达到要求的压实度。

（4）压实机具和压实方法对压实效果的影响

采用不同的压实机械，其功能和性能也不同，因而压实效果也不同。

通常夯击式作用深度较大，振动式碾压次之，静力碾压最浅。人工夯击时土层松铺厚度不宜超过 0.20m，动力打夯机在 0.20～0.25m，光面碾压压路机（8～15t）宜在0.20～0.30m，振动压路机（10～12t）不超过 0.40m，羊足碾（6～8t）不超过 0.50m。

压实作用时间越长，压实效果愈好，但是，随着时间的进一步延长，压实度的增长幅度会逐渐的减小，故压实时，要求压实机具以较低速度形式，以达到预期压实的效果。

3. 路基压实标准

（1）压实度

土基密实程度通常采用土的干密度作为表征的指标。在路基施工中，对不同土质路基以工地的压实度作为土基密实程度的重要标准。

压实度以 K 表示，指压实后土的干密度与该种土室内标准击实试验下所得的最大干密度之比。

$$压实度 = \frac{压实后土的干密度(\gamma)}{土的最大干密度(\gamma_0)} \times 100\%　　　　　(6-24)$$

压实土体的干密度可按下式计算：

$$\gamma = \frac{\gamma_\mathrm{w}}{1 + 0.01W} \qquad (6\text{-}25)$$

（2）击实标准

压实度是以室内标准击实试验所得的最大干密度为标准的，同一压实度如采用不同击实标准，其实际压实度则大不一样。目前标准击实试验有轻型击实试验和重型击实试验两种，已经证明，对同一土体，重型击实试验比轻型击实试验获得更高的最大干密度和相对低的最佳含水量。

路堤应分层铺筑，均匀压实，压实度应符合表 6-14 的规定。

土质路基压实度标准　　　　　　　　　　表 6-14

填挖类型		路床顶面以下深度（m）	压　实　度（%）		
			高速公路、一级公路	二级公路	三、四级公路
路堤	上路床	0～0.30	≥96	≥95	≥94
	下路床	0.30～0.80	≥96	≥95	≥94
	上路堤	0.80～1.50	≥94	≥94	≥93
	下路堤	1.50 以下	≥93	≥92	≥90
零填及挖方路基		0～0.30	≥96	≥95	≥94
		0.30～0.80	≥96	≥95	—

注：1. 表列压实度系按《公路土工试验规程》（JTJ 051—93）重型击实试验法求得的最大干密度的压实度。

　　2. 当三、四级公路铺筑沥青混凝土和水泥混凝土路面时，应采用二级公路的规定值。

　　3. 路堤采用特殊填料或处于特殊气候地区时，压实度标准可根据试验路在保证路基强度要求的前提下适当降低。

　　4. 特别干旱地区的压实度标准可降低 2%～3%。

4. 路基压实质量的控制与检查

（1）压实度检测结果的检查

土的压实应在接近最佳含水量的情况下进行，天然土通常接近最佳含水量，因此摊铺后应随即碾压。含水量过大时，应将土摊开晾晒至要求的含水量时再平整压实。

填土接近最佳含水量的容许范围，与土的种类和压实度要求有关。在一定的压实度要求下，砂类土比细粒土的范围大；在同一种土类的情况下，压实度要求低的比要求高的范围大。范围的具体值可从该种土的击实试验曲线上查得，即在该曲线图的纵坐标上按要求的干密度画一横线，此线与曲线相交的两点所对应的含水量值，就是它的范围。

天然土过干需要加水时，可提前一天在取土地点浇洒，使水均匀渗入土中；也可将土运至路堤再洒水，并拌合均匀，加水量可按下式估算：

$$V = (W_0 - W)\frac{Q}{1 + W} \qquad (6\text{-}26)$$

式中　V——需要加水量（t）；

　　　W——天然土含水量；

　　　W_0——土的最佳含水量；

　　　Q——需加水的土的质量（t）。

122

此外还应增加从洒水至碾压时的水分蒸发消耗量。

在压实过程中，应经常检查压实度是否符合要求。压实度试验方法可采用环刀法、腊封法、水袋法、灌砂法或核子密度湿度仪法。环刀法适用于细粒土，灌砂法适用于各类土；核子密度湿度仪应与环刀法、灌砂法等进行对比标定后才可使用。

土方路堤，必须根据设计断面，分层填筑、逐层压实，每填一层，均应检验压实度符合规定要求之后，再填上一层。用灌砂法、灌水（水袋）法检查压实度时，取土样的底面位置为每一压实层底部；用环刀法试验时，环刀中部位于压实层的 1/2 深度；用核子仪时，根据其类型参照说明书实施。

每一压实层经检验合格后方可进行下一层土的填压；如果检验不合格，应检查原因，进行补压，直到满足要求为止。检验取样频率，每 1000m² 至少检验 2 个点，不足 1000m² 时检验 2 点，必要时可根据需要增加检验点。沿路线以 1～3m 长路段为一检验评定单元，按要求的频率和方法，对现场的压实度进行抽样检查，求出每一个测点的压实度 K_i。按下式计算每一检验评定段的压实度的代表值：

$$K = \bar{k} - \frac{t_0}{\sqrt{n}} S \geqslant K_0 \tag{6-27}$$

式中　$\bar{k}$——检验评定段内各测点压实度的算术平均值；

　　　t_0——t 分布表中随着测点数和保证率（或置信度）而变的系数。采用的保证率为：高速、一级公路基层、底基层为 99%，路基、路面面层为 95%；其他公路基层、底基层为 95%，路基、路面面层为 90%；

　　　S——检验值的均方差；

　　　n——检测点数；

　　　K_0——压实度的标准值。

路基压实度按下述方法进行评定：$K \geqslant K_0$，且单点压实度全部大于等于规定值减 2 个百分点时，评定路段的压实度合格率 100%；当 $K \geqslant K_0$，且单点的压实度全部大于等于规定极值时，按测定值不低于规定值减 2 个百分点的测点数计算合格率。$K < K_0$ 或某一单点压实度 K_i 小于规定极值时，该评定路段压实度为不合格。

（2）弯沉检测

填筑碾压完成的路基，可以通过回弹弯沉值的测量，来检查路基刚度是否符合设计要求。路床顶面的回弹模量可以用来表征其刚度，然而实测土基回弹模量比较困难，可以通过测弯沉值，根据回弹模量和弯沉值的关系进行换算：

$$l_0 = 9308 E_0^{-0.938} \tag{6-28}$$

式中　l_0——以 BZZ-100 标准轴载试验车实测的弯沉值（0.01mm）；

　　　E_0——回弹模量（MPa）。

弯沉值测试应在不利季节进行，若在非不利季节测定时，应根据当地经验，乘以季节影响系数进行修正。弯沉值的测点沿路线方向，以 20～50m 的间距等距离布置，横向在行车道中部和边缘各测一点。每一双车道评定路段（不超过 1km）检查 80～100 个点，多车道必须按车道数与双车道之比，相应增加测点。

弯沉值反映的是路基上部的整体刚度，而压实度反映的是路基每一层的密实程度，当弯沉值和压实度都合格，路基的整体刚度、稳定性和耐久性才能符合要求。

6.5.4 路基雨、冬期施工技术

1. 路基雨期施工技术

雨期路基施工地段一般应选择丘陵和山岭地区的砂类土、碎砾石和岩石地段和路堑的弃方地段。重黏土、膨胀土及盐渍土地段不宜在雨期施工，平原地区排水困难，一般不宜安排雨期施工。

雨期施工前应做好下列准备工作：①对选择的雨期施工地段进行详细的现场调查研究，据实编制实施性的雨期施工组织计划。②应修建施工便道并保持晴雨畅通。③住地、库房、车辆机具停放场地、生产设施都应设在最高洪水位以上地点或高地上，并应远离泥石流沟槽冲积堆一定的安全距离。④应修建临时排水设施，保证雨期作业的场地不被洪水淹没并能及时排除地表水。⑤应储备足够的工程材料和生活物资。

雨期路堤施工地段，应严格控制除施工车辆外的其他车辆在施工场地通行。在填筑路堤前，应首先对场地进行处理，在填方坡脚以外挖掘排水沟，保持场地不积水，如原地面松软，应采取换填措施。填料应选用透水性好的碎、卵石土、砂砾、石方碎渣和砂类土。利用挖方土作填方时应随挖随填及时压实。含水量过大无法晾干的土不得用作雨期施工填料。路堤应分层填筑。每一层的表面，应做成2%～4%的排水横坡。当天填筑的土层应当天完成压实。雨期填筑路堤需借土时，取土坑距离填方坡脚不宜小于3m。平原区路基纵向取土时，取土坑深度一般不宜大于1m。

雨期开挖路堑施工时，土质路堑在开挖前，在路堑边坡坡顶2m以外开挖截水沟并接通出水口。开挖土质路堑宜分层开挖，每挖一层均应设置排水纵横坡。挖方边坡不宜一次挖到设计标高，应沿坡面留30cm厚，并在两侧挖排水沟。待雨期过后挖到路床设计标高后再压实。以挖作填的挖方应随挖随运随填。雨期开挖岩石路堑，炮眼应尽量水平设置。边坡应按设计坡度自上而下层层刷坡，坡度应符合设计要求。

2. 路基冬期施工技术

冬期施工的概念，在反复冻融地区，昼夜平均温度在-3℃以下，连续10天以上时，进行路基施工称为路基冬期施工。当昼夜平均温度虽然上升到-3℃以上，但冻土未完全融化时，亦应按冬期施工。

冬期可进行路基项目的施工包括：泥沼地带河湖冻结到一定深度后，如需换土时可趁冻结期挖去原地面的软土、淤泥层换填合格的其他填料。含水量高的流动土质、流沙地段的路堑可利用冻结期开挖。河滩地段可利用冬期水位低，开挖基坑修建防护工程，但应采取加温保温措施，注意养护。岩石地段的路堑或半填半挖地段，可进行开挖作业。土质路堤工程不宜在冬期施工。

路基冬期施工前应做好准备工作，包括对冬期施工项目按次排队，编制实施性的施工组织计划；冬期施工项目在冰冻前应进行现场放样，保护好控制桩并树立明显的标志，防止被冰雪掩埋；冰冻前应挖好坡地上填方的台阶，清除石方挖方的表面覆盖层、裸露岩体；维修保养冬期施工需用的车辆、机具设备，充分备足冬期施工期间的工程材料；准备施工队伍的生活设施、取暖照明设备、燃料和其他越冬所需的物资等。

冬期施工的路堤填料，应选用未冻结的砂类土、碎、卵石土、开挖石方的石块石渣等透水性良好的土。

冬期填筑路堤，应按横断面全宽平填，每层松厚应按正常施工减少20%～30%，且

最大松铺厚度不得超过 30cm，压实度不得低于正常施工时的要求，当天填的土必须当天完成碾压；当路堤高于路床底面 1m 时，应碾压密实后停止填筑。挖填方交界处，填土低于 1m 的路堤都不应在冬期填筑。取土坑应远离填方坡脚，如条件限制需在路堤附近取土时，取土坑内侧到填方坡脚的距离应不得小于正常施工护坡道的 1.5 倍。路堤每层每侧应超填并压实，待冬期后修整边坡削去多余部分并拍打密实或加固。

冬期开挖路堑施工应注意，当冻土层破开挖到未冻土后，应连续作业，分层开挖，中间停顿时间较长时，应在表面覆雪保温，避免重复被冻。挖方边坡不应一次挖到设计线，应预留 30cm 厚台阶，待到正常施工季节再削去预留台阶，整理达到设计边坡。路堑挖至路床面以上 1m 时，挖好临时排水沟后，应停止开挖并在表面覆以雪或松土，待到正常施工时，再挖去其余部分。冬期开挖路堑必须从上向下开挖，严禁从下向上掏空挖"神仙土"。每日开工时先挖向阳处，气温回升后再挖背阴处，如开挖时遇地下水源，应及时挖沟排水。开挖路堑的弃土要远离路堑边坡坡顶堆放，弃土堆高度一般不应大于 3m，弃土堆坡脚到路堑边坡顶的距离一般不得小于 3m，深路堑或松软地带应保持 5m 以上。弃土堆应摊开整平，严禁把弃土堆于路堑边坡顶上。

6.5.5 特殊土地基路基施工

1. 软土路基的施工技术

软土在我国的滨海平原、河口三角洲、湖盆地周围及山涧谷地均有广泛分布。在软土地基上修筑路基，如若不加以处理，往往会发生路基失稳或路基过量沉陷导致公路破坏，公路不能正常使用。

所谓软土，广义上说，是指强度低、压缩性高的软弱土。以孔隙比及有机质含量为主，并结合其他指标，可将软土划分为软黏性土、淤泥质土、淤泥、泥炭质土以及泥炭等 5 种类型。习惯上常把淤泥、淤泥质土、软黏性土统称为软土，而把有机质含量很高的土、泥炭质土总称为淤泥。软土具有下述的工程特性：天然含水量高、孔隙比大、透水性差、压缩性高、抗剪强度低、具有触变性、流变性显著等。软土地基应根据软土、淤泥的物理力学性质，埋层深度，路堤高度，材料条件，公路等级等因素分别采取以下处理措施：换填、抛石挤淤、超载预压、反压护道、排水砂垫层、土工织物铺垫、塑料排水板、砂井、袋装砂井、粒料桩、旋喷桩、生石灰桩等。

在天然软土地基上采用快速施工修筑一般断面的路堤，所能填筑的最大高度，称为极限高度。达到极限高度时，单位面积的荷重就是天然地基的承载力。路堤超过极限高度后，必然会发生大量沉陷、坍塌，必须采取加固措施，才能保证路基的稳定和正常施工。均质土层软黏土地基上的路堤的极限高度可按下式估算：

$$H_c = 5.52 \frac{C_u}{\gamma} \tag{6-29}$$

式中　C_u——软土快剪单位黏聚力，(kPa)；

　　　γ——填土的密度 (kN/m³)。

（1）塑料排水板　塑料排水板是带有孔道的板状物体，插入土中形成竖向排水通道。因其施工简单、快捷，应用较为广泛。

塑料排水板法是排水固结加固软土地基的一种形式（图 6-30）。其加固原理是：利用插板机械在含水量高、孔隙比大、高压缩性的深厚软土地基中插设具有良好透水性的塑料排水板，从而在软土地基中形成竖向的排水通道，再通过其上铺设的砂垫层所形成的水平排水通道，加速土层的排水过程。通过在上部施加荷载（如预压堆载、砂垫层，或者真空预压等）使软土地基随着孔隙水通过塑料排水板和砂垫层排出而逐步固结，以提高地基土的承载力，减小软土地基在使用过程的沉降。

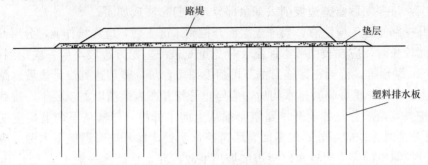

图 6-30　塑料排水板加固软土地基

1）排水材料　排水板是由专门厂家生产的定型产品，按其结构形式可分为多孔单一结构型和复合结构型两大类。塑料排水板的性能与效应的各项指标有抗拉强度、延伸率、抗撕裂度、透水性、滤膜渗透系数以及塑料排水板的抗变形性、保土性和长期排水效果等。

2）设计方法　目前塑料排水板的机理和设计均沿用砂井理论。即将塑料排水板换算成当量直径的砂井，然后按砂井理论进行设计。

3）施工方法　塑料排水板的设置是利用插板机将排水板插入土中。插板机的种类较多，性能各不相同，其分类按照机型可以分为：轨道式、轮胎式、链条式、步履式等；按照插设方法分为套管式插板机和无套管式插板机。前者的施工步骤为，整平原地面→摊铺下层砂垫层→施工机具就位→塑料排水板穿靴→插入套管，排水板被套管夹住压入土中→达到预定深度，套管输送滚轴发转松开排水板，拔出套管→在地面以上 20cm 左右割断塑料排水板→机具移位→摊铺上层砂垫层。无套管式插板机，是利用钻杆直接将塑料排水板压入土中。这种方式插板机轻便、操作简单、速度快，但是塑料排水板在设置过程中容易被损伤或随钻杆拔起，地基土强度较大时不宜使用。

排水孔的施打过程要控制排水孔的平面位置、排水孔的垂直度等；排水板的施插要求保持排水板入土的连续性，发现断裂即重新施插，连接排水板的上下搭接要有足够的长度并应连接牢固，施插排水板到达设计入土深度后方能拔管，完成排水板的施插并切断后，露出地面的"板头"长度一般不能小于 20cm。同时，塑料排水板在装运和储存期间，要包上厚保护层，在施工现场存放要注意防晒及泥浆、灰尘污染或其他物体的碰撞破坏。

排水板施插过程，应注意是否在插入时真正送入土中，或在拔管（心轴）时，排水板回带上来，以及卷筒内塑料板的耗用量。

（2）砂井　砂井是利用各种打桩机具击入钢管，或用高压射水、爆破等方法在地基中获得按一定规律排列的孔眼并灌入中、粗砂形成砂柱。由于这种砂井在饱和软黏土中起排水通道的作用，又称排水砂井。砂井顶面应铺设垫层，以构成完整的地基排水系统。

砂井材料要求，砂的含泥量不大于 3%，也可使用砂和角砾混合料，其含泥量不大于 5%。

施工机具通常有：振动打桩机、柴油打桩机；按成型工艺分为冲击式和振动式。下端装有活瓣钢桩靴的桩管，打入排水砂井。其法有打入式、振动沉桩式、射水式、螺旋钻进式及袋装式等。

砂井施工之前，地表面先铺一砂垫层，并设置排水沟，使填土内不致有较高的地下水位。砂井施工程序：整平原地面→机具定位→桩管沉入→加料压密→拔管→机具移位。

砂井适用于路堤高度大于极限高度，软土层厚度大于 5m 时。

（3）袋装砂井　袋装砂井的井径对固结时间的影响没有井距那样敏感。理论上，井径只要能满足排水要求即可。由于软黏土的渗透系数一般只有砂井的 1%，所以砂井的理论直径可以很小。但一般砂井如果井径太小，既无法施工，也无法防止因地基变形而断开失效。因此，现在广泛采用网状织物袋装砂井，其直径仅 8cm 左右，比一般砂井要省料得多，造价比一般砂井低廉，且不会因施工操作上的误差或地基发生水平和垂直变形而丧失其连续性。

袋装砂井材料：选用聚丙烯或其他适用的编织料制成的袋，采用渗水率较高的中、粗砂，砂的含泥量不应大于 3%，渗透系数不应小于 5×10^{-3}cm/s。

袋装砂井的施工工艺，首先将钢套管打入土中，至设计要求深度；然后将预先准备好的聚丙烯编织袋底部装入大约 20cm 的砂，并将底子扎紧，然后放入孔内；将袋的上端固定在装砂漏斗上，从漏斗口将干砂边振动边流入砂袋，装实装满为止，然后卸下砂袋，拧紧套管上盖，一边把压缩空气送进套管，一边提升套管直至地面。最后机具移位，埋砂袋头，并摊铺砂垫层。施工工艺流程：整平原地面→摊铺下层砂垫层→机具定位→打入套管→沉入砂袋→拔出套管→机具移位→埋砂袋头→摊铺上层砂垫层。

（4）排水砂垫层　排水砂垫层是在路堤底部地面上铺设一层砂层，其作用是在软土顶面增加一个排水面，在填土的过程中，荷载逐渐增加，促使软土地基排水固结，渗出的水就可以从砂垫层中排走。为确保砂垫层能通畅排水，要采用中粗砂等渗水性良好的材料。为防止砂垫层在使用过程中不被细粒土污染造成堵塞，通常可以在砂垫层的上下两侧设置反滤层。

砂垫层厚度的确定应考虑，一是不致因地基沉降而使砂垫层发生错断，从而影响排水效果；二是不致因排到砂垫层中的孔隙水由于水头过高而渗入路堤填土，导致低路堤的强度和稳定性降低。砂垫层一般的厚度为 0.6～1.0m。为了保证砂垫层的渗水作用，在砂垫层上应填一层黏性土封住水不让水返上路基，并在路基两侧修排水沟，用以从砂垫层渗出的水通过排水沟排出路基外，保持路基的稳定。

砂垫层施工时应设放样板，摊铺作业一般采用自卸汽车与推土机联合操作，应尽量做到均匀一致。

（5）土工织物铺垫　在软土地基表层铺设一层或多层土工织物，即可以减少路堤填筑后的地基不均匀沉降，又可以提高地基的承载能力，同时也不影响排水。对于淤泥之类高含水量的超软弱地基，在采用砂井及其他深层加固法之前，土工织物铺垫可作为前期处理，以提高施工的可能性。

土工织物施工时可以预加初期应力，让土工织物尽早处于受拉状态。在土工织物端部应进行锚固，以发挥土工织物的抗拉强度，锚固愈牢固，承载力提高愈多，地基中的应力分布愈均匀；土工织物端部的固定，靠端部折起铺设长度来保证，把端部折起包裹砂体，以增强其锚固力，从而可以保证使用期间不被拔出。施工时应使得土工织物抗拉强度得以发挥，不允许土工织物发生折皱，把土工织物尽可能拉平拉紧。为保护土工织物，通常在上下铺设厚 20～30cm 的砂垫层。

（6）预压　如前所述，预压法加固软土通常有：堆载预压法、真空预压法、降低地下水位预压法、电渗法等施加预压荷载的方法。

堆载预压法是指在软土地基上修筑路堤，如果工期不紧，可以先填筑一部分或全部，对地基施加荷载，通过一定的预压期，使地基固结沉降稳定后，再填筑剩余路基填料，最后铺筑路面。这样地基预先压缩完成大部分沉降，地基承载力得到提高。

预压加荷施加时应控制荷载施加的速率，应保证地基在预压期产生沉降但不至丧失稳定。当路堤较高时，可采取分级加荷，第一级荷载尽量大一些，预压期一般要半年到一年。

（7）挤实砂（碎石）桩　挤实砂桩是以冲击或振动的方法强制将砂、石等材料挤入软土地基中，形成较大的密实柱体，提高软土地基的整体抗剪强度，减少沉降。桩的直径一般在 0.6～0.8m。

（8）旋喷桩　利用工程钻机，将旋喷注浆管置入预定的地基加固深度，通过钻杆旋转，徐徐上升，将预先配制好的浆液，以一定的压力从喷嘴喷出，冲击土体，使土和浆液搅拌成混合体，形成具有一定强度的人工地基。其施工工艺为钻机就位——浆液配制——送浆——钻进喷浆——提升搅拌喷浆——重复钻进喷浆——成桩完毕，桩机移位。

（9）生石灰桩　用生石灰碎块置于桩孔中形成桩体，称为生石灰桩，其孔径多用20～40cm，桩长 12m 以内。也有采用更小孔径的，用打入或钻进方法成孔再填入 2～5cm 的生石灰块。生石灰桩可以掺入一定量的粉煤灰或砂，有时掺入少量石膏，以利触发反应，提高强度。

（10）换土　采用人工或机械挖除路堤下全部软土，换填强度较高的黏性土或砂、砾、卵石、片石等渗水性材料。从而改变地基的承载力特性，提高抗变形和稳定能力。

抛石挤淤法是强迫换土的一种形式，通过在软黏土中抛入较大的片石、块石，使片石、块石强行挤出软黏土并占据其位置，以此来提高地基承载力、减小沉降量，提高土体的稳定性。这种方法一般适用于厚为 3～4m 的软土层和常年积水且不易抽干的湖、塘、河流等积水洼地，以及表层无硬壳、软土的液性指数大、层厚较薄、片石能沉达下卧硬层的情况。抛石挤淤法施工简单，不用抽水、不用挖淤、施工迅速，特别是在路基工程中，当道路路基穿越或部分穿越河塘洼地时，更是常用此法来处理其下的软土地基。

抛石挤淤法施工时，抛石顺序应自路堤中部开始，然后逐次向两旁展开，使淤泥向两侧挤出。当抛入的片石露出水面后，用重锤夯实或用压路机等机械碾压密实，然后在其上铺设反滤层再行填土。当下卧岩层面具有明显的横向坡度时，抛石应从下卧层高的一侧向低的一侧扩展，并且在低的一侧适当高度范围内多抛填一些，以增加其稳定性。

爆破挤淤也是一种换土形式，它通过爆炸冲击作用降低淤泥结构性强度，同时利用抛石体本身的自重，使爆破前处于平衡状态的抛石体向强度低处的淤泥内滑移，达到泥、石置换的目的。

施工时首先沿堤轴线陆上抛填达到爆炸处理的设计高程与宽度的石块，形成爆前抛石堤纵断面线；然后在抛石堤前端"泥—石"交界面前方一定位置，一定深度处的淤泥层内，埋置单排群药包；引爆群药包，在淤泥内形成爆炸空腔，抛石体随即坍塌充填空腔形成"石舌"，同时抛石体前方和下方一定范围内的淤泥被爆炸弱化，强度降低，抛石体下沉滑移挤淤。随后进行抛石，当淤泥内剪应力超过其抗剪强度时，抛石体沿定向滑移线朝前方定向滑移，达到新的平衡后滑移停止；继续加高抛填，从而又出现新的定向滑移下沉，如此反复出现多次，直到抛石堤稳定为止，此时单循环结束。另外，当新的循环开始时，其爆炸作用对已形成的抛石体仍有密实和挤淤作用。目前国内采用爆破挤淤法置换淤泥软基的厚度一般在 4.0～20.0m，对于淤泥厚度小于 4.0m 时，可与抛石挤淤、强夯挤淤比较，大于 20.0m 时，须进行论证。

(11) 反压护道　反压护道是在路堤两侧填筑一定宽度和一定高度的护道，利用力学平衡以保持路基的稳定。

反压护道一般采用单级形式，由于反压护道本身的高度不能超过极限高度，所以反压护道适用于路堤高度不大于极限高度1.5倍的情况，单级反压护道的高度宜采用路堤高度的 1/2～1/3。

2. 湿陷性黄土路基的施工技术

(1) 湿陷性黄土的工程特性

一般呈黄色或黄褐色，粉土含量常占 60％以上，含有大量的碳酸盐、硫酸盐等可溶盐类，天然孔隙比在 1 左右，肉眼可见大孔隙。在自重压力或自重压力与附加压力共同作用下，受水浸湿后土的结构迅速破坏而发生显著附加下沉。

(2) 湿陷性黄土地基的处理方法

湿陷性黄土地基应采取拦截、排除地表水的措施，防止地表水下渗，减少地基地层湿陷下沉。其地下排水构筑物与地面排水沟渠必须采取防渗措施。

若地基土层有强湿陷性或较高的压缩性，且容许承载力低于路堤自重力时，应考虑地基在路堤自重和活载作用下所产生的压缩下沉。除采用防止地表水下渗的措施外，可根据湿陷性黄土工程特性和工程要求，因地制宜采取换填土、重锤夯实、强夯法、预浸法、挤密法、化学加固法等措施对地基进行处理。

(3) 地基陷穴处理方法

对现有的陷穴、暗穴，可以采用灌砂、灌浆、开挖回填等措施，开挖的方法可以采用导洞、竖井和明挖等。

3. 膨胀土路基的施工技术

(1) 膨胀土的工程特性　膨胀土黏性含量很高，其中 0.002mm 的胶体颗粒一般超过 20％，黏粒成分主要由水矿物组成。土的液限 $W_L > 40％$，塑性指数 $I_p > 17$，多数在 22～35 之间。自由膨胀率一般超过 40％。膨胀土是有显著的吸水膨胀，失水收缩两种变形特性，一般强度较高，压缩性低，易被误认为是较好地基土。

(2) 强膨胀土路堤填筑技术

强膨胀土稳定性差，不应作为路基填料；中等膨胀土宜经过加工、改良处理后作为填料；弱膨胀土可根据当地气候、水文情况及道路等级加以应用，对于直接使用中、弱膨胀土填筑路堤时，应及时对边坡及顶部进行防护。

(3) 膨胀土地区路基碾压施工

根据膨胀土自由膨胀率的大小，选用工作质量适宜的碾压机具，碾压时应保持最佳含水量；压实土层松铺厚度不得大于 30cm；土块应击碎至粒径 5cm 以下。在路堤与路堑交界地段，应采用台阶方式搭接，其长度不应小于 2m，并碾压密实。膨胀土地区路堑开挖时，挖方边坡不要一次挖到设计线，沿边坡预留厚度 30～50cm 一层，待路堑挖完时，再削去边坡预留部分，并立即浆砌护坡封闭。膨胀土地区的路堑，高速公路、一级公路的路床应超挖 30～50cm，并立即用粒料或非膨胀土分层回填或用改性土回填，按规定压实，其他各级公路可用膨胀土掺石灰处治。

4. 盐渍土路基施工技术

(1) 盐渍土的特性　地表土层 1m 内的土易溶盐含量大 0.5％时称为盐渍土。盐渍土的性质与所含盐的成分和含盐量有关。土中的盐类主要是氯盐、硫酸盐和碳酸盐三类。在干燥时，随着盐分的增多，土的强度增大而承载能力提高，但浸湿时压缩性增大而强度降低，稳定性很差，由于溶陷作用而增大土体变形量。因此，作为路堤填料时，应控制含盐量。超盐渍土一般不能作为路堤填料。强盐渍土中，当硫酸盐或碳酸盐含量较少时，在采取一定措施后可以使用。中盐渍土或弱盐渍土可作路堤，但必须注意，作为过水路堤或水工堤坝，应采取相应的措施。在特定的条件下，如在西北极干旱地区，超盐渍土作为填料也是允许的。

(2) 盐渍土地区施工技术

盐渍土地区施工应根据当地气候、水文地质等条件，通过试验决定填筑措施。用石膏土作填料时，应先破坏其蜂窝状结构。石膏含量一般不予限制，但应控制压实度。盐渍土路堤应分层铺填分层压实，每层松铺厚度不大于 20cm，砂类土松铺厚度不大于 30cm。碾压时应严格控制含水量，不应大于最佳含水量 1 个百分点。雨天不得施工。盐土地区路堤施工前应测定其基底（包括护坡道）表土的含盐量、含水量及地下水位，根据测得的结果，分别按设计规定进行处理。

(3) 排水

施工中应及时合理布置好排水系统，不应使路基及其附近有积水现象。盐渍土地区的地下排水管与地面排水沟渠，必须采取防渗措施，盐渍土地区不宜采用渗沟。

6.6　路　基　排　水

路基的沉陷、塌方、冻胀、翻浆、冲刷、冲毁等破坏变形，都是与水的作用有密切的关系，为保证路基的稳固，应及时将可能危害路基的地面水和地下水排除路基范围之外。

公路路基排水设计应防、排、疏相结合，并与路面排水、路基防护、地基处理以及特殊路基地区（段）的其他处治措施等相互协调；同时，应遵循总体规划，合理布局，少占农田，保护环境的原则，与当地排灌系统相协调，建立一个完善的排水系统。排水困难地段，可采取降低地下水位、设置隔离层等措施，使路基处于干燥、中湿状态。施工场地的临时性排水设施，应尽可能与永久性排水设施相结合。各类排水设施的设计应满足使用功能要求，结构安全可靠，便于施工、检查和养护维修。

6.6.1　地面排水

路基地面排水设施的作用是将可能停滞在路基范围内的地面水迅速排除，并防止路基范围外的地面水流入路基内。排水设施设计降雨的重现期：高速公路、一级公路应采用

15 年，其他等级公路应采用 10 年。

路基地面排水设施包括边沟、截水沟、排水沟、跌水与急流槽、蒸发池、油水分离池、排水泵站等。排水设施结合地形和天然水系进行布设，做好进出口的位置选择和处理，防止出现堵塞、溢流、渗漏、淤积、冲刷和冻结等现象。各类地面排水设施的断面尺寸应满足设计排水流量的要求，沟顶应高出沟内设计水面 0.2m 以上。地面排水沟管排放的水流不得直接排入饮用水水源、养殖池。

（1）边沟

挖方地段和填土高度小于边沟深度的填方地段均应设置边沟，以汇集路面水和路基附近少量的地面水，并通过急流槽汇入排水沟。边沟分为路堑边沟和路堤边沟，位于土路肩或护坡道外侧。边沟断面形式有梯形、矩形、U 形、三角形、碟形断面等。一般土质边沟为梯形，并采用 M7.5 浆砌片石铺砌加固，在场地宽度受到限制时，可用石砌矩形。挖方路段宜优先选用三角形、浅碟形、盖板矩形、暗埋式边沟。边沟断面形式及尺寸应根据地形地质条件、边坡高度及汇水面积等确定。

为使边沟排水通畅，边沟沟底纵坡不宜小于 0.3%，而且与路线纵坡相一致。局部地面平坦地带或反坡排水地段，边沟出水口较远，排水较困难情况下，可减小至 0.1%。路堑边沟的水流，不应流经隧道排出。边沟有可能产生冲刷时，应进行防护。土质地段当沟底纵坡大于 3% 时应采取加固措施；采用干砌片石对边沟进行铺砌时，应选用有平整面的片石，各砌缝要用小石子嵌紧；采用浆砌片石铺砌时，砌缝砂浆应饱满，沟身不漏水；若沟底采用抹面时，抹面应平整压光。

路堤靠山一侧的坡脚应设置不渗水的边沟。为了防止边沟漫溢或冲刷，在平原区和重丘山岭区，边沟应分段设置出水口，多雨地区梯形边沟每段长度不宜超过 300m，三角形边沟不宜超过 200m。

平曲线处边沟施工时，沟底纵坡应与曲线前后沟底纵坡平顺衔接，不允许曲线内侧有积水或外溢现象发生。曲线外侧边沟应适当加深，其增加值等于超高值。

（2）截水沟

截水沟设在路堑坡顶或山坡路堤上方，用以拦截上方流来的地面水。其断面形式一般为梯形，在地面横坡较陡时，可石砌成矩形，具体形式应结合设置位置、排水量、地形及边坡情况确定，一般情况下，沟底纵坡不宜小于 0.3%。截水沟应根据地形条件及汇水面积等进行设置。挖方路基的堑顶截水沟应设置在坡口 5m 以外，并宜结合地形进行布设。填方路基上侧的路堤截水沟距填方坡脚的距离，应不小于 2m。在多雨地区，视实际情况可设一道或多道截水沟。截水沟的水流应排至路界之外，不宜引入路堑边沟。同时，对截水沟应进行防渗加固。

（3）排水沟

排水沟的作用是将边沟、截水沟、取（弃）土场和路基附近低洼处汇集的水引向路基以外。

排水沟断面形式应结合地形、地质条件确定，沟底纵坡不宜小于 0.3%，与其他排水设施的连接应顺畅。易受水流冲刷的排水沟应视实际情况采取防护、加固措施。

（4）跌水与急流槽

在纵坡陡峻地段的截水沟、排水沟，可用单级或多级跌水或急流槽连接。水流通过坡度大于 10%，水头高差大于 1.0m 的陡坡地段，或特殊陡坎地段时，宜设置跌水或急流槽。跌水和急流槽的断面一般为矩形，用浆砌片石或混凝土修筑，进口部分始端和出口部分终端的裙墙应埋入冻结线以下。急流槽底的纵坡应与地形相结合，进水口应予防护加固，出水口应采取消能措施，防止冲刷。

跌水和急流槽应采取加固措施。为防止基底滑动，急流槽底可设置防滑平台，或设置凸榫嵌入基底中。

（5）蒸发池

气候干旱且排水困难地段，可利用沿线的取土坑或专门设置蒸发池汇集地表水。

蒸发池边缘距路基边沟外缘的距离应以保证路基的稳定和安全为原则，并不应小于 5m，湿陷性黄土地区不得小于湿陷半径。池中设计水位应低于排水沟的沟底。根据《公路排水设计规范》（JTJ 018—97）的规定，蒸发池边缘距路基边沟不应小于 5m，面积较大的蒸发池不得小于 20m。蒸发池深度不应大于 1.5~2m，容量不宜超过 200~300m³。

蒸发池的容量应以一个月内路基汇流入池中的雨水能及时完成渗透与蒸发作为设计依据。每个蒸发池的容水量应根据蒸发池的纵向间距经水力、水文计算后确定。

蒸发池应根据具体情况采取适当的安全防护和加固措施，蒸发池的设置不应使附近地面盐渍化或沼泽化。蒸发池深度可大于 2m，面积不宜大于 100m²，池底干砌或不铺砌。

（6）油水分离池

路基排水沟出口位于水质特别敏感区，且所排污水水质不满足《污水综合排放标准》（GB 8978—1996）中所规定时，可设置油水分离池。

油水分离宜采用沉淀法处理。污水进入油水分离池前，应先通过格栅和沉砂池。

油水分离池的大小应根据所在路段排水沟汇入水量确定，并保证流入分离池的油水能有足够的时间分离或过滤净化。

（7）排水泵站

路基汇水无法自流排出时，可设置排水泵站，排水泵站包括集水池和泵房。

集水池的容积，应根据汇水量、水泵能力和水泵工作情况等因素确定，水泵抽出的水应排至路界之外。

6.6.2 地下排水

路基地下排水设施包括暗沟（管）、渗沟、渗水隧洞、渗井、仰斜式排水孔、检查疏通井等，用于排水量不大的地下水主要以渗流汇集水流，就近予以排除。遇有较大水流，则应设专用的地下沟管予以排除。地下排水设施的类型、位置及尺寸应根据工程地质和水文地质条件确定，并与地表排水设施相协调。设计前，应进行工程地质和水文地质调查、勘探和测试，查明现场的水文地质情况，并掌握相关的水文地质参数。

1. 暗沟（管）

暗沟（管）是设在地面以下，引导水流的沟道，无渗水和汇水的功能。水在暗沟内以素流的形式排出路基范围以外。当路基范围内遇到有泉水或地下集中水流时，采用暗沟将水流排出。

暗沟横断面通常为矩形，也可做成上宽下窄的梯形，沟内填满透水的颗粒材料，又称其为盲沟，是盲沟的一种形式。暗沟沟底的纵坡不宜小于 1%，条件困难时亦不得小于 0.5%，出水口处应加大纵坡，并应高出地表排水沟常水位 0.2m 以上。泉井壁和沟底、沟壁用浆砌片石或水泥混凝土预制块砌筑，沟的顶面设置混凝土或石盖板，盖板顶面上有不应小于 0.5m 的填土。寒冷地区的暗沟，应作防冻保温处理或将暗沟设在冻结深度以下。

2. 渗沟

填石渗沟也称盲沟，一般适用于地下水流量不大、渗沟不长的地段。渗沟根据其使用部位和结构形式可以分为填石渗沟、管式渗沟、洞式渗沟、边坡渗沟、支撑渗沟、无砂混凝土渗沟等。填石渗沟较易淤塞。洞式及管式渗沟一般适用于地下水量较大、引水较长的地段，条件允许时，应优先采用管式渗沟。洞式渗沟施工麻烦，质量不易保证。目前多采用管式渗沟代替填石渗沟和洞式渗沟。边坡渗沟、支撑渗沟则主要用于疏干潮湿的土质路堑边坡坡体和引排边坡上局部出露的上层滞水或泉水，坡面采用干砌石覆盖，以确保边坡干燥、稳定。

渗沟可埋设于路基边沟下面、边坡上或横穿路基，如图 6-31 所示。若流水量大，可在填石中或在路基边坡上设置水管等，增大排水量。渗沟、渗水隧洞及渗井用于降低地下水位或拦截地下水。当地下水埋藏浅或无固定含水层时，宜采用渗沟。当地下水埋藏较深或有固定含水层时，宜采用渗水隧洞、渗井。

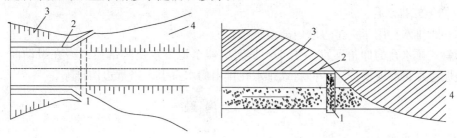

图 6-31　挖填交界处的横向盲沟
1—盲沟；2—边沟；3—路堑；4—路堤

渗沟的埋置深度按地下水位的高程、地下水位需下降的深度以及含水层介质的渗透系数等因素考虑确定。渗沟的排水孔（管），应设在冻结深度以下不小于 0.25m 处。截水渗沟的基底宜埋入隔水层内不小于 0.5m。边坡渗沟、支撑渗沟的基底，宜设置在含水层以下较坚实的土层上。寒冷地区的渗沟出口，应采取防冻措施。

渗沟、渗水隧洞及渗井的断面尺寸，应根据构造类型、埋设位置、渗水量、施工和维修条件等确定。渗沟侧壁及顶部应设置反滤层，底部应设置封闭层。渗水隧洞衬砌结构尺寸由计算确定。

填石渗沟最小纵坡不宜小于 1%，无砂混凝土渗沟、管式及洞式渗沟最小纵坡不宜小于 0.5%。渗沟出口段宜加大纵坡，出口处宜设置栅板或端墙，出水口应高出地表排水沟槽常水位 0.2m 以上。渗沟及渗水隧洞迎水侧可采用砂砾石、无砂混凝土、渗水土工织物作反滤层。边坡渗沟、支撑渗沟应垂直嵌入边坡坡体，其平面形状宜采用条带形布置；对于范围较大的潮湿坡体，可采用增设支沟的分岔形布置或拱形布置。

地下水位较高、水量较大的填挖交界路段和低填方路段应设置渗沟，保证路基处于干燥或中湿状态。

3. 渗井

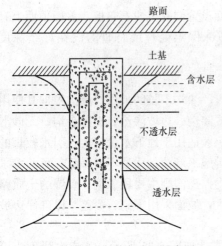

图 6-32 渗井结构与布置示意图

渗井是一种竖向地下排水设施，其作用是汇集地面下一定深度处含水层中的地下水，向下穿过不透水层，进入下层渗水层。起到降低浅层地下水位或全部予以排除。必要时还可配合渗沟（盲沟）设置渗井，平竖结合排除地下水。图 6-32 所示为渗井结构示意图。

渗井的孔径与平面布置，通过水力计算确定，通常采用圆柱形或正方形，直径或边长约为 1.0～1.5m，井深视地质构造而定，以伸入下层渗水层能够向下渗水为限。井内填透水的砂石材料，粒径要求为井的中间为最粗，逐层向外粒径减小。

4. 检查、疏通井

深而长的暗沟（管）、渗沟及渗水隧洞，在直线段每隔一定距离及平面转弯、纵坡变坡点等处，宜设置检查、疏通井。

检查井内设检查梯，井口应设井盖，兼起渗井作用的检查井的井壁，应设置反滤层。

5. 仰斜式排水孔

仰斜式排水孔用于引排边坡内的地下水。

仰斜式排水孔的仰角不宜小于 6°，长度应伸至地下水富集部位或潜在滑动面，并宜根据边坡渗水情况成群分布。仰斜式排水孔排出的水宜引入路堑边沟排除。

复习思考题

1. 简述路基的作用及基本要求。

2. 公路用土是根据什么进行分类的？如何对公路用土进行选择？

3. 简述影响路基湿度状况的因素。

4. 路基的典型横断面形式有哪些，如何选用？

5. 路基防护的目的是什么？如何选择防护方法？

6. 简述重力式挡土墙的设计构造。

7. 挡土墙的计算包括那些内容？

8. 加筋土挡土墙是由哪几部分组成？

9. 简述毕肖普法进行路基稳定性验算的步骤。

10. 路基稳定性分析的工程地质法和力学验算法之间存在什么联系？

11. 简述土方施工的方法及注意事项。

12. 简述土基的压实原理，影响土基压实效果的因素有哪些？

第7章 路 面 工 程

7.1 概　述

路面是直接为汽车行驶服务的，路面状况的好坏对道路运输的影响极大。因此，路面工程是道路工程的主要内容。从经济上说，路面造价在整个道路造价中占很大的比重。

道路是一个带状构筑物，修筑路面要充分考虑就地取材。除了重视所用水泥、沥青、石料的质量外，为了降低工程造价，更应当重视利用当地材料和尽量减少远运材料。从就地取材考虑，当地土壤是十分丰富和廉价的，如何利用当地材料铺筑路面，一直是路面科学研究的重要课题。

路面是一个层状构筑物，根据不同的路基状况和交通量，常常将路面分为面层，基层或更多的层次，这就是路面构造的明显特点。

道路作为露天构筑物，经常遭受各种自然因素的作用，其中主要是雨水、地下水、冰雪阳光和温度的作用。而路面的病害在行车与各种自然因素的共同作用下，大多数与"水"的作用有关。例如，在重车作用下，路面上层出现裂缝，雨水通过裂缝侵入路面下层，造成更大的损害。因此水对路面工程的不利影响，应引起足够的重视。在一般情况下，汽车交通量总是逐年增加的，路面类型也从低级向高级发展，交通量小时采用低级路面，随着交通量的增加而逐步采用中级和高级路面。逐步改善的做法对于等级不高的道路则是经济实用的，使前期工程可以为后期利用，这是路面工程的一个特点。

在路面施工过程中，经常遇到拆除和改建现有人工构筑物的问题，如电力线、电话线、地下的自来水管、下水道、燃气管道以及它们的连接管线、油管、灌溉渠道等等；在农田地区还有占用农田、伐树等问题。因此，道路建设不是孤立地进行的，在许多情况下应与房屋建筑和其他基本建设结合进行，尽量避免刚修建好的路面由于埋设管线而挖掉重来的现象发生。

路面工程的好坏对于养护工作影响很大。路面设计、施工的不当之处，常常成为养护工作的隐患。因此，设计、施工、养护应当协调一致，紧密结合，才能保证路面具有良好的使用品质。

7.1.1　路面的作用及对路面的基本要求

路面是在路基上用各种材料或混合料分层铺筑的供车辆行驶的一种层状结构。它应保证道路的全天候通车，使车辆行驶安全、迅速、舒适，同时降低运输成本，改善行车环境。为此，路面应满足以下各项基本要求：

（1）具有足够的强度和刚度

车辆的行驶，必然产生"行车荷载"，这个荷载以垂直力、水平力、冲击力、振动力和真空吸力等多种方式作用于路面，如一辆解放牌 CA10B 型汽车，满载时后轮对路面所施加的垂直压力约为 0.5MPa；黄河 JN150 型则为 0.7MPa。各种车辆行驶时，作用于路面的水平力为垂直压力的 30% 左右，但在紧急制动或上、下坡时，该值可增大至垂直压力的 70%~80%。又由于行车荷载对路面的作用是重复作用，所以，路面会逐渐出现累积变形，产生磨损、开裂、坑槽、沉陷、车辙和波浪等破坏现象，这就势必影响正常行车。因此，路面在设计年限内必须具有足够的强度和刚度，才能承受行车荷载的作用，不致产生影响汽车正常行驶的各种破坏、变形。

理论与实践表明，路面本身的强度固然重要，但只有综合考虑了路基和路面的强度（刚度）而得出的路面整体强度（刚度）满足行车要求时，才能认为路面结构具有足够的强度和刚度。

（2）具有足够的稳定性

路面不但要求承受行车荷载的作用，而且还经常受到各种自然因素的作用。例如，高温使沥青路面变软而产生车辙和拥包等病害，使水泥混凝土路面产生拱胀破坏；而低温将使这两种路面分别发生变脆开裂和收缩开裂等破坏。又如雨水渗入砂石路面，使其强度下降，从而产生沉陷、车辙、裂缝，如果土基亦受到下渗水分的影响，势必导致整个路面结构的破坏。

上述表明，水分、温度等自然因素对路面具有破坏作用，使路面强度发生变化。在自然因素的长期作用下，路面不发生过大的变形，并保持其强度足以承受行车荷载的作用，这就是路面的稳定性。显然，稳定性良好的路面，其强度变化的幅度是很小的。

（3）具有足够的平整度

路面的平整度愈差，行车阻力就愈大，将使车速降低、油耗上升、轮胎加速磨损，与此同时，车轮对路面的冲击力增大，造成行车颠簸，致使汽车零部件和路面迅速损坏。路面平整度差，还会积水，影响行车安全。低、中级路面平整度差还会使路面积水下渗，加速路面破坏。为保证高速行车，提高安全性和舒适性，路面应保持足够的平整度。道路的等级越高，即设计车速越高，对平整度的要求也越高。

（4）具有足够的抗滑性

路面要平整，但不宜光滑，光滑的路面将使车轮与路面之间缺乏足够的摩擦阻力，车轮容易产生打滑和空转，不能保证高速行车；另一方面，路面抗滑性差将使汽车制动距离增加，行车安全不能保证，容易引起交通事故。因此，抗滑性直接关系到道路运输的安全和经济效益。

行车速度越高，对抗滑性的要求也越高。越是高级路面，越应重视抗滑性问题。除路面本身的抗滑性外，还应加强养护工作，如及时清除路面积雪、雨水、污泥等等，以保证路面的抗滑性不致降低。

（5）具有良好的不透水性

对于水稳定性差的基层和土基，应特别重视路面的不透水性，这就应从路面的结构、适当的路拱横坡等方面综合考虑，使雨水渗入路面的可能性减少，从而保证不致因路面渗水导致土基和路面强度降低而产生破坏。

（6）具有低噪声和低扬尘性

噪声与扬尘会对环境造成污染，影响正常的行车秩序，对行车密度大的高等级道路，必须予以足够的重视。

行车噪声一方面因路面平整度差而引起，以及路面面层材料的刚度大而产生；另一方面与不良的线形设计导致车辆频繁的加速、减速、转向有关。扬尘主要发生于砂石路面，因车轮后面产生真空吸力将面层细料吸出而引起。扬尘不但使路面产生松散破坏，而且还会缩短行车视距，影响车速和安全，同时对道路沿线居民、行人的卫生条件以及对农作物的生长均有不良影响。值得注意的是，即使是高级路面，如不及时清扫路面浮土和灰尘，同样亦会导致严重的扬尘。因此，对于行车噪声和扬尘，应当从道路工程的设计、施工、养护和管理等方面综合考虑，以保证路面具有尽可能低的扬尘性和尽可能小的噪声。

7.1.2 路面结构层次划分

整个路面结构铺筑于路基顶部的路床上，为了使路面上的雨水及时排除，路面的表面通常做成中间高、两边低的形状，称为路拱。考虑到行车的平稳性，目前常用的路拱形式是二次抛物线形或直线形。从路中心到路面边缘的平均坡度叫路拱横坡。路面两侧至路基边缘称为路肩。图 7-1 为上述各部分的示意图。

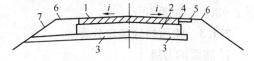

图 7-1 路面结构层次划分示意图

i—路拱横坡；1—面层；2—基层；
3—垫层（或隔离层）；4—路缘石；5—加
固路肩；6—土路肩；7—路基

由于行车荷载和自然因素对路面的影响随作用深度而逐渐减弱，因而对路面材料的强度、刚度和稳定性的要求也随深度而逐渐降低。为适应这一特点，路面通常是分层修筑的多层结构，按使用要求、受力状况、土基支承条件和自然因素影响程度的不同，在路基顶面采用不同规格和要求的材料分别铺设垫层、基层和面层等结构层。

（1）面层

面层是直接同行车和大气相接触的表面层次，它直接承受行车荷载的竖向力，特别是水平力和冲击力的作用，同时又受到降水的侵蚀作用和温度变化的影响。因此，同基层或垫层相比，面层应具有较高的结构强度和刚度、耐磨性、不透水性和温度稳定性，并且表面还应具有良好的平整度和粗糙度。面层对车辆行驶的安全、迅速、舒适性关系最大。因此，高等级道路的路面面层常用较高级的材料铺筑，如水泥混凝土、沥青混凝土及其他沥青混合料等。高等级道路的路面面层常由两层或三层组成，分别称为面层上层和面层下层，或面层上、中、下层。

（2）基层

位于面层之下的是基层，它是路面结构层的主要承重层，主要承受由面层传递下来的车轮垂直压力，并将其扩散到下面的层次中。因此，对基层材料的要求应具有足够的抗压强度，较好的应力扩散能力，同时还应具有足够的水稳性，以防基层湿软后产生变形，从而导致面层损坏。水泥混凝土面层下的基层则还应具有足够的耐冲刷性。

用作基层的材料，主要有各种结合料（如石灰、水泥或沥青等）稳定土或碎（砾）石混合料，各种工业废渣混合料、贫水泥混凝土、各种碎（砾）石混合料或天然砂砾以及片石、块石等粒料。当基层较厚或材料来源广泛时，常分两层或三层铺筑，分别称为基层上层和基层下层或基层上、中、下层。底（下）基层可使用质量较差的当地材料。

（3）垫层

垫层是介于基层和土基之间的层次，其主要作用是调节和改善土基的湿度和温度状况，以保证路面结构的稳定和抗冻能力。因此，通常在土基水温状况不良时设置。

垫层材料的强度要求不一定高，但其水稳性、隔温性和透水性要好。常用材料一类是由松散的颗粒材料如砂、砾石、炉渣等组成的透水性垫层；另一类是石灰土或炉渣石灰土等稳定土垫层。根据设置垫层的目的，有时将其称为防冻层或隔离层。

面层、基层和垫层是路面结构的基本层次。为了保证车轮荷载的向下扩散和传递，较下一层应比其上一层的每边宽出 0.25m。

（4）磨耗层、保护层

对于耐磨性差的面层（如砂石路面），为延长其使用年限，改善行车条件，常在其上面用石砾或石屑等材料铺成 2~3cm 厚的磨耗层。为保证路面的平整度，有时在磨耗层上再用砂土材料铺成厚度不超过 1cm 的保护层。对于沥青路面，为增强其抗滑能力，也可铺 2~3cm 厚的磨耗层。

7.1.3 路面的分级与分类

1. 路面的分级

路面的等级是按面层材料的组成、结构强度、路面所能承担的交通任务和使用品质来划分的，通常分成四个等级。

（1）高级路面 结构强度高，使用寿命长，适应较大的交通量，平整无尘，能保证高速、安全、舒适的行车要求；养护费用少，运输成本低，但建设投资大，需要优质材料。

（2）次高级路面 各项指标低于高级路面，造价较高级路面低，但要定期维修，养护费用和运输成本亦较高。

（3）中级路面 结构强度低，使用年限短，平整度差，易扬尘，行车速度低，只能适应较小的交通量，造价低，但经常性的维修养护工作量大；行车噪声大，不能保证行车舒适，运输成本高。

（4）低级路面 结构强度很低，水稳性、平整度和不透水性都差，晴天扬尘，雨天泥泞；只能适应低交通量下的低速行车，同时，雨季不能保证正常行车，造价最低，但养护工作量最大，运输成本最高。

各级路面相适应的面层类型见表 7-1。路面等级同时应与道路的技术等级相适应，通常的考虑是，等级较高的道路一般都应采用较高级的路面。

路面面层类型及其适用的道路等级　　　　　　　　　　　　　表 7-1

路面等级	面层类型	适用的道路等级
高级路面	水泥混凝土 沥青混凝土	高速公路、一级和二级、城市快速道、主干道
次高级路面	沥青上拌下贯式、乳化沥青碎石混合料、热拌沥青碎（砾）石混合料、沥青表面处治	二级和三级
中级路面	碎（砾）石（泥结或级配）、半整齐石块、水结碎石	三级和四级
低级路面	粒料改善土	四　级

2. 路面分类

根据路面的力学特性，可把路面分为刚性路面、柔性路面和半刚性路面。这几类路面的主要区别在于它们分布荷载到路基的状态有所不同。

刚性路面主要指用水泥混凝土做面层或基层的路面结构,刚度大,板体性强,具有较高的抗弯拉强度和模量,分布到土基的荷载作用面积大而单位压力小。因此,在车轮荷载作用下的弯沉变形极小。

柔性路面主要指各种未经处理的粒料基层和各类沥青面层、碎(砾)石面层或块料组成的路面结构,路面抗弯强度和模量较低,在车轮荷载作用下的弯沉变形大,对土基的作用力也较大,因而土基的强度和稳定性对路面结构整体强度影响较大。

对于用石灰或水泥稳定的土或处治碎(砾)石,特别是含水硬性结合料的工业废渣做的基层,由于前期具有柔性路面的力学特性,随着时间的增长其强度与刚度不断增大(但最终的抗弯强度和弹性模量仍低于刚性路面),具有板体性能,这种基层称为半刚性基层。把这种基层和铺筑在其上面的沥青面层统称为半刚性路面。

路面还可以按其面层材料分类,如水泥混凝土路面、沥青路面、砂石路面、稳定土与工业废渣路面以及新材料路面。这种分类用于路面施工和养护工作以及定额管理等方面。而路面的理论研究和实际设计方法,一般都是按路面的力学特性分类来进行的。

7.2 沥 青 路 面

沥青路面是用沥青作结合料粘结矿料或混合料修筑面层与各类基层和垫层组成的路面结构。沥青路面强度与稳定性在很大程度取决于土基和基层的特性。沥青路面设计的任务是根据使用要求及气候、水文、土质等自然条件,密切结合当地实践经验,设计确定经济合理的路面结构,使之能承受交通荷载和环境因素的作用,在预定的使用期限满足各级公路相应的承载能力、耐久性、舒适性、安全性的要求。路面设计应包括原材料的选择、混合料配合比设计和设计参数的测试与确定、路面结构层组合与厚度计算,以及路面结构的方案比选等内容。

7.2.1 沥青路面设计理论

当前世界各国众多的沥青路面设计方法,可概括分为两类:一类是以经验或试验为依据的经验法;一类是以力学分析为基础,考虑环境、交通条件以及材料特性为依据的理论法。近三十年来,有关理论法的研究取得了很大进展,许多国家相继提出较完整的设计体系。目前理论法对沥青路面的应力、形变和位移的分析,大多应用弹性层状体系理论,并采用电算的方法。鉴于理论法有着广阔的发展前景,我国沥青路面设计规范规定沥青路面设计理论以弹性层状体系理论为基础,所以本节着重阐述基于理论法的沥青路面结构设计与计算。

1. 弹性层状体系理论简介

在沥青路面设计中,多层路面的力学计算通常采用弹性层状体系理论。

该理论采用如下基本假定:

(1) 各层是连续的、完全弹性的、均匀的、各向同性的,以及位移和形变是微小的;

(2) 最下一层在水平方向和垂直向下方向为无限大,其上各层厚度为有限、水平方向为无限大;

(3) 各层在水平方向无限远处及最下一层向下无限深处,其应力、形变和位移为零;

（4）层间接触情况，或者位移完全连续（称连续体系），或者层间仅竖向应力和位移连续而无摩阻力（称滑动体系）；

（5）不计自重。

上述基本假定的核心是将路面各结构层看成是理想线性弹性体，但实际上路面材料和土基并不是在任何情况下都具有线性弹性性能。例如，沥青混合料在高温时呈黏—弹—塑性，土基含水量大时是非线性弹—塑性体。如果采用非线性弹—黏—塑性理论，在一定条件下能更准确地描述路面的受力状况，但该理论目前尚处于研究阶段。所以，国际上大多数沥青路面设计方法仍采用上述的线性弹性层状体系理论。许多研究表明，在瞬时行车荷载和变形很小的情况下，多层线性弹性理论是基本适用的。

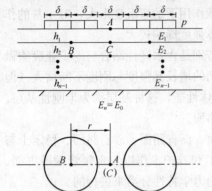

图 7-2　路面荷载及计算点图示

2. 我国规范中的力学计算图式

我国规范中，路面结构设计采用双圆均布垂直荷载作用下的弹性层状连续体系理论进行计算，路面荷载及计算点如图 7-2 所示。

图中 A 点是路表弯沉的计算点，位于双圆均布荷载的轮隙中间，路表弯沉值按式（7-1）计算：

$$l_{\mathrm{s}} = 1000 \frac{2p\delta}{E_1} \alpha_{\mathrm{c}} F \tag{7-1}$$

式中　　　　l_{s}——路面计算弯沉值（0.01mm）；

p，δ——标准车型的轮胎接地压强（MPa）和当量圆半径（cm）；

α_{c}——理论弯沉系数，$\alpha_{\mathrm{c}} = f\left(\dfrac{h_1}{\delta}, \dfrac{h_2}{\delta}, \cdots \dfrac{h_{n-1}}{\delta}, \dfrac{E_2}{E_1}, \dfrac{E_3}{E_2}, \cdots, \dfrac{E_0}{E_{n-1}}\right)$；

F——弯沉综合修正系数，$F = 1.63\left(\dfrac{l_{\mathrm{s}}}{2000\delta}\right)^{0.38}\left(\dfrac{E_0}{p}\right)^{0.36}$；

E_0 或 E_n——土基回弹模量值（MPa）；

E_1，E_2，E_{n-1}——各层材料回弹模量（MPa）；

h_1，h_2，h_{n-1}——各结构层厚度（cm）。

层底拉应力以单圆中心（B 点）及双圆轮隙中心（C 点）为计算点，并取较大值作为层底拉应力。按式（7-2）计算层底最大拉应力：

$$\sigma_{\mathrm{m}} = p\bar{\sigma}_{\mathrm{m}} \tag{7-2}$$

式中　$\bar{\sigma}_{\mathrm{m}}$——理论最大拉应力系数，$\bar{\sigma}_{\mathrm{m}} = f\left(\dfrac{h_1}{\delta}, \dfrac{h_2}{\delta}, \cdots, \dfrac{h_{n-1}}{\delta}, \dfrac{E_2}{E_1}, \dfrac{E_3}{E_2}, \cdots, \dfrac{E_0}{E_{n-1}}\right)$。

7.2.2　沥青路面结构组合设计

沥青路面结构组合设计是沥青路面设计的第一步，也是最关键的一步，只有这一步工作取得正确的结果，在此基础上进行的路面厚度计算才有意义。

路面结构组合设计的任务是在一般路面设计原则的指导下，根据道路等级、使用要求和设计年限内标准轴载的累计当量轴次，综合考虑筑路材料的供应情况、自然因素的影响程度以及具体的施工条件，确定合理的路面结构层次并选择适用、经济的组成材料，组合成既能经受行车荷载和自然因素的作用，又能充分发挥结构层材料最大效能的路基路面结构体系。

沥青路面结构组合设计的基本原则如下：

（1）根据路面内荷载应力随深度递减的规律安排结构层次。

车轮作用于路面上，在路面各结构层中产生应力和应变，其值随深度增加而逐渐减小。尤其是水平力产生的应力和应变递减更快，因此，利用这一规律将路面各结构层亦按强度和刚度自上而下递减地进行组合。这既能充分发挥各结构层材料的能力，又能充分利用强度虽较低但价廉的地方性材料铺筑路面底基层和垫层以降低造价。

采用强度和刚度按深度递减的原则组合路面时，还必须注意各相邻结构层之间刚度不能相差过大，否则将引起刚度大的上层底面出现较大的拉应力（或拉应变），导致开裂破坏。根据理论分析和经验，沥青路面结构组合设计，基层与沥青面层之间的模量比不宜大于 3；基层与底基层之间的模量比不宜大于 2.5；底基层与土基之间模量比不宜大于 10。一般不宜设置倒装结构，但是研究表明，倒装结构在防治半刚性基层沥青路面裂缝方面有一定的作用。

路面的结构层层数愈多愈能体现强度和刚度沿深度递减的规律，但就施工工艺和材料规格而言，层数又不宜过多，也就是不能使结构层的厚度过薄。适宜的结构层厚度应根据路面结构的稳定性和强度来决定，还应结合材料供应、施工工艺和经济等条件综合考虑，以形成稳定的结构层。从强度要求和造价考虑，路面结构宜自上而下由薄到厚。

沥青层的厚度应与混合料的公称最大粒径相匹配，沥青混合料的一层压实最小厚度不宜小于混合料公称最大粒径的 2.5～3 倍，OGFC（开级配沥青磨耗层）或 SMA 的一层压实最小厚度不宜小于混合料公称最大粒径的 2～2.5 倍。沥青混合料的压实最小厚度与适宜厚度参见表 7-2，贯入式沥青碎石、沥青表面处治压实最小厚度与适宜厚度参见表 7-3。

沥青混合料的压实最小厚度与适宜厚度　　　　　　　　　　表 7-2

沥青混合料类型	最大粒径（mm）	公称最大粒径（mm）	压实最小厚度（mm）	适宜厚度（mm）
砂粒式沥青混凝土（AC-5）	9.50	4.75	10	15～30
细粒式沥青混凝土（AC-10）	13.20	9.50	20	25～40
细粒式沥青混凝土（AC-13）	16.00	13.20	35	40～60
中粒式沥青混凝土（AC-16）	19.00	16.00	40	50～80
中粒式沥青混凝土（AC-20）	26.50	19.00	50	60～100
粗粒式沥青混凝土（AC-25）	31.50	26.50	70	80～120
粗粒式沥青碎石（ATB-25）	31.50	26.50	70	80～120
粗粒式沥青碎石（ATB-30）	37.50	31.50	90	90～150
特粗粒式沥青碎石（ATB-40）	53.00	37.50	120	120～150

贯入式沥青碎石、沥青表面处治压实最小厚度与适宜厚度　　　　　　　　　　表 7-3

结构层类型	压实最小厚度（mm）	适宜厚度（mm）
贯入式沥青碎石	40	40～80
上拌下贯沥青碎石	60	60～81
沥青表面处治	10	10～30

基层、底基层厚度应根据交通量大小、材料力学性能和扩散应力的效果，充分发挥压实机具的功能，以及有利于施工等因素选择各结构层的厚度。各种结构层施工最小厚度与适宜厚度应符合表 7-4 的要求。

结构层最小压实厚度与适宜厚度   表 7-4

结构层类型	最小压实厚度 (mm)	适宜厚度 (mm)	结构层类型	最小压实厚度 (mm)	适宜厚度 (mm)
级配碎石	80	100～120	贫混凝土	150	180～240
水泥稳定类	150*	180～200	级配砾石	80	100～200
石灰稳定类	150*	180～200	泥结碎石	80	100～150
石灰粉煤灰稳定类	150*	180～200	填隙碎石	100	100～120

注：＊为半刚性基层补强的最小厚度。

（2）在各种自然因素作用下稳定性要好。

如何保证沥青路面的水稳定性，是路面结构选择与组合设计需要解决的重要问题。在潮湿和某些中湿路段上修筑沥青路面时，由于沥青层不透气，使路基和基层中水分蒸发的通道被隔断，而向基层积聚，如果基层材料中含土量多，尤其是土的塑性指数较大时，遇水变软，强度刚度急剧下降，结果导致路面开裂破坏。所以沥青路面的基层一般应选择水稳定性好的材料、在潮湿路段及中湿路段更应如此。

在季节性冰冻地区，当冻深较大，路基土为易冻胀土时，常常产生冻胀和翻浆。在这种路段上，路面结构中应设置防止冻胀和翻浆的垫层。路面总厚度的确定，除满足强度要求外，还需考虑防冻最小厚度（表 7-5）的要求，即在路面厚度计算时，若按强度计算的路面总厚度小于规定厚度时，应增设或加厚垫层使路面总厚度达到表列要求。

最小防冻厚度（cm）   表 7-5

路基类型	道路冻深	黏性土、细亚砂土			粉 性 土		
		砂石类	稳定土类	工业废料类	砂石类	稳定土类	工业废料类
中湿	50～100	40～45	35～40	30～35	45～50	40～45	30～40
	100～150	45～50	40～45	35～40	50～60	45～50	40～45
	150～200	50～60	45～55	40～50	60～70	50～60	45～50
	>200	60～70	55～65	50～55	70～75	60～70	50～65
潮湿	60～100	45～55	40～50	35～45	50～60	45～55	40～50
	100～150	55～60	50～55	45～50	60～70	55～65	50～60
	150～200	60～70	55～65	50～55	70～80	65～70	60～65
	>200	70～80	65～75	55～70	80～100	70～90	65～80

注：1. 在《公路自然区划标准》（JTJ003—86）中，对潮湿系数小于 0.5 的地区，Ⅱ、Ⅲ、Ⅳ等干旱地区防冻厚度应比表中值减少 15%～20%。

2. 对Ⅱ区砂性土路基防冻厚度应相应减少 5%～10%。

另外，石灰、水泥稳定细粒土也不宜用于上基层。

（3）层间联结要紧密。

各结构层材料具有各自的特性，在组合时注意相邻层次的影响，采取措施限制或消除所产生的不利影响。例如，在半刚性基层上修建沥青面层时，由于基层材料的干缩和温缩开裂，会导致面层相应地出现反射裂缝，为了防止或尽可能减轻反射裂缝的出现，往往采用如下措施：一是面层结合料尽量选用符合"重交通量道路石油沥青技术要求"的优质沥青；二是基层材料优先选用强度高、收缩性小和抗冲刷能力强的水泥稳定粒料或石灰粉煤灰稳定粒料；三是在面层和基层之间增设起缓冲作用的黑色联结层。又如沥青面层不能直接铺筑在块石基层上，必须在其间增设碎石过渡层，否则块石层表面不平整或可能发生的松动而反映到面层上，造成面层不平整或沉陷开裂。

据力学分析表明，面层与基层结合是否紧密，对面层底面拉应力有很大影响，在常用结构中，相同荷载作用下，面层与基层的接触面呈滑动状态时，其面层底面的拉应力要比接触面呈连续状态时大 2～3 倍，显然对面层工作十分不利。因此，层间结合必须紧密，以保证结构的整体性，避免产生层间滑移。为了保证沥青面层与基层的紧密结合，除了根据施工规范的有关规定，采取施工技术措施外，在设计高速公路、一级公路的沥青路面时，在沥青面层与半刚性基层之间设置透层沥青。

各级道路推荐的路面结构组合形式可参考《公路沥青路面设计规范》（JTG D50—2006），在设计时应根据当地气候、水文、土质、材料供应及施工技术、经济、交通状况等因素论证选用。

7.2.3　沥青路面设计指标

1. 标准轴载及设计交通量

沥青路面设计以双轮组单轴载 100kN 为标准轴载，以 BZZ-100 表示。标准轴载的计算参数按表 7-6 确定。

标准轴载计算参数　　　　　　　　表 7-6

标　准　轴　载	BZZ-100	标　准　轴　载	BZZ-100
标准轴载 P（kN）	100	单轮传压面当量圆直径 d（cm）	21.30
轮胎接地压强 p（MPa）	0.70	两轮中心距（cm）	1.5d

不同轴载的汽车对路面的损坏程度不同，为了方便计算轴载对路面的作用，需将路上行驶的混合交通换算为标准轴载的当量轴次数。《公路沥青路面设计规范》（JTG D50—2006）的轴载换算公式适用于单轴轴载小于或等于 130kN 的各种车辆。

（1）当以设计弯沉值和沥青层层底拉应力为设计指标时，各级轴载均按公式（7-3）换算成标准轴载 P 的当量作用次数 N。

$$N = \sum_{i=1}^{K} C_1 C_2 n_i \left(\frac{P_i}{P}\right)^{4.35} \tag{7-3}$$

式中　N——以设计弯沉值和沥青层层底拉应力为指标时的标准轴载的当量轴次（次/d）；

　　　n_i——各种被换算汽车的作用次数，（次/d）；

　　　P——标准轴载（kN）；

　　　P_i——被换算车型的各级轴载（kN）；

　　　C_1——被换算车型的轴数系数；

　　　C_2——被换算车型的轮组系数，双轮组为 1.0，单轮组为 6.4，四轮组为 0.38；

K——被换算车型的轴载级别。

当轴间距大于 3m 时，应按一个单独的轴载计算；当轴间距小于 3m 时，双轴或多轴的轴数系数按公式（7-4）计算。

$$C_2 = 1 + 1.2(m-1) \tag{7-4}$$

式中 m——轴数。

（2）当以半刚性材料层的拉应力为设计指标时，各级轴载均应按公式（7-5）换算成标准轴载 P 的当量作用次数 N'。

$$N' = \sum_{i=1}^{K} C_1' \cdot C_2' n_i \left(\frac{P_i}{P}\right)^8 \tag{7-5}$$

式中 N'——以半刚性材料层的拉应力为设计指标时的标准轴载的当量轴次（次/d）；

C_1'——轴数系数；

C_2'——轮组系数，双轮组为 1.0，单轮组为 18.5，四轮组为 0.09。

以拉应力为设计指标时，双轴或多轴的轴数系数按式（7-6）计算。

$$C_2' = 1 + 2(m-1) \tag{7-6}$$

设计年限内一个方向一个车道的累计当量轴次，按公式（7-7）计算：

$$N_e = \frac{[(1+\gamma)^t - 1] \times 365}{\gamma} \cdot N_1 \cdot \eta \tag{7-7}$$

式中 N_e——设计年限内一个车道的累计当量轴次（次）；

t——设计年限（年），参见表 7-8；

N_1——路面营运第一年双向日平均当量轴次（次/日）；

r——设计年限内交通量的平均年增长率（%）；

η——与车道数有关的车辆横向分布系数，简称车道系数，参见表 7-7，公路无分隔时，车道窄宜选高值，车道宽宜选低值。

车道系数 η　　　　　　　　　　　　　　　　　　表 7-7

车道特征	车道系数	车道特征	车道系数
双向单车道	1.0	双向六车道	0.3~0.4
双向两车道	0.6~0.7	双向八车道	0.25~0.35
双向四车道	0.4~0.5		

公路的设计年限应根据经济、交通发展情况以及该公路在公路网中的地位，考虑环境和投资条件综合确定，各级公路的沥青路面设计年限不宜小于表 7-8 的要求，如有特殊使用要求，可适当调整。

各级公路沥青路面设计年限 t　　　　　　　　　　　　　表 7-8

公路等级	设计年限（年）	公路等级	设计年限（年）
高速公路、一级公路	15	三级公路	8
二级公路	12	四级公路	6

我国沥青路面按承担交通荷载的轻重划分为五级（参见表 7-9），在路面结构的组合设计以及面层材料选择等方面应考虑路面的交通等级。设计时可根据累计标准轴次 N_e

（次/车道）或每车道、每日平均大型车及中型以上各种货车交通量［辆/（d·车道）］，选择一个较高的交通等级作为设计交通等级。

交 通 等 级 表 7-9

交通等级	BZZ-100 累计标准轴次 N_e（次/车道）	大客车及中型以上的各种交通量货车［辆/（d·车道）］
轻交通	$<3 \times 10^6$	<600
中等交通	$3 \times 10^6 \sim 1.2 \times 10^7$	$600 \sim 1500$
重交通	$1.2 \times 10^7 \sim 2.5 \times 10^7$	$1500 \sim 3000$
特重交通	$>2.5 \times 10^7$	>3000

2. 路面设计弯沉值 l_d

路面设计弯沉值是表示路面整体刚度大小的指标，是路面厚度计算的主要依据。其确切的含义是：根据设计年限内一个车道上预测通过的累计当量轴次、道路等级、面层和基层类型而确定的路面弯沉设计值，按式（7-8）计算：

$$l_d = 600 N_e^{-0.2} A_c A_s A_b \qquad (7-8)$$

式中 l_d——设计弯沉值（0.01mm）；

N_e——设计年限内一个车道累计当量轴次（次/车道）；

A_c——公路等级系数，高速公路、一级公路为 1.0，二级公路为 1.1，三、四级公路为 1.2；

A_s——面层类型系数，沥青混凝土面层为 1.0；热拌和冷拌沥青碎石、上拌下贯或贯入式路面、沥青表面处治为 1.1；

A_b——基层类型系数，半刚性基层沥青路面为 1.0，柔性基层沥青路面为 1.6。

3. 容许弯拉应力 σ_R

整体性路面材料修筑的结构层，在设计年限内的破坏形式主要是疲劳开裂，故在路面厚度设计时，要进行弯拉应力验算，使路面结构层的计算弯拉应力 σ_m 小于该结构层材料的容许弯拉应力 σ_R，以防止在重复交通荷载作用下，过早地出现弯拉疲劳破坏。即

$$\sigma_m \leqslant \sigma_R \qquad (7-9)$$

材料的容许拉应力 σ_R 应按式（7-10）计算：

$$\sigma_R = \frac{\sigma_s}{K_s} \qquad (7-10)$$

式中 σ_R——路面结构层材料的容许拉应力（MPa）；

σ_s——沥青混凝土或半刚性材料的极限劈裂强度（MPa）；

K_s——抗拉强度结构系数。

材料的极限劈裂强度，对沥青混凝土系指 15℃时的极限劈裂强度；对水泥稳定类材料龄期为 90d 的极限劈裂强度；对二灰稳定类、石灰稳定类的材料龄期为 180d 的极限劈裂强度；对于水泥粉煤灰稳定类材料系指龄期为 120d 的极限劈裂强度。

对沥青混凝土面层的抗拉强度结构系数，宜按式（7-11）计算：

$$K_s = 0.09 N_e^{0.22} / A_c \qquad (7-11)$$

对无机结合料稳定集料类：

$$K_s = 0.35 N_e^{0.11} / A_c \qquad (7-12)$$

对无机结合料稳定细粒土类：

$$K_s = 0.45N_e^{0.11}/A_c \tag{7-13}$$

7.2.4 材料设计参数

在应用弹性层状体系理论进行路面设计时，必须首先确定路基路面各层的弹性模量和泊松比。由于路基土和路面材料都不是理想的线性弹性体而是非线性弹—塑性体，因而其弹性模量不是定值，而是应力状态的函数。工程上通常采用承载板试验或弯沉测定的方法确定路基土和路面材料回弹模量值，并将这种回弹模量作为弹性模量，同时规定路面材料的泊松比 $\mu = 0.25$，路基土的泊松比为 $\mu = 0.35$。

1. 路基土回弹模量 E_0

路基土的回弹模量与土的性质、容重、含水量、路基的干湿状态和测试方法有关。确定路基土的回弹模量一般有三种方法。

（1）现场实测法

在已建的路基上用大型承载板实测荷载—回弹变形关系曲线，然后利用弹性半空间体理论公式（7-14）计算土基回弹模量值。

$$E_0 = \frac{\pi}{4} \cdot \frac{pD}{l}(1 - \mu_0^2) \tag{7-14}$$

计算时，按规范规定取 $l < 1\text{mm}$ 的测点用线性归纳法按公式（7-15）计算土基回弹模量：

$$E_0 = \frac{\pi}{4}(1 - \mu_0^2)\frac{\sum p_i}{\sum l_i} \tag{7-15}$$

式中 E_0——土基回弹模量（MPa）；

   D——承载板直径（cm），BZZ-100 相当 $D = 30\text{cm}$；

   μ_0——路基土泊松比，取 0.35；

   $\sum l_i$——回弹变形为 1mm 前各级实测值之和（cm）；

   $\sum p_i$——对应于 l_i 的承载板单位压力（MPa）。

（2）换算法

根据当地积累的承载板测定资料与室内小型承载板或承载比（CBR）测定的资料，求得其换算关系式，以后就利用这关系式在室内测定小型承载板或承载比（CBR）值，反算 E_0 值。

（3）查表法

先根据路线所经地区的自然区划和路基土组，由路基临界高度参考值表确定临界高度值 H_1、H_2 和 H_3，然后对设计路段实测路床下 80cm 深路基土的平均含水量 W_m、液限含水量 ω_L 和塑限含水量 ω_p，按式（7-16）计算路基土的平均稠度 B_m。

$$B_m = (\omega_L - \omega_m)/(\omega_L - \omega_p) \tag{7-16}$$

如无法进行测试时，也可根据当地经验或路基临界高度，判别土基的干湿类型，查表确定不同土组的土基回弹模量。

2. 结构层材料设计参数

路面设计中各结构层的材料设计参数应根据公路等级和设计阶段的要求确定。①高速公路、一级公路施工图设计阶段应根据拟采用的路面材料实测设计参数；各级公路采用新材料时，也必须进行材料试验实测设计参数。②高速公路、一级公路初步设计阶段或二级及其以下公路施工图设计阶段可借鉴本地区已有的相近材料试验资料，根据使用经验确定。③初步设计阶段可根据规范确定设计参数。

沥青混合料的设计参数按《公路工程沥青及沥青混合料试验规程》（JTJ 052—2000）的规定测定。半刚性材料的设计参数按《公路工程无机结合料稳定材料试验规程》（JTJ 057—94）的规定进行试验测定。

以路表弯沉值为设计或验算指标时，设计参数采用抗压回弹模量，对于沥青混凝土试验温度为 20℃；计算路表弯沉值时，抗压回弹模量设计值 E 按式（7-17）计算。

$$E = \bar{E} - Z_\alpha S \tag{7-17}$$

式中　$\bar{E}$——各试件模量的平均值；

　　　S——各试件模量的标准差；

　　　Z_α——保证率按 95%，系数取 2.0。

以沥青面层或半刚性材料结构层层底拉应力为设计或验算指标时，应在 15℃ 条件下测试沥青混合料的抗压回弹模量；半刚性材料应在规定龄期（水泥稳定类材料龄期为 90d，二灰稳定类、石灰稳定类的材料为 180d，水泥粉煤灰稳定类材料系指为 120d）测定抗压回弹模量。

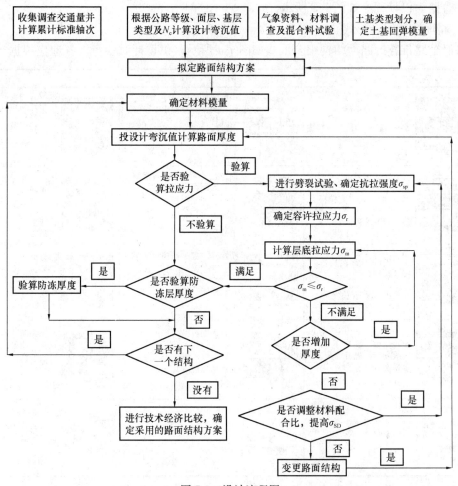

图 7-3　设计流程图

计算层底拉应力时应考虑模量的最不利组合，计算层以下各层的模量应采用式(7-17)计算其设计值；计算层及以上各层模量应采用式（7-18）计算其设计值：

$$E = \overline{E} + Z_a S \qquad\qquad (7\text{-}18)$$

式中符号含义同式（7-17）。

7.2.5 新建路面结构厚度计算

1. 设计流程

首先根据设计要求，按弯沉或者弯拉指标分别计算设计年限内一个车道的累计标准当量轴次，确定设计交通量与交通等级，拟定面层、基层类型，并计算设计弯沉值或者容许拉应力。并按路基土类与干湿类型及路基横断面形式，将路基划分为若干路段，确定各个路段土基回弹模量设计值。

然后参考本地区的经验拟定几种可行的路面结构组合与厚度方案，根据工程选用的材料进行配合比试验，测定各结构层材料的抗压回弹模量、劈裂强度等，确定各结构层的设计参数。

最后根据设计指标计算或验算路面的厚度，对于季节性冰冻地区应验算防冻层厚度是否符合要求，进行技术经济比较，最终确定路面结构方案。

沥青路面设计程序如图 7-3 所示。

2. 路面结构组合形式

各级公路推荐的路面结构组合形式如图 7-4 所示，供设计时参考。各地应根据当地气

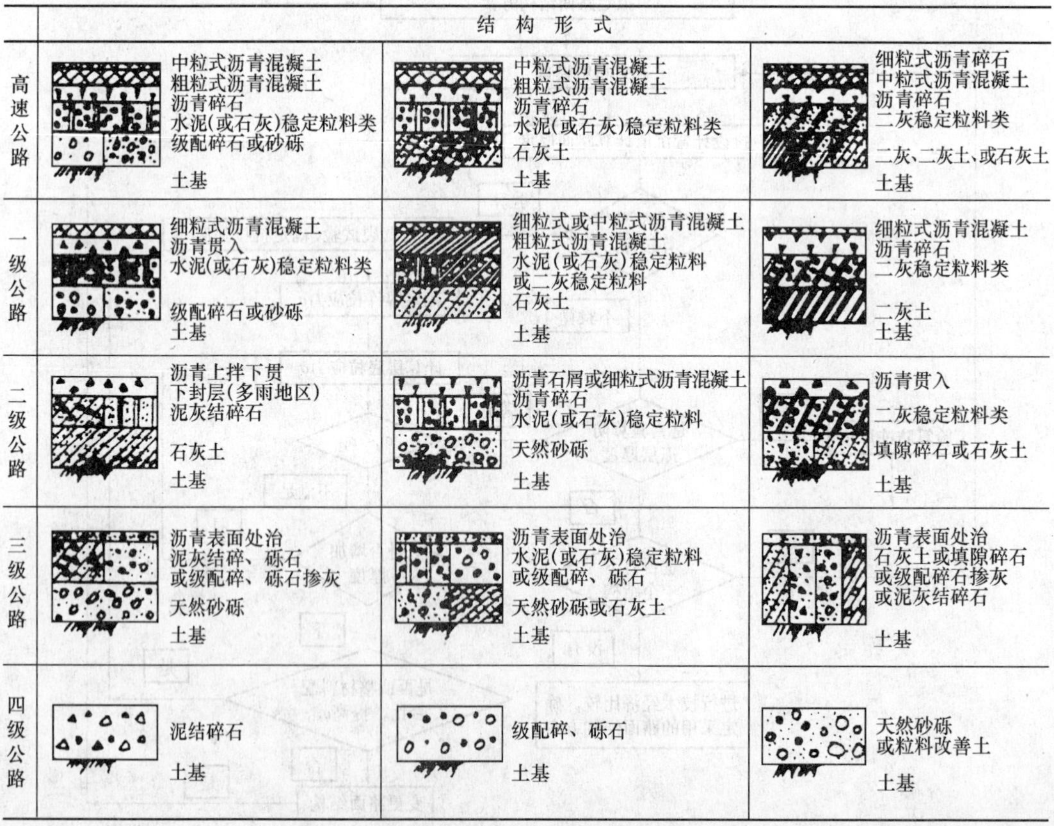

图 7-4 各级公路推荐的路面结构组合形式

148

候水文、土质、材料供应及施工技术、经济、交通状况等因素论证选用。

3. 路面厚度计算

路面的厚度是根据多层弹性理论、层间接触条件为完全连续时，在双圆垂直均布荷载作用下，轮隙中心处路表回弹弯沉值等于设计弯沉值计算得到，并且要对沥青面层、半刚性基层、下基层、刚性基层的层底拉应力进行验算。力学图式如图 7-2 所示，弯沉和层底拉应力的计算公式见式（7-1）和式（7-2），目前已经编制出多层弹性体系的计算程序，用于路面厚度设计计算。

设计时，应先拟定某一层作为设计层，根据施工厚度要求拟定面层和其他各层的厚度。当采用半刚性基层、底基层结构时，可选用任一层为设计层；当采用半刚性基层、粒料类材料为底基层时，宜拟定面层、底基层厚度，一般半刚性基层为设计层可得到合理的结构；当采用柔性路面结构时，宜拟定面层、底基层的厚度，计算基层的厚度。当求得基层厚度太厚时，可考虑选用半刚性底基层，其上选用沥青稳定碎石作基层，以减小路面总厚度，增加结构强度和稳定性。

7.3 水泥混凝土路面

以水泥混凝土做面层（配筋或不配筋）的路面叫水泥混凝土路面，亦称刚性路面。与其他路面材料相比，水泥混凝土的强度较高，在荷载作用下的变形很小，呈现很大的刚性，因此，混凝土路面通常称为刚性路面。目前国内外修筑的刚性路面，绝大多数是就地浇筑的素混凝土路面和钢筋混凝土路面。此外，还有混凝土预制块路面、连续配筋混凝土路面、预应力混凝土路面和钢纤维混凝土路面等。

水泥混凝土路面与沥青路面相比有以下优点：

（1）早期养护工作较少；

（2）正常使用情况下，具有较长的使用寿命；

（3）无照明设施的公路上，有利于夜间行车；

（4）可应用价格较低廉的设备进行施工，在低等级公路上应用较广泛；

（5）可利用砂石材料丰富地区的本地材料，节省费用。

比较而言，水泥混凝土路面的缺点主要有：

（1）行车舒适性相对较差（有接缝）；

（2）局部破损后，修补较费时费力；

（3）对超载的敏感性较高；

（4）后期养护工作难度大，大中修工作较复杂。

水泥混凝土路面损坏后，往往需要进行锯切、破碎、移除、重新浇筑水泥混凝土等工序。因水泥混凝土成型后强度、刚度都很大，进行以上工作需要消耗大量时间，同时水泥混凝土浇筑后需要进行养生，即使使用早强水泥混凝土也至少需要养生 5～7d 才能承受车辆荷载，而沥青路面成型后就能开放交通，对交通的影响很小。

水泥混凝土路面使用期末，需要进行大中修时，遇到的首要问题就是确定原水泥混凝土面板的处置方案，如果不将原板块移除，则要进行修补或进行破碎，以消除可能的反射裂缝问题。因混凝土路面破碎工艺在我国发展还不充分，而修补后加铺很难做到面面俱到，加铺后路面往往存在反射裂缝的威胁，所以水泥混凝土路面大中修时的工作难度较大。

我国目前公路上超载现象较为严重，水泥混凝土路面对超载非常敏感，这使得水泥混凝土路面的使用寿命大大缩短，有些甚至 3～5 年就出现广泛的病害，局部修补与大中修时间大大提前，使得水泥混凝土路面的使用寿命长、早期养护工作少的优势难以发挥。

正因为以上缺点，我国水泥混凝土路面应用目前有两大趋势：

（1）在高等级公路（一级公路、高速公路）上应用趋于减少；

（2）建设里程在总里程中的比例趋于减少。

然而，实际工程中水泥混凝土路面出现的以上状况并不是路面结构本身的原因，国外曾有采用砾石作为骨料的混凝土路面使用寿命长达七八十年的工程实例。随着我国治理超载运输力度的加大，水泥混凝土路面的优势得以发挥，我国水泥混凝土路面的应用必然将有新的发展。

7.3.1 水泥混凝土路面的一般构造

1. 土基

土基（路基）是混凝土路面的基础。路基应稳定、密实、均质，对路面结构进行均匀地支承。路基的质量好坏，关系到路面的使用品质，因此，水泥混凝土路面与沥青路面相比，虽有刚度较大的面层板，从路基的作用和水泥混凝土路面工作特点上来看，仍需严格要求。

理论分析表明，通过刚性面层和基层传到土基上的压力很小，一般不超过 0.05MPa。然而如果土基的稳定性不足，在自然水温变化影响下，强度降低变化大，造成土基的不均匀沉陷，导致对面层板的不均匀支承，会使面层板在荷载作用下底部产生过大的弯拉应力而破坏。因此，对土基的要求首先要保证足够的稳定性和强度的均匀性，同时应坚固而密实。路床表面土基回弹模量值不宜小于 20MPa，压实度应满足《公路路基设计规范》（JTG D30-2004）要求。

要加强排水设计，对可能危害路基稳定的地面水和地下水，采取必要的防水排水设施，使之远离路基。因工程地质、水文地质和气候等自然因素影响，有的路段土基处于潮湿状态时，应在土基上设置垫层来改善土基的水温状况。

2. 基层

混凝土面层下设基层的目的是：

（1）防唧泥——混凝土面层如直接放在路基上，会由于路基土塑性变形量大、细料含量多和抗冲刷能力低而极易产生唧泥现象。铺设基层后，可减轻以至消除唧泥的产生。但未经处治的砂砾基层，其细料含量和塑性指数不能太高，否则仍会产生唧泥。

（2）防冰冻——在季节性冰冻地区，用对冰冻不敏感的粒状多孔材料铺筑基层，可以减少路基的冰冻深度，从而减轻冰冻的危害。

（3）减小路基顶面的压应力，并缓和路基不均匀变形对面层的影响。

（4）防水——在湿软土基上，铺筑开级配粒料基层，可以排除从路表面渗入面层板下的水分以及隔断地下毛细水上升。

（5）为面层施工（如立侧模、运送混凝土混合料等）提供方便。

（6）提高路面结构的承载能力，延长路面的使用寿命。

因此，除非土基本身就是有良好级配的砂砾类土，而且是良好排水条件的轻交通道路之外，都应设置基层。同时，基层应具有足够的强度和稳定性，且断面正确、表面平整。理论计算和实践都已证明，采用整体性好（具有较高弹性模量如贫混凝土、沥青混凝土、水泥稳定碎石、石灰粉煤灰稳定碎石、级配碎石等）的材料修筑基层，可以确保混凝土路面良好的使用特性和延长路面的使用寿命。基层材料的技术要求必须符合《公路路面基层施工技术规范》（JTJ 034—2000）的要求。因为如果基层出现较大的塑性变形累积（主要在接缝附近），面板将与之脱空，支承条件恶化，从而增加板内荷载应力；同时，若基层材料中含有过多的细料，还将促使唧泥和错台等病害的产生。

基层厚度以 20～40cm 为宜。研究资料表明，用加厚基层来提高土基的支承力，或者说借以降低面层应力或减薄面层厚度一般是不经济的。但是随着稳定类基层厚度的减小，基层底面的弯拉应力随之增大，因此基层厚度也不宜太薄。

基层宽度应比混凝土路面板每侧各宽出至少 30cm（采用小型机具施工时）或 50cm（轨道式摊铺机施工）或 65cm（采用滑模摊铺机施工）或与路基同宽，以供施工时安装模板，并防止路面边缘渗水至土基而导致路面破坏。

在冰冻深度大于 0.5m 的季节性冰冻地区，为防止路基可能产生的不均匀冻胀对混凝土面层的不利影响，路面结构应有足够的总厚度，以便将路基的冰冻深度约束在有限的范围内。路面结构的最小总厚度，随冰冻线深度、路基的潮湿状况和土质而异，超出面层和基层厚度的总厚度部分可用基层下的垫层（防冻层）来补足。

3. 面板

（1）板的平面尺寸

水泥混凝土路面面板一般采用矩形。其纵向和横向接缝应垂直相交，纵缝两侧的横缝不得互相错位。纵向缩缝间距（即板宽）可按路面宽度和每个车道宽而定，其最大间距不得大于 4.5m。横向缩缝间距（即板长）应根据当地气候条件、板厚和已有经验确定。一般采用 4～5m，最大不得超过 6m。

（2）接缝设计

水泥混凝土具有热胀冷缩的性质。因此水泥混凝土板需设置各种类型的接缝，以减少因伸缩变形和翘曲变形受到约束而产生的内应力，并满足施工的需要。接缝设计应能：控制收缩应力和翘曲应力所引起的裂缝出现的位移；通过接缝提供足够的荷载传递；防止坚硬的杂物落入接缝缝隙内。

水泥混凝土路面的接缝分为纵缝、横缝两大类。

1）纵向接缝

混凝土面板的纵向接缝必须与路线中线平行。纵缝一般分为纵向缩缝和纵向施工缝。

一次铺筑宽度大于 4.5m 时，应设置纵向缩缝。纵向缩缝采用假缝形式，锯切的槽口深度应大于施工缝的槽口深度。采用粒料基层时，槽口深度应为板厚的 1/3；采用半刚性基层时，槽口深度应为板厚的 2/5，其构造如图 7-5（a）所示。

一次铺筑宽度小于路面宽度时，应设置纵向施工缝。纵向施工缝采用平缝形式，上部应锯切槽口，深度为 30～40mm，宽度为 3～8mm，槽内灌塞填缝料，构造如图 7-5（b）所示。

2）横向接缝

横向接缝一般分为横向缩缝、胀缝和横向施工缝。

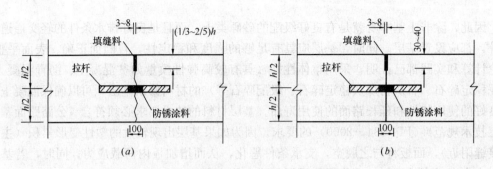

图 7-5　纵缝构造（尺寸单位：mm）

(a) 纵向缩缝；(b) 纵向施工缝

横向缩缝采用假缝。其构造如图 7-6 (a) 所示。在特重交通的公路上，横向缩缝宜加设传力杆；其他各级交通的公路上，在邻近胀缝或路面自由端部的 3 条缩缝内，均宜加设传力杆。其构造如图 7-6 (b) 所示。

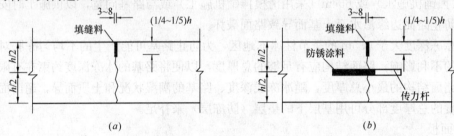

图 7-6　横向缩缝构造（尺寸单位：mm）

(a) 假缝型；(b) 假缝加传力杆型

在邻近桥梁或其他固定构筑物处、与沥青路面相接处、板厚改变处、隧道口、小半径平曲线和凹形竖曲线纵坡变换处，均应设置胀缝。在邻近构筑物处的胀缝，应根据施工温度至少设置 2 条。上述位置以外的胀缝宜尽量不设或少设。其间距可根据施工温度、混凝土骨料的膨胀性并结合当地经验确定。

胀缝应采用滑动传力杆，并设置支架或其他方法予以固定。其构造如图 7-7 所示。与构筑物衔接处或与其他公路交叉的胀缝无法设传力杆时，可采用边缘钢筋型或厚边型。

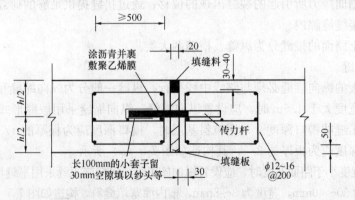

图 7-7　胀缝构造（尺寸单位：mm）

每日施工终了，或浇筑混凝土过程中因故中断浇筑时，必须设置横向施工缝。其位置宜设在胀缝或缩缝处。设在胀缝处的施工缝，其构造与图7-3相同；设在缩缝处的施工缝应采用平缝加传力杆型，其构造如图7-8所示。

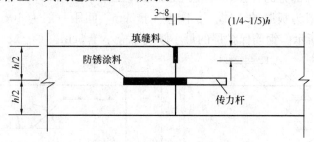

图7-8　横向施工缝构造（尺寸单位：mm）

3）拉杆

拉杆应采用螺纹钢筋，设在板厚中央，并应对拉杆中部100mm范围内进行防锈处理。拉杆尺寸及间距可按表7-10选用。其最外边的拉杆距接缝或自由边的距离不得小于100mm。

拉杆直径、长度和间距（mm）　　　　　　　　　　表7-10

面层厚度	到自由边或未设拉杆纵缝的距离（m）					
（mm）	3.00	3.50	3.75	4.50	6.00	7.50
200～250	14×700×900	14×700×800	14×700×700	14×700×600	14×700×500	14×700×400
260～300	16×800×900	16×800×800	16×800×700	16×800×600	16×800×500	16×800×400

注：拉杆直径、长度和间距的数字为直径×长度×间距

4）传力杆

传力杆应采用光面钢筋，胀缝处的传力杆，尚应在涂沥青一端加一套子，内留30mm的空隙，填以纱头或泡沫塑料。套子端宜在相邻板中交错布置。传力杆尺寸及间距可按表7-11选用。其最外边的传力杆距接缝或自由边的距离一般为150～200mm。

传力杆尺寸和间距（mm）　　　　　　　　　表7-11

面层厚度（mm）	传力杆直径	传力杆最小直径	传力杆最大间距
220	28	400	300
240	30	400	300
260	32	450	300
280	35	450	300
300	38	500	300

（3）特殊部位混凝土路面处理

混凝土面板纵、横向自由边缘下的基础，当有可能产生较大的塑性变形时，宜在板边缘加设补强钢筋，角隅处加设发针形钢筋或钢筋网。

混凝土路面与桥梁、涵洞、隧道等构筑物或沥青路面相接处，除应加强路基和基（垫）层的压实以及注意桥（涵）台背后填料的选择和压实外，尚应根据不同情况采取不同的处理措施。

1）板边补强

混凝土面板边缘部分的补强，一般选用2根直径为12～16mm的螺纹钢筋，布置在板的下部，距板底一般为板厚的1/4，并不应小于5cm，间距一般为10cm，钢筋两端应向上弯起，如图7-9所示。钢筋保护层的最小厚度不应小于5cm。

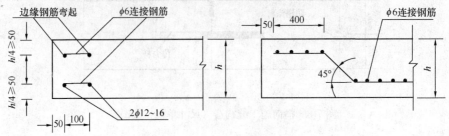

图7-9　边缘钢筋布置（尺寸单位：mm）

2）角隅补强

角隅部分的补强，可选用2根直径为12～16mm的螺纹钢筋，布置在板的上部，距板顶部应小于5cm，距板边一般为10cm，如图7-10所示。

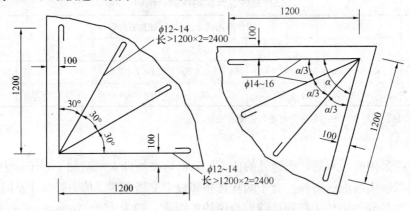

图7-10　角隅钢筋补强布置（尺寸单位：mm）

板角小于90°时，亦可采用双层钢筋网补强，钢筋可选用直径6mm，布置在板的上下部，距板顶和板底5～10cm为宜，如图7-11所示。钢筋保护层的最小厚度不应小于5cm。

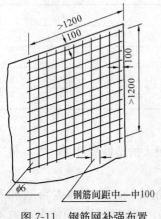

图7-11　钢筋网补强布置
（尺寸单位：mm）

3）混凝土路面与沥青路面相接

混凝土路面与沥青路面相接，对高速公路和一级公路，应采用下列或其他适当的处理措施，对其他各级公路，可采用混凝土预制块过渡，或径向连接。

在沥青路面面层下面埋设混凝土板，其长度一般为3m；与混凝土路面相接的一端的厚度与混凝土面板厚度相同，另一端不小于15cm，如图7-12所示。埋设的混凝土板与混凝土面板相接处的拉杆，应采用螺纹钢筋，直径一般为25mm，长70cm，间距40cm。

4）混凝土路面与桥梁相接

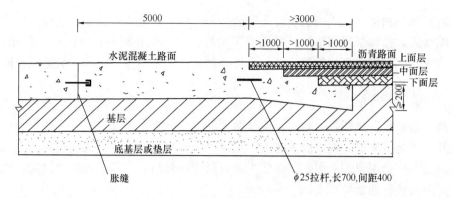

图 7-12 混凝土路面与沥青路面相接段的构造布置（尺寸单位：mm）

混凝土路面与桥梁相接，桥头设有搭板时，应在搭板与混凝土面层板之间设置长 6～10m 的钢筋混凝土面层过渡板。后者与搭板间的横缝采用设拉杆平缝形式，与混凝土面层间的横缝采用设传力杆胀缝形式。膨胀量大时，应连续设置 2～3 条设传力杆胀缝。当桥梁为斜交时，钢筋混凝土板的锐角部分应采用钢筋网补强。

桥头未设搭板时，宜在混凝土面层与桥台之间设置长 10～15m 的钢筋混凝土面层板；或设置由混凝土预制块面层或沥青面层铺筑的过渡段，其长度不小于 8m。

7.3.2 水泥混凝土路面设计

1. 水泥混凝土路面的破坏形式

水泥混凝土路面常见的破坏有：裂缝、板边缘和角隅的损坏、接缝的损坏、板面磨损和错台等。按破坏形式可分为以下四类：

第一类为裂缝类，包括横向裂缝、纵向裂缝、斜向裂缝、交叉裂缝、板角断裂和网裂；

第二类为变形类，包括沉陷、胀起等；

第三类为接缝损坏类，包括接缝碎裂、填缝料损坏、接缝张开、错台、唧泥、拱起；

第四类为表面损坏类，包括纹裂、网裂、起皮、磨损、露骨、坑槽、孔洞、磨光等。

（1）断裂

水泥混凝土路面由于路面板内应力超过了混凝土强度而出现的横向和纵向断裂裂缝，或者角隅处的折断裂缝都属于断裂。面板越薄、荷载越重，板产生的弯拉应力就越大，当弯拉应力超过混凝土的极限抗弯拉强度时，混凝土板便产生断裂裂缝。在荷载的反复作用下，路面板会产生疲劳破坏。混凝土疲劳可能在两条横缝之间路面边缘中间处引起横向开裂，也可能在横缝轮迹处，一般是在靠近板中心线的轮迹处，引起纵向开裂。板的平面尺寸太大，引起较大的温度翘曲应力，地基过量塑性变形使板底脱空失去支承，养生期间收缩应力过大，材料或施工质量不佳使混凝土未能达到设计要求等等，都可能导致路面板断裂的出现。断裂的出现，破坏了面板的结构整体性，使板丧失了大部分以至全部承载能力。因而，通常将断裂看作是水泥混凝土面层结构破坏的临界状态。

（2）接缝碎裂

水泥混凝土路面板接缝两侧斜的剪切挤碎现象称为接缝碎裂。混凝土路面常见的接缝形式为纵缝和横缝，横缝又分为胀缝和缩缝两种。胀缝的宽度随气温而变化，当气温上升时缝中的填料被挤出；当气温下降时性能较差的填缝料不能恢复，使缝中形成空隙，因而泥沙、石屑等杂物侵入，成为板块伸胀时的障碍。挤入的硬物将引起板边碎裂，雨水便能沿此空隙渗入，损坏基层和垫层，造成路面接缝处的变形和破损。缩缝的变化相对较小，但经过若干次冻胀，也会把假缝折断成真缝，再加之填料的老化，同样会造成像胀缝一样的后患。

（3）拱起

混凝土路面板在热膨胀受阻时，接缝两侧的板突然向上拱起。这主要是板收缩时接缝缝隙张开，填缝料失效，硬物嵌入缝内，致使板受热膨胀时产生较大的热压应力从而出现这种纵向屈曲失稳现象。采用膨胀性较大的石料作粗骨料，容易引起板块拱起，选择合适的骨料是防止拱起的首要方法。

（4）错台

接缝两侧路面板端部出现的竖向相对位移称为错台。当胀缝下部填缝板与上部缝槽未能对齐，或胀缝两侧混凝土壁面不垂直，使缝旁两板在伸胀挤压过程中上下错位而形成错台。横缝处传荷能力不足，车轮经过时相邻板端部分出现挠度差，使沿接缝下渗的水带着路面板与基层之间的碎屑挤向后方，使后方板板端抬起。当交通量或地基承载力在横向各块板上分布不均匀，各块板沉陷不一致时，纵缝处也会产生错台现象。错台的出现，降低了行车的平顺性和舒适性。

（5）唧泥和冲刷

车辆行经接缝或裂缝时，由缝内喷溅出稀泥浆的现象，称为唧泥。在轮载的频繁作用下，基层产生塑性变形累积而同混凝土板脱离接触，水分沿缝隙下渗而积聚在脱空的间隙内，又在轮载作用下积水变成有压水形成冲刷，此积水同基层内浸湿的细料混搅成泥浆，再沿缝隙喷溅出来。唧泥和冲刷的出现，使路面板边缘部分失去支承，因而往往在离接缝1.5~1.8m处容易导致横向裂缝。水泥混凝土路面设计中，除了疲劳开裂以外，需要考虑的另一重要破坏形式就是板下和板侧面的唧泥和冲刷。

（6）板面起皮、剥落

水泥混凝土路面表层上下脱开，这种板面浅层内所发生的病害称为起皮。距接缝40cm宽度内的板边、板角40cm半径内不垂直贯通板的破碎现象称为剥落。起皮主要是施工过程中水灰比过大或因混凝土施工时表面砂浆有泌水现象所致。剥落则主要是由混凝土强度不足，缝内进入杂物所引起。

（7）坑槽、孔洞

水泥混凝土路面板表面有局部破损，形成一定深度的洞穴称为孔洞。面层骨料局部脱落而产生的沟槽称为坑槽。孔洞和坑槽的形成主要是由于砂石材料含泥量过大，混凝土内有泥土或杂物所致。

（8）麻面、露骨

水泥混凝土表面结合料磨失，成片或成段的呈现过度的粗糙称为麻面。路面混凝土保护层脱落形成骨料裸露称为露骨。麻面主要是由于混凝土施工时遇雨所致。露骨则主要是混凝土表面灰浆不足，泌水提浆造成混凝土路面表面强度降低。

（9）松散

水泥混凝土路面由于结合料不足或失效，成片或成段的呈现过度的粗糙和砂石材料分离的现象称为松散。松散主要是由于砂石含泥量较大，水泥质量较差或用量较少，冻胀与碱骨料反应或混凝土强度不足引起。

（10）磨光

水泥混凝土路面磨成光面，其摩擦系数已下降到极限值以下，磨光的主要原因是由于水泥混凝土路面的水泥砂浆层强度低和水泥等原材料耐磨性差。

（11）填缝料损坏

接缝内无填料、填料破损、缝内混杂砂石均称为填缝料损坏。填缝料损坏主要是由于填缝料脆裂、老化、挤出及与板边脱离造成。质量较差的填缝料，在短时间内就会发生填缝料损坏的现象。

2. 设计技术指标

（1）可靠度相关指标

我国现行规范采用可靠度设计方法，以下给出其设计指标标准。

各级公路水泥混凝土路面结构的可靠度设计标准见表 7-12。

材料性能和结构尺寸参数的变异水平分为低、中、高三级，各等级主要设计参数的变异系数变化范围要符合表 7-13 的规定，本表可用于控制施工中的质量变异。可靠度系数见表 7-14。

可靠度设计标准 表 7-12

公路技术等级	高速公路	一级公路	二级公路	三、四级公路
安全等级	一级	二级	三级	四级
设计基准期（年）	30	30	20	20
目标可靠度（%）	95	90	85	80
目标可靠指标	1.64	1.28	1.04	0.84
变异水平等级	低	低—中	中	中—高

变异系数 c_v 的变化范围 表 7-13

变异水平等级	低	中	高
水泥混凝土弯拉强度、弯拉弹性模量	≤0.10	≤0.15～>0.10	≤0.20～>0.15
基层顶面当量回弹模量	≤0.25	≤0.35～>0.25	≤0.35～>0.55
水泥混凝土面层厚度	≤0.04	≤0.06～>0.04	≤0.08～>0.06

可靠度系数 表 7-14

变异水平等级	可靠度系数			
	95	90	85	80
低	1.20～1.33	1.09～1.16	1.04～1.08	—
中	1.33～1.50	1.16～1.23	1.08～1.13	1.04～1.07
高	—	1.23～1.33	1.13～1.18	1.07～1.11

（2）水泥混凝土材料强度

水泥混凝土的强度以 28d 龄期的弯拉强度控制。当混凝土浇筑后 90d 内不开放交通时，可采用 90d 龄期的弯拉强度。各交通等级要求的混凝土弯拉强度标准值不能低于表

7-15的规定。

混凝土弯拉强度标准值　　　　　　　　　　表 7-15

交通等级	特重	重	中等	轻
水泥混凝土弯拉强度标准值（MPa）	5.0	5.0	4.5	4.0
钢纤维混凝土的弯拉强度标准值（MPa）	6.0	6.0	5.5	5.0

（3）交通量指标

1）标准轴载和轴载换算

水泥混凝土路面结构设计以 100kN 的单轴—双轮组荷载作为标准轴载。不同轴—轮型和轴载的作用次数，按式（7-19）换算为标准轴载的作用次数。

轴载换算公式为：

$$N_s = \sum_{i=1}^{n} \delta_i N_i \left(\frac{P_i}{100} \right)^{16} \tag{7-19}$$

$$\delta_i = 2.22 \times 10^3 P_i^{-0.43} \tag{7-19a}$$

$$\delta_i = 1.07 \times 10^{-5} P_i^{-0.22} \tag{7-19b}$$

$$\delta_i = 2.24 \times 10^{-8} P_i^{-0.22} \tag{7-19c}$$

式中　N_s——100kN 的单轴—双轮组标准轴载的作用次数；

P_i——单轴—单轮、单轴—双轮组、双轴—双轮组或三轴—双轮组轴型 i 级轴载的总重（kN）；

n——轴型和轴载级位数；

N_i——各类轴型 i 级轴载的作用次数；

δ_i——轴—轮型系数，单轴—双轮组时，$\delta_i = 1$；单轴—单轮时，按式（7-19a）计算；双轴—双轮组时，按式（7-19b）计算；三轴—双轮时，按式（7-19c）计算。

水泥混凝土路面所承受的轴载作用，按设计基准期内设计车道所承受的标准轴载累计作用次数分为 4 级，分级范围见表 7-16。

交　通　分　级　　　　　　　　　　表 7-16

交通等级	特重	重	中等	轻
设计车道标准轴载累计作用次数 N_e（10^4）	>2000	100～2000	3～100	<3

2）设计使用年限和累计作用次数

水泥混凝土路面的设计使用年限为路面达到预定损坏标准时所能使用的年限。水泥混凝土路面的使用寿命要比沥青混凝土路面长得多，根据国内外使用经验，并参照交通等级确定一般使用年限为 20～40 年。若确定很长的使用年限，则远景交通量很难估计准确，而且会使初期建设投资过高。从建设长远利益出发，为了节省更多的投资以采用较长的设计年限更好。我国的规范规定水泥混凝土路面的设计基准期见表 7-12。在特殊情况下，水泥混凝土路面也可根据使用要求确定设计使用年限。但超过此年限，路面并非完全破坏而不能使用，只是其使用性能太差和运行费用过高。

在设计使用年限内标准轴载的累计作用次数，与第一年的交通量、交通轴载组成和交通量预测增长情况等因素有关。同时应对上述交通参数进行详细调查、观测与预测。然后根据所得到的交通资料，按式（7-20）计算确定设计年限内设计车道的标准轴载累计作用次数 N_e：

$$N_e = \frac{N_s\left[(1+\gamma)^t - 1\right] \times 365}{\gamma}\eta \tag{7-20}$$

式中 N_s——使用初期设计车道的日标准轴载作用次数（次/d）；

γ——由调查确定的交通量年平均增长率（%）；

t——设计使用年限（年）；

η——临界荷位处的车轮轮迹横向分布系数。

车辆轮迹仅具有一定的宽度（一侧轮迹通常为 50cm 左右，包括轮胎宽 2×20cm 和轮隙 10cm），车辆通过设计车道时只能覆盖一小部分的宽度，因此，车道横断面上各点所受到的轴载作用次数仅是通过该断面的总作用次数的一部分。η 的取值根据公路等级见表7-17。

车轮轮迹横向分布系数 η　　　　　　　　表 7-17

公路等级		纵缝边缘处
高速公路、一级公路、二级汽车专用公路		0.17～0.22
二级、三级、四级公路	行车道宽>7m	0.34～0.39
	行车道宽≤7m	0.54～0.62

注：车道或行车道宽或者交通量较大时，取高值；反之，取低值。

一般来说，车道数越多，分配到每个车道上的交通量越小。设计时一般按交通量分配最多的车道上的交通量作为设计路面结构时的基准。使路面结构能承受该车道上交通荷载重复作用次数，则路面横向其他位置上也能满足结构要求。如果调查所得为双向行驶公路上某单向的总交通量，则确定设计车道上的交通量时，需要根据单向车道数，将总交通量乘以车道分配系数进行折减，车道分配系数取值见表7-18。

车 道 分 配 系 数　　　　　　　　表 7-18

单向车道数	1	2	3	4
车道分配系数	1.0	0.8～1.0	0.6～0.8	0.5～0.75

3. 设计标准

水泥混凝土路面结构设计方法有经验法和解析法。经验法以试验路的长期行车试验结果为基础，建立轴载作用次数、路面结构厚度和以使用性能表征的路面疲劳损坏之间的经验关系。解析法则以路面结构的应力分析为基础，控制其弯拉应力，使其低于混凝土的抗弯拉强度，以防止面板出现疲劳断裂。设计时，通常采用解析法。

在混凝土面板内产生应力的主要原因是车轮荷载和温度的变化。研究和调查结果表明，混凝土路面板因温度翘曲变形受到约束而产生的温度翘曲应力有时可达到相当大的数值；尤其当板长大于 6m 时，其大小会超过荷载应力，因而可以说荷载和温度应力的共同反复作用，是使混凝土板产生疲劳断裂的主要原因。另外，含水率的变化或基层的膨胀也会使混凝土面层板产生应力，但与前面两个因素产生的应力相比要小些。由于这些应力的作用，使混凝土板承受压应力和弯拉应力。混凝土的抗压强度高，而抗折强度低，故混凝土板所承受的压应力与混凝土的抗压强度相比很小，而所受的弯拉应力与抗弯拉强度相比则大得多。路面板各种形式的裂缝，面板的断裂，几乎都是由于混凝土内的弯拉应力超过其承受能力而出现的损坏。车辆荷载的反复作用以及气温的反复变化使混凝土板出现疲劳现象。疲劳现象的出现，是由于材料内部存在局部缺陷或不均匀性，在荷载作用下，此处出现应力集中而出现微裂缝，应力的反复作用使微裂缝逐步扩展，从而不断减少承受应力的有效面积，终于在反复作用一定次数后导致破坏。混凝土在反复应力作用下出现断裂时的强度，称为疲劳强度，它比一次荷载作用下达到损坏时的强度要小。

考虑到混凝土面板的疲劳断裂是水泥混凝土路面损坏的主要模式，所以把疲劳开裂作为确定混凝土板厚时考虑的临界损坏状态。因此在设计混凝土板时，应以抗折强度为其设计技术标准，使得行车荷载反复作用在板内所产生的荷载疲劳应力 σ_{pr} 与温度梯度反复作用在板内产生的温度疲劳应力 σ_{tr} 之和不超过混凝土的抗折强度 f_r，公式为：

$$\sigma_{pr} + \sigma_{tr} \leqslant f_r \tag{7-21}$$

式中　f_r——混凝土抗折强度；

　　　σ_{pr}——荷载疲劳应力；

　　　σ_{tr}——温度疲劳应力。

设计规范《公路水泥混凝土路面设计规范》（JTG D40—2002）中的设计标准式是：

$$\gamma_r(\sigma_{pr} + \sigma_{tr}) \leqslant f_r \tag{7-22}$$

式中　γ_r——可靠度系数。

4. 混凝土板厚设计

（1）混凝土板的初估厚度及最小厚度

为方便计算，表 7-19 列出了各级交通量公路等级和变异水平情况下，普通混凝土、钢筋混凝土、碾压混凝土、连续配筋混凝土等水泥混凝土路面的厚度适宜范围，供设计时参考。

水泥混凝土面层厚度的参考范围 表 7-19

交通等级	特　重			重		
公路等级	高　速	一　级	二　级	高　速	一　级	二　级
变异水平等级	低	中	低	中	低	中	低	中
面层厚度（mm）	≥260	≥250	≥240	270～240	260～230	250～220

交通等级	中　等		轻	
公路等级	二　级	三四级	三四级	三四级
变异水平等级	高	中	高	中	高	中
面层厚度（mm）	240～210	230～200	220～200	≤230	≤220

根据表 7-19 可知，我国现行规范中的水泥混凝土路面最小厚度是 20cm。设计计算时，面层的设计厚度要根据计算厚度按 1cm 向上取整。

（2）荷载疲劳应力

混凝土面层的荷载应力用弹性半无限地基上弹性薄板力学模型和有限元方法进行分析。

1）临界荷位

为了简化计算工作，通常选用使面板内产生最大应力或最大疲劳破坏的一个荷载位置作为应力计算时的临界荷位。由于现行设计方法采用疲劳断裂作为设计标准，应以产生最大疲劳损耗的荷载位置作为临界荷位，不仅要考虑应力大小，还要考虑所承受的荷载作用次数。通过进行荷载和温度梯度的损耗分析，确定产生最大综合疲劳损坏的临界荷位，选用板的纵缝边缘中部。

2）荷载应力计算

现行规范对轴载作用于四边自由矩形板纵向边缘中部所产生的荷载应力，应用有限元法重新进行了计算分析，当以标准轴载的单轴双轮 100kN 作为外荷载时，计算出的荷载应力回归公式为：

$$\sigma_{ps} = 0.077 r^{0.60} h^{-2} \tag{7-23}$$

式中　σ_{ps}——混凝土板荷载应力（MPa）；

　　　r——混凝土板相对刚性半径（m），$r = 0.537 h \sqrt[3]{E_c / E_t}$；

　　　E_c——水泥混凝土的弯拉弹性模量（MPa）；

　　　E_t——基层顶面当量回弹模量（MPa）；

　　　h——混凝土板厚（m）。

3）接缝传荷能力

水泥混凝土路面设置各种接缝是为了消除温度、湿度改变所引起的不规则裂缝，以及防止温度变化所产生的损坏。但是从路面板承受荷载的能力来看，由于接缝的存在，则削弱了路面整体性，特别是当荷载作用在接缝边缘时，路面板和地基都将产生较大的应力集中。因此路面板的整体承载能力必然有所降低。由此可见，提高和保持接缝的传荷能力，是提高路面板整体承载能力的关键。接缝的传荷能力可用传荷系数表征。影响接缝传荷能力的因素很多，包括接缝传荷机构、路面结构相对刚度、环境（温度）和轴载（大小及作用次数）等。

表 7-20 所列为依据试验数据提出的各类接缝的弯沉传荷系数建议范围。设计规范规定了设拉杆的平口纵缝或缩缝，k_j 可取为 0.87～0.92，柔性基层取高值，刚性和半刚性基层取低值；不设拉杆的平缝或自由边时 k_j 取为 1.0。

各类接缝的应力传荷系数　　　　　　　　　　　　　　　表 7-20

接缝类型	应力传荷系数 k_j	接缝类型	应力传荷系数 k_j
设传力杆胀缝	≤0.82	设拉杆平口纵缝	0.80～0.91
不设传力杆胀缝	0.84～0.86	设拉杆企口纵缝	0.72～0.74
设传力杆缩缝	≤0.75		

4）荷载疲劳应力

荷载疲劳应力 σ_p 定义为：

$$\sigma_p = k_j k_f k_c \sigma_{ps} \tag{7-24}$$

式中 k_j——考虑接缝传荷能力的应力折减系数，即应力传荷系数。

k_f——考虑轴载累计作用次数的疲劳应力系数，对于普通水泥混凝土路面：

$$k_f = N_e^{0.057} \tag{7-25}$$

k_c——考虑偏载和动荷载等因素对路面疲劳损坏影响的综合系数，随公路等级而异，见表 7-21。

σ_{ps}——计算轴载在临界荷位处产生的最大应力。

综 合 系 数 k_c 表 7-21

公路等级	高速公路	一级公路	二级公路	三、四级公路
k_c	1.30	1.25	1.20	1.10

（3）温度疲劳应力

混凝土面板内的温度梯度经历着年变化和日变化，混凝土面板内温度梯度的日变化可近似地用半正弦曲线表征。通过测试分析可得到最大温度梯度同太阳辐射热之间的日变化规律，由此可以按各地的太阳辐射热年变化规律直接推演出温度梯度的变化，并进而为不同的路面结构分析出相应的温度应力变化。

依据等效疲劳损耗的原则，可以寻求温度疲劳应力值，它所产生的疲劳损耗量，与年变化的温度应力所产生的累计疲劳损耗量相等。经计算分析，此温度疲劳应力可用下式表示：

$$\sigma_t = k_t \sigma_{tm} \tag{7-26}$$

$\sigma_{tm} = \dfrac{\alpha_c E_c T_g h}{2} B_x$，是最大温度梯度时的温度翘曲应力（MPa）。

式中 σ_t——温度疲劳应力；

B_x——温度应力系数，由图 7-13 确定；

k_t——考虑温度翘曲应力年变化所产生的累计疲劳损耗系数，按所在地公路自然区划以下列公式计算：

$$k_t = \frac{f_r}{\sigma_{tm}} \left[a \left(\frac{\sigma_{tm}}{f_r} \right)^c - b \right] \tag{7-27}$$

式中 f_r——水泥混凝土抗折强度（MPa）；

a，b，c——和公路自然区划相关的回归系数，按表 7-22 查得。

回归系数 a、b 和 c 的取值   表 7-22

系 数	自 然 区 划					
	II	III	IV	V	VI	VII
a	0.828	0.855	0.841	0.871	0.837	0.834
b	0.041	0.041	0.058	0.071	0.038	0.052
c	1.323	1.355	1.323	1.287	1.382	1.270

（4）板厚的确定

依据交通等级、公路等级和所选变异水平等级初选混凝土面板厚度。然后分别求得荷载疲劳应力和温度疲劳应力。当荷载疲劳应力、温度疲劳应力之和与可靠度系数的乘积小于且接近于混凝土弯拉强度标准值，则初选厚度可作为混凝土板的计算厚度。否则，应改

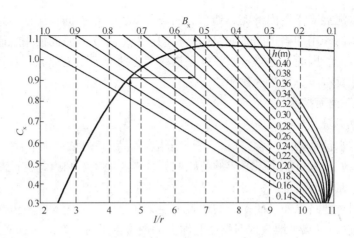

图 7-13　板温度翘曲应力系数值

选混凝土板厚度，重新计算，直到满足为止。

板厚设计过程的框图，如图 7-14 所示。

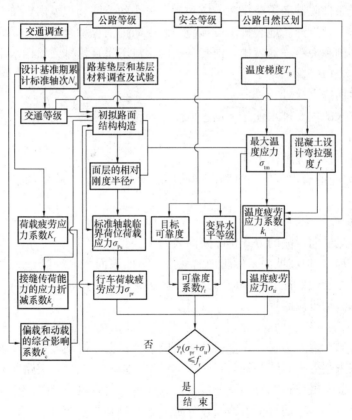

图 7-14　混凝土板厚设计过程

7.4　路　面　排　水

水是危害道路的主要自然因素。例如路基沉陷、冲刷、坍塌、翻浆、沥青路面松散、剥落、龟裂、水泥混凝土路面唧泥、错台、断裂等病害，都不同程度地与地表水和地下水的侵蚀有关。水的作用加剧了路基和路面结构的损坏，加快了路面使用性能的变坏，缩短了它们的使用寿命。因而，道路排水系统是道路工程的重要组成部分，对保证道路的使用性能和使用寿命具有十分重要的作用。

7.4.1 公路路面排水

1. 路界地表排水

路界地表排水包括路面（含路肩）、中央分隔带、路基边坡坡面和路界范围内地表坡面的表面排水，以及有可能进入路界的公路毗邻地带的地表水和由相交道路进入路界内的地表水的排除。路界地表排水的目的，是把降落在路界范围内的表面水有效地汇集并迅速排除出路界，同时把路界外可能流入的地表水拦截在路界范围外（但不包括横穿路界的自然水道内的水流），以减少地表水对路基和路面的危害以及对行车安全的威胁。

地表排水设施的布设应充分利用地形和天然水系，形成完善的排水系统，并做好进出口位置的选择和处理，使水流通畅，不出现堵塞、溢流、渗漏、淤积、冲刷、冻结等，造成对路基路面和毗邻地带的危害。路基地表排水设施不应兼作其他流水用途。对于二级以下的公路，如受条件限制而需兼用时，应限制在较小的范围和规模内，符合公路排水设计原则，并应进行个别设计。地表排水设计应与坡面防护工程综合考虑，采取有效措施防止坡面岩土遭受冲刷和失稳。地表排水沟管排放的水流不得直接排入饮用水水源，也不宜直接排入养殖池、农田等。

（1）路面表面排水

路面表面排水的主要排水任务是迅速把降落在路面和路肩表面的降水排走，以免造成路面积水而影响安全。

路面表面排水设计应遵循下列原则：

1）降落在路面的雨水，应通过路面横向坡度向两侧排流，避免行车道路面范围内出现积水。

2）在路线纵坡平缓、汇水量不大、路堤较低且边坡坡面不会受到冲刷的情况下，应采用在路堤边坡上横向漫流的方式排除路面表面水。

3）在路堤较高，边坡坡面未做防护而易遭受路面表面水流冲刷，或者坡面虽已采取防护措施但仍有可能受到冲刷时，应沿路肩外侧边缘设置拦水带，汇集路面表面水，然后通过泄水口和急流槽排离路堤。

4）设置拦水带汇集路面表面水时，拦水带过水断面内的水面，在高速公路及一级公路上不得漫过右侧车道外边缘，在二级及二级以下公路上不得漫过右侧车道中心线。

无中间带或采用分离式路基的公路，在未设超高路段上，行车道路面应沿路中心线设置向两侧倾斜的双向横坡；在设超高路段上，应设置向曲线内侧倾斜的单向横坡。设中间带的公路，各个行车方向的行车道路面应分别设置单向横坡，但单向车道数超过 3 个时，也可分别设置双向横坡。路面和路肩横坡的坡度，应依据铺面类型，按《技术标准》规定选用。设拦水带时，右侧硬路肩的横向坡度宜采用 5%。拦水带可由沥青混凝土现场浇筑，或者由水泥混凝土预制块铺砌而成。拦水带的横断面尺寸可参考图 7-15。拦水带的顶面应略高于过水断面的设计水面高（水深）。低路堤不设防撞护栏的路段上，拦水带的外露高度不宜超过 10cm，其迎车面的坡度不宜陡于 1：2。

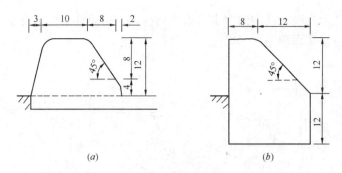

图 7-15　拦水带横断面参考尺寸（单位：cm）

（a）沥青混凝土拦水带；（b）水泥混凝土拦水带

　　拦水带的泄水口可设置成开口（喇叭口）式。设在总坡坡段上的泄洪口，宜做成不对称的喇叭口，并在硬路肩边缘的外侧设置逐渐变宽的低凹区（图 7-16）。低凹区的铺面类型与路肩相同。设在平坡或缓坡坡段上时，泄水口可做成对称式。

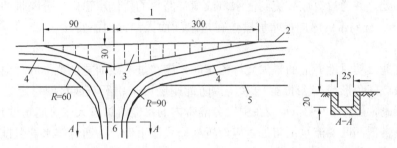

图 7-16　纵坡坡段上拦水带不对称泄水口的平面布置示意（单位：cm）

1—水流流向；2—硬路肩边缘；3—低凹区；4—拦水带顶；5—路堤边坡顶；6—急流槽

　　在道路交叉口、匝道口、与桥梁等结构物连接处、超高路段和一般路段的横坡转换处，应设置泄水口以避免路面表面水横向流过行车道或结构物。在纵坡符号变换的凹形竖曲线底部，泄水口应设在最低点，并在其前后相距 3～5m 处各增设一个泄水口。泄水口的设置间距以 20～50m 为宜。在硬路肩宽度较窄、汇水宽度或汇水量大而使拦水带的过水断面不足时，可沿土路肩设置由 U 形水泥混凝土预制件铺筑的路肩边沟。

　　（2）中央分隔带排水

　　中央分隔带排水是高速公路及一级公路地表排水的重要内容，应根据分隔带宽度、绿化和交通安全设施的形式、分隔带表面处理的方式等因素选择不同的排水方式。中央分隔带排水可分为三种类型：宽度小于 3m 且表面采用铺面封闭的中央分隔带排水，降落在分隔带上的表面水排向两侧行车道；宽度大于 3m 且表面未采用铺面封闭的中央分隔带排水，降落在分隔带上的表面水汇集在中央带的低洼处，由分隔带内的表面排水设施排走；表面无铺面且未采用表面排水措施的中央分隔带，降落在分隔带上的表面水下渗，由分隔带内的地下排水设施排除。

　　分隔带宽度小于 3m 且表面采用铺面封闭时，在不设超高路段上，分隔带铺面应采用向两侧外倾的横坡，其坡度与路面的横坡相同；在超高路段上，可在分隔带上侧边缘处设置缘石和泄水口，或者在分隔带内设置缝隙式圆形集水管或碟形混凝土浅沟和泄水口（图 7-17），以拦截和排泄上侧半幅路面的表面水。缘石过水断面的泄水口可采用开口式、格

165

栅式或组合式；碟形混凝土浅沟的泄水口采用格栅式。格栅铁条应平行于水流方向，孔口的净泄水面积应占格栅面积的一半以上。

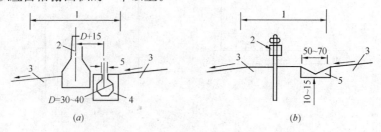

图 7-17　超高路段上设置缝隙式圆形集水管或碟形浅沟（尺寸单位：mm）
(a) 缝隙式圆形集水管；(b) 碟形混凝土浅沟
1—中央分隔带；2—护拦；3—铺面；4—缝隙式圆形集水管；5—碟形混凝土浅沟

分隔带宽度大于 3m 且未采用铺面封闭时，应通过内倾的横向坡度使表面水流向分隔带中央低凹处，并通过纵坡排流到泄水口或横穿路界的桥涵水道中。分隔带的横向坡度不得陡于 1：6；分隔带的纵向排水坡度，在过水断面无铺面时不得缓于 0.25％，有铺面时不得缓于 0.12％。

当水流速度超过地面上的最大允许流速时，应在过水断面宽度范围内对地面进行防冲刷处理，做成三角形或 U 形断面的水沟。防冲刷层可采用石灰或水泥稳定土，或者采用浆砌片石铺砌，层厚 10～15cm。在中央分隔带内的水流流量过大或流速超过允许范围处，或者在分隔带低凹区的流水汇集处，应设置格栅式泄水口，并通过排水管引排到桥涵或路界外。格栅可以同周围地面齐平，也可适当降低，并在其周围一定宽度范围内做成低凹区（图 7-18），以增加泄水能力。

多雨地区表面无铺面且未采用表面排水措施的中央分隔带，为排除渗入分隔带内的表面水，可设置纵向排水渗沟（图 7-19），并隔一定间距通过横向排水管将渗沟内的水排引出路界。渗沟周围包裹反滤织物（土工布），以免渗入水携带的细粒将渗沟堵塞。渗沟上的回填料与路面结构的交界面处铺设涂双层沥青的土工布隔渗层。排水管可采用直径 70～50mm 的塑料管。

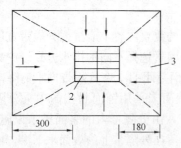

图 7-18　中央分隔带格栅式泄水口
布置示意（尺寸单位：mm）
1—上游；2—格栅；3—低凹区

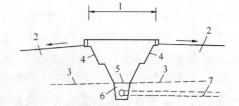

图 7-19　中央分隔带下设排水渗沟示意
1—中央分隔带；2—路面；3—路床顶面；
4—隔渗层；5—反滤织物；6—渗沟；7—横向排水管

2. 路面结构排水

路面结构内积水包括面层接缝、裂缝、空隙及结构层间的自由水。根据其所处位置可采用内部排水系统、边缘排水系统、基层排水系统或垫层排水系统。

（1）内部排水系统

遇有下列情况时，宜设置内部排水系统：

1）年降水量为 600mm 以上的湿润和多雨地区，路基由透水性差的细粒土（渗透系数不大于 $10\sim5cm/s$）组成的高速公路、一级公路或重要的二级公路。

2）路基两侧有滞水，可能渗入路面结构内。

3）严重冰冻地区，路基为由粉性土组成的潮湿、过湿路段。

4）现有路面改建或改善工程，需排除积滞在路面结构内的水分。

内部排水系统设计应符合下列要求：

1）内部排水系统中各项排水设施的泄水能力均应大于渗入路面结构内的水量，且下游排水设施的泄水能力应超过上游排水设施的泄水能力。

2）渗入水在路面结构内的最大渗流时间，冰冻地区不应超过 1h，其他地区不应超过 2h（重交通时）～4h（轻交通时）。渗入水在路面结构内的渗流路径长度不宜超过45～60m。

3）各项排水设施不应被渗流从路面结构、路基或路肩中带来的细料堵塞，以保证系统的排水效率不随时间推移而很快丧失。

（2）边缘排水系统

边缘排水系统是将渗入路面结构内的自由水，先沿路面结构层空隙或某一透水层次横向流入纵向集水沟和排水管，再由横向出水管排引出路基。这种方案常用于基层透水性小的水泥混凝土路面，特别是用于改善排水状况不良的旧水泥混凝土路面。

沿路面边缘设置由透水性填料集水沟、纵向排水管、横向出水管和过滤织物（土工布）组成的边缘排水系统（图 7-20）。

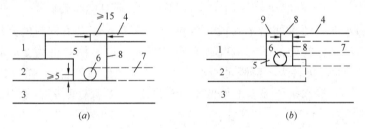

图 7-20 边缘排水系统（单位：cm）

（a）新建路面边缘排水系统；（b）改建路面边缘排水系统

1—面层；2—基层；3—垫层；4—路肩面层；5—集水沟；6—排水管；
7—出水管；8—反滤织物；9—回填路肩面层

纵向排水管通常选用聚氯乙烯（PVC）或聚乙烯（PE）塑料管。排水管设 3 排槽口或孔口，其开口总面积不小于 $42cm^2/m$。管径按设计流量由水力计算确定，通常在70～150mm 范围内选用。排水管的埋设深度，应保证不被车辆或施工机械压裂，并应超过当地的冰冻深度。在非冰冻地区，新建路面时，排水管管底通常与基层底面齐平；改建路面时，管中心应低于基层顶面。排水管的纵向坡度宜与路线纵坡相同，但不得小于 0.25%。

横向出水管选用不带槽或孔的聚氯乙烯或聚乙烯塑料管，管径与排水管相同。其间距和安设位置由水力计算并考虑邻近地面高程和公路纵横断面情况确定，一般在 50～100m

范围内选用。出水管的横向坡度不宜小于5%。埋设出水管所开挖的沟，须用低透水材料回填。出水管的外露端头用镀锌铁丝网或格栅罩住。出水口的下方应铺设水泥混凝土防冲刷垫板或者对泄水道的坡面进行浆砌片石防护，以防止水流冲刷路基边坡和植物生长。出水水流应尽可能排引至排水沟或涵洞内。

透水性填料由水泥处治开级配粗集料组成，其孔隙率约为15%～20%。粗集料最大粒径不大于40mm。水泥处治集料的配合比，应按透水性要求和施工要求通过试配确定。

集水沟底面的最小宽度，对新建路面，不应小于30cm；对改建路面，应能保证排水管两侧各有至少5cm宽的透水填料。透水填料的底面和外侧围以反滤织物（土工布），以防垫、基层和路肩内的细粒侵入而堵塞填料空隙或管孔。反滤织物可选用由聚酯类、尼龙或聚丙烯材料制成的既能透水，又能阻止细粒土随水透过的无纺织物。

（3）基层排水系统

直接在面层下设置透水性排水基层，在其边缘设置纵向集水沟和排水管以及横向出水管等，组成基层排水系统（图7-21）。

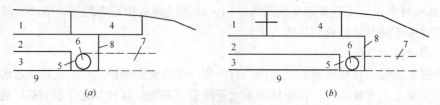

图 7-21　排水基层排水系统

（a）沥青路面；（b）水泥混凝土路面

1—面层；2—排水基层；3—不透水垫层；4—路肩面层或水泥混凝土路肩面层；
5—集水沟；6—排水管；7—出水管；8—反滤织物；9—路基

排水基层由水泥或沥青处治不含或含少量粒径4.75mm以下细料的开级配碎石集料组成，或者由未经结合料处治的开级配碎石集料组成，最大粒径可为20cm或25cm，并不得超过层厚的2/3。集料级配应满足透水性要求。水泥处治碎石集料的水泥用量不宜少于160kg/m³，其7d浸水抗压强度不得低于3～4MPa。沥青处治碎石集料的沥青用量约为集料干重的2.5%～4.5%。

排水基层的厚度应按所需排放的水量和基层材料的渗透系数通过水力计算确定，通常在8～15cm范围内选用，但最小厚度不得小于6cm（沥青处治碎石）或8cm（水泥处治碎石），其宽度应视面层施工的需要超出面层宽度30～90cm。

纵向集水沟可设在面层边缘外侧、路肩下或路肩边缘外侧（图7-21）。集水沟中的填料采用与排水基层相同的透水性材料。集水沟的下部设置带槽口或圆孔的纵向排水管，并间隔适当距离设置不带槽孔的横向出水管。

排水基层的下卧垫层应选用不透水或低透水性的密级配混合料，以阻截自由水的下渗和路基中细粒土的上迁。

为拦截地下水、滞水或泉水进入路面结构，或者排除因负温差作用而积聚在路基上层的自由水，可直接在路基顶面设置透水性排水垫层，并酌情配置纵向集水沟、排水管和出水管等（图7-22）。

（4）垫层排水系统

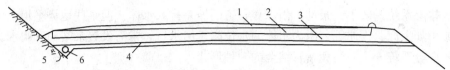

图 7-22　垫层排水系统

1—面层；2—基层；3—垫层；4—排水垫层；5—集水沟；6—排水管

排水垫层选用开级配集料（砂或砂砾石），其级配应满足排水和反滤的要求。

7.4.2　城市道路路面排水

设计城市道路时，为了保证车辆和行人的正常交通，改善城市的卫生条件，以及避免路面的过早损坏，要求迅速地将地面雨雪水排除。所以，城市道路排水是城市道路的一个组成部分。

1. 道路雨水排除系统

根据构造的特点，城市干道雨水排除系统可分为下列各类：

（1）明沟系统

与公路地面排水相同。即用明沟排水，在街坊出入口，人行过街等地方增设一些盖板、涵管等过水结构物。

纵向明沟可设在路面的两边（图7-23）或一边，也可设在车行道的中间。纵向明沟过长将增大明沟断面和开挖深度，此时须在适当地点开挖横向明沟，将水引向道路两侧的河滨排出。

图 7-23　道路明沟排水示意图

明沟的排水断面尺寸，可按照泄水面积依水力学所述公式计算。明沟一般采用梯形，底宽一般不小于0.3m，边坡视土壤及护面材料而不同，用砖石或混凝土块铺砌的明沟，一般采用1：0.75～1：1的边坡。也可采用石砌或砖砌的上面加盖板的矩形明沟。

（2）暗管系统

包括街沟、雨水口、连管、干管、检查井、出水口等主要部分。

道路上及其相邻地区的地面水依靠道路设计的纵、横坡度，流向车行两侧的街沟，然后顺街沟的纵坡流入沿街沟设置的雨水口，再由地下的连管通到干管，排入附近河滨或湖泊中去，如图7-24所示。

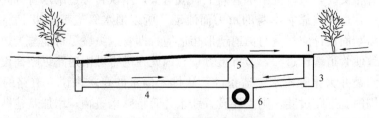

图 7-24　暗管排水示意图

1—街沟；2—进水孔；3—雨水口；4—连管；5—检查井；6—雨水干管

雨水排除系统一般不设泵站，雨水靠管道的坡差排入水体。但某些地势平坦、区域较大的大城市如上海、天津等，因为水体的水位高于出水口，常需设置泵站抽升雨水。

（3）混合系统——明沟和暗管结合的一种形式

城市中排除雨水可用暗管，也可用明沟。在一个城市中，也不一定只采用单一系统来排除雨水。采用明沟可以降低造价；但在建筑物密度较高和交通频繁的地区，采用明沟往往引起生产、生活和交通的不便、桥涵费用增加、占用土地较多，并影响环境卫生。因此，这些地区应采用暗管系统。而在城镇的郊区或其他建筑物密度较小、交通较稀的地区应首先考虑采用明沟。工业区或居住区的边界到出水口的距离较长时，这一段雨水道也宜采用明沟，以节省造价。为了降低雨水管道的造价，在每一级水流域的起端可利用街道边沟排水来减少暗管的长度。

2. 道路雨水管的布置

城市道路的雨水管线应是直线，平行于道路的中心线或规划红线。雨水干管一般设置在街道中间或一侧，并宜设在快车道以外，在个别情况下亦可以双线分置于街道的两侧（图7-25）。这主要根据街道的等级、横断面的形式、车辆交通、沿街建筑等技术经济条件来决定。

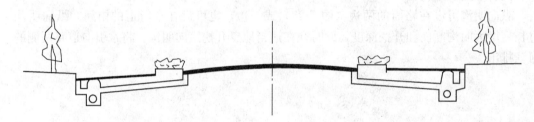

图 7-25　双线雨水管布置示意图

由于管道施工和检修对交通运输影响较大，所以在交通量大的干道上，雨水管也可埋设在街道的绿地下和较宽的人行道下。但不可埋设在种植树木的绿化带和灯杆线及侧石线下。

雨水管线应尽可能避免或减少与河流、铁路以及其他城市地下管线的交叉，否则将使施工复杂以致增加造价。在不能避免时，相交处应直交，并保证相互之间有一定的竖向间隙。雨水管道距离房屋及其他管道要满足有关规范规定的最小距离要求。

雨水管与其他管线发生平交时其他管线一般可用倒虹管的办法，如雨水管和污水管相交，一般将污水管用倒虹管穿过雨水管的下方。

如果污水管的管径较小，也可在交汇处加建窨井，将污水管改用生铁管穿越而过。当雨水管与给水管相交时，可以把给水管向上做成弯头，用铁管穿过雨水窨井。

由于雨水在管道内是靠它本身的重力而流动，所以雨水管道都是由上游向下游倾斜的。雨水管的纵断面设计应尽量与街道地形相适应，即管道纵坡尽可能与街道纵坡取得一致。这样，不致使管道埋设过深，节省土方量。因此在进行城市道路纵断面设计时，应考虑雨水的排除问题并为排除雨水创造条件。从排除雨水的要求来说，道路的纵坡最好在0.3%～4%范围内。道路过陡，则需要设置跌水井等特殊构筑物，增加基建费用。道路过于平坦，将增加埋管道时开挖的土方量，如果车行道过于平坦，而排除地面水有困难时，应使街沟的纵坡大于0.3%，设计成锯齿形街沟，以保证排水。

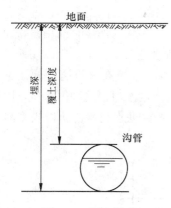

图 7-26　覆土深度

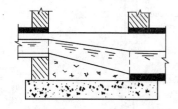

图 7-27　管顶平接

管道的埋设深度，对整个管道系统的造价和施工影响很大，管道越深则造价越贵，施工越困难，所以管道埋深不宜过大。管道最大允许埋深根据技术经济指标及施工方法决定，一般在干燥土壤中，管道最大埋深不超过 7～8m，如上海地下水位较高，可能产生流砂的地区，不超过4～5m。

最小埋设深度决定于管道上面的最小覆土深度（图7-26）。

《室外排水设计规范》（GB 50014—2006）规定：在车行道下，管顶最小覆土深度一般不小于 0.7m。在管道保证不受外部荷载损坏时，最小覆土深度可适当减小。

不同直径的管道在检查井内的衔接，应使上下游管段的管顶等高，称为管顶平接（图7-27），这样可避免在上游管中形成回水。

3. 雨水口的布置

雨水口是在雨水管道和合流管道上收集雨水的构筑物。街道路面上的雨水首先进入雨水口，再经过连接管流入雨水管道。雨水口一般设在街区内、广场上、街道交叉口和街道边沟的一定距离处，以防止雨水漫过道路或造成道路及低洼地区积水、妨碍交通。

布置雨水口时，首先应根据道路纵断面设计，把街沟纵断面上低洼汇水区和交叉口上必须设置雨水口的地点确定下来，然后根据结构纵坡大小、街道的宽窄、路面种类以及两旁街坊院落排水情况确定雨水口的间距和位置。此外，还要考虑当地暴雨强度、雨水口的排水能力和受水面积等因素。道路上雨水口间距一般为30～80m。一般当道路纵坡较大时雨水口间距可大些。但是，实践证明在道路纵坡过陡的地方，为了防止雨水因流速增大而越过雨水口，应增设雨水口，雨水口的间距反而应当缩短，在低洼和易积水地段也应适当增加雨水口的数量。

在沿路建筑物门口、分水点及其他地下管道顶上应避免设置雨水口。

雨水口在交叉口的布置应使来自街道的雨水在交叉口前人行横道上游就被截住而流入进水口，不允许在交叉口上漫流，以免妨碍车辆和过街行人交通。若道路宽度较窄，路口转弯半径较小，可将雨水口布置在转弯处，即每一转弯处设置一个雨水口。雨水口串联时一般不宜多于两个，雨水口连接管的长度一般不大于25m。

在交叉口处雨水口的排水能力应加大，避免积水影响交通，在加大井盖的进水面积的同时，也可适当缩小雨水口的间距。

雨水口的构造包括进水箅、井身和连接管三部分（图7-28）。

平式雨水口的盖平铺在道路边沟

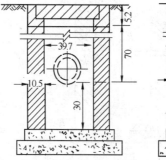
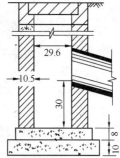

图 7-28　雨水口（单位：cm）

上，雨水沿边沟进入雨水口（图7-29）。进水算宜稍低于边沟或邻近地区约3cm。进水算空隙越大，进水能力越大，从结构上考虑钢筋混凝土盖空隙不宜过大，所以目前用铸铁盖的较多。平式雨水口设在边沟平面上，盖子易被车辆压坏，清捞垃圾不方便，所以在繁忙的交通干道上用竖式（侧石式）雨水口（图7-30）较好，雨水口设置在人行道上便于清捞垃圾，在道路侧石处，设置有格栅的进水口，雨水由格栅流入雨水口。这种雨水口，因为雨水沿边沟流来时需要转90°才能流入雨水口，以致水流不畅，进水较慢。所以雨水口间距不宜过长，在严重积水区不宜采用。

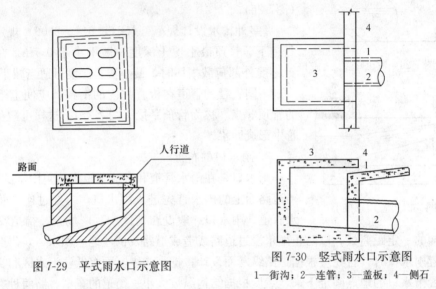

图7-29　平式雨水口示意图

图7-30　竖式雨水口示意图

1—街沟；2—连管；3—盖板；4—侧石

在大城市干道上一般用联合式雨水口（上述两种进水方式的混合）较多。

雨水口底部可分为有沉泥槽（落底）和无沉泥槽（不落底）两种。沉泥槽可截留雨水所夹带的泥砂，不使它们进入管道而造成淤塞，但它往往影响环境卫生，增加养护的工作量。

4. 检查井的布置

为了对管道进行检查和疏通，管道系统上必须设置检查井（图7-31），同时检查井还起连接沟管的作用。

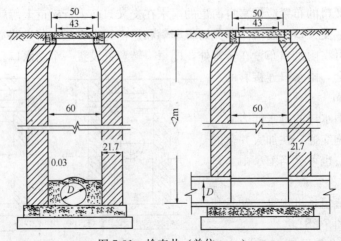

图7-31　检查井（单位：cm）

172

相邻两个检查井之间的管道应在一条直线上，以便于检查和疏通管道。所以，在管道改变方向处、改变坡度处、改变高程处、改变断面处和交汇处，都需要设置检查井。在过长的直线管道上，亦需要设置检查井。检查井在直线管段上的最大间距按表 7-23 采用。

直线管道上检查井间距　　表 7-23

管径或暗渠净高（mm）	最大间距（m）
<700	75
700～1500	125
<1500	200

注：本表适用雨水管道和合流管道。

7.5 路 面 施 工

路面施工的内容包括：施工前的准备工作，施工管理（包括进度管理、质量管理、施工质量检查和安全管理）以及验收。

为了保证路面施工顺利进行，应该切实做好施工前的各项准备工作：施工前的准备工作可分为组织准备、技术准备、现场准备和物资准备四个方面。

7.5.1　基层施工

1. 石料基层

块石基层是用锥形块石、片石或圆石人工摆砌，并用小碎石嵌缝压实而成。块石基层有较高的强度，但整体性差，目前只在丰产石料地区使用，一般只用作底基层：在山区公路上急弯陡坡处用块石铺筑路面面层有利保证行车安全。

块石基层石料质量要求不低于 III 级，在不得已时方可用 IV 级。锥形块石底面积不小于 100cm²，高度一般为 14～18cm，边长不宜大于高度的一半，过于扁平的片石不宜采用。嵌缝碎石形状及尺寸可以用楔形及片状碎石。

块石基层的铺筑应由路边砌起，逐步推向路中心，路面边缘用较大的石块铺砌成支撑状，较小的石料铺路中心，铺砌时要求"大面朝下，小面在上"，每块石头必须直立并独立站稳，长边与路中线垂直，并尽可能错缝。块石要排砌紧密，相邻块石表面高差不应大于 2cm，用石料嵌挤应在铺砌一定长度后才进行，不能随铺随嵌，一般要求间隔 2m 以上，嵌挤时应将嵌缝石尖端向下，对准石缝，用锤子敲紧，要使其紧密稳定，不再松动，以用手不能把个别石料拔出来为准。平整度要求高的，还可以用 5～15cm 的石屑进行第二次嵌缝。

块石基层的碾压应先用轻型压路机稳压，然后用中型压路机或重型压路机（12t 以上）碾压，碾压时要求先边后中，碾压时还应洒水，并碾压至无明显轮迹为止。

2. 碎石基层

用加工轧制的碎（砾）石作主骨料，并以石渣和石屑嵌缝，用黏土或石灰土泥浆灌缝，按嵌挤原理压实形成的基层或路面，称碎（砾）石基层或路面。按施工方法及所用填充结合料的不同，分为泥结碎石，泥灰结碎石和填隙碎石等类型。

（1）泥结及泥灰结碎（砾）石路面及基层

泥结碎（砾）石以碎（砾）石为骨料，以土为结合料，并填充孔隙。这种结构取材容易，施工方便。可充分利用行车碾压，主要用于三、四级公路中的低、中级路面面层。由于这种结构以土作结合料和填充料，其水稳性差，所以，这种结构不宜用作沥青路面的基层。

泥灰结碎（砾）石基层是以碎（砾）石作骨料，用一定数量的石灰土填充空隙作粘结料形成的路面基层。一般情况下，土和石灰总含量占石料重量百分比应小于20%，其中石灰剂量占土重的15%，由于掺入了一定剂量的石灰，其水稳定性比泥结碎石好，在一定时间内强度还可能有所提高。因此，可用作沥青路面基层。但其破坏后不易恢复，故不能用作中级路面面层。

泥结及泥灰结碎（砾）石基层厚度较大时，要分层施工。碎（砾）石的压碎值要求不大于30%，要有棱角且近于立方体。软弱与扁平、细长石料（长边与短边之比大于3）含量不宜超过15%～20%，用黏土作结合料，其塑性指数要求为10～14。石灰要求在Ⅲ级以上。分两层施工时，上层碎石尺寸为层厚的0.35～0.40倍，下层为层厚的0.60～0.65倍。

泥结及泥灰结碎（砾）石基层的施工方法有灌浆法、拌合法和层铺法。相对而言灌浆法用土量不多，强度是三种施工方法中最高的。而层铺法则不能很好地控制用土量，且泥土的分布不均匀，因而其强度最低。

（2）填隙碎石

用单一尺寸的粗碎石做主骨料，形成嵌锁作用，用石屑填满碎石之间的孔隙，增加密实度和稳定性，这种结构称填隙碎石，可用来作各级道路的底基层和二级以下道路的基层。其特点是一层铺筑厚度10～12cm（通常为碎石最大粒径的1.5～2.0倍），用振动压路机（振动轮每米宽质量至少1.8t）碾压，用干燥的细料将碎石孔隙填满但又不能自成一层，表面要看得见粗碎石，填隙料用量为粗碎石的30%～40%。填隙碎石用做基层时，碎石的最大粒径不应超过53mm；用做底基层时，碎石的最大粒径不应超过63mm。压碎值要求，对于基层不大于26%，对于底基层不大于30%。其施工程序如下：

1）撒铺粗碎石后用8t的压路机初步稳压，使粗碎石就位，并具有要求的路拱和纵坡。

2）用人工或机械铺石屑，厚约为2.5～3.0cm，然后用振动压路机慢速碾压，使石屑全都进入粗碎石孔隙内。

3）工序同2），撒铺石屑厚为2.0～2.5cm。

4）最后用12～15t压路机洒水碾压到设计要求为止，如用湿法施工还要求洒水饱和后再碾压，直到细料和水形成浆状，填满全部孔隙。填隙碎石要求铺筑沥青面层后才能开放交通。

（3）级配碎（砾）石基层

粗、细碎石（或砾石）集料和石屑（或砂）各自具有一定比例的混合料，当其颗粒组成符合密实级配要求时，称级配碎石（或级配砾石）。

1）级配碎石

级配碎石可用未筛分的碎石和石屑组配而成，也可以由预先筛分成几个（如四个）大小不同粒径的碎石组配而成。缺乏石屑时，可以添加细砂砾或粗砂，但其强度和稳定性不如添加石屑的级配碎石；也可以用各级颗粒组成合适的含细集料较多的砂砾与未筛分的碎石配合成级配碎砾石。

级配碎石可用于各级公路的基层和底基层，也可用做较薄沥青面层与半刚性基层之间的中间层。当级配碎石用做二级和二级以下公路的基层时，其最大粒径应控制在 37.5mm 以内；当级配碎石用做高速公路和一级公路的基层以及半刚性路面的中间层时，其最大粒径宜控制在 31.5mm 以下。碎石集料的压碎值，一级公路和高速公路的基层不大于 26%；一级公路和高速公路的底基层及二级公路的基层不大于 30%；二级公路的底基层和二级以下公路的基层不大于 35%，二级以下公路的底基层不大于 40%。

2）级配砾石

级配砾石路面与基层可采用天然砂砾，当天然砂砾符合规定的级配要求时，而且细粒料的塑性指数在 6 或 9 以下时，可以直接用作基层，当级配不符合要求时，需筛除超尺寸颗粒或需要掺加某一粒径砂砾或砂，使其符合级配要求。塑性指数偏大的砂砾，可加少量石灰降低其塑性指数，有时也可以用无塑性的砂或石屑进行掺配，使其塑性指数降低到符合要求。

在天然砂砾中掺加部分砾石或轧碎砾石，可以提高混合料的强度和稳定性。天然砂砾掺加部分未筛分碎石组成的混合料称级配碎砾石，级配碎砾石的强度和稳定性介于级配碎石和级配砾石之间。

级配砾石适用于二级和二级以下公路的基层以及各个等级道路的底基层。级配砾石用做基层时，砾石的最大粒径不应超过 37.5mm；用做底基层时，砾石的最大粒径不应超过 53mm。砾石颗粒中细长及扁平颗粒的含量不应超过 20%。石料的集料压碎值要求：一级公路和高速公路的底基层和二级公路的基层不大于 30%；二级公路的底基层和二级以下公路的基层不大于 35%；二级以下公路的底基层不大于 40%。

3）级配碎（砾）石路面与基层的施工

级配碎（砾）石层的施工工艺流程如图 7-32 和图 7-33 所示。

在采用级配碎（砾）石作路面面层时，需在其上设置磨耗层，并根据情况设置保护磨耗层的保护层。

3. 稳定土及工业废渣基层

（1）稳定土基层

近几年来，稳定土在道路工程中应用发展得很快，尤其是用无机结合料石灰、水泥稳定的石灰土、水泥土及水泥稳定粒料和石灰水泥综合稳定土（或粒料）等。这些稳定土或粒料，具有较高的抗压强度和抗弯拉强度，而其强度与模量随龄期的增长而不断增长，稳定性好，具有抗冻性，结构本身自成板体，呈半刚性，在行车荷载作用下变形小，所以又称为半刚性基层。当用作基层时，产生的累积变形小，同

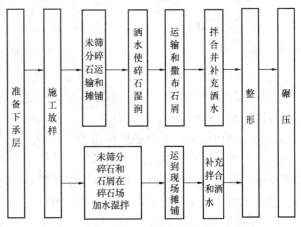

图 7-32 级配碎石路拌法施工工艺流程图

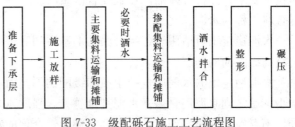

图 7-33 级配砾石施工工艺流程图

时传递到下承层上的受力面积大而且均匀，有良好的路面使用品质。因此，近年来在修筑水泥混凝土路面和沥青路面时常被选做基层或底基层。

稳定土基层存在一个缺点就是易产生收缩开裂，这种开裂是由温度收缩和干缩造成的。因此，在半刚性基层上修筑沥青面层时，应采取防裂措施，以减少半刚性基层开裂，并防止半刚性基层的裂缝反射到沥青面层。

1）石灰稳定土

在粉碎的或原来松散的土（包括各种粗、中、细粒土）中，掺入足量的石灰，在最佳含水量下拌合压实，使石灰与土发生一系列的物理、化学反应，从而使土的性质发生根本性变化，并获得较高的强度和稳定性，养生后得到的混合料抗压强度符合规定的要求时，该混合料称为石灰稳定土。

石灰稳定土适用于各级公路路面的底基层，可用作二级和二级以下公路的基层，但石灰土不应用做高级路面的基层。石灰土容易产生严重的收缩裂缝，且抗冲刷能力小。在冰冻地区的潮湿路段及其他地区的过分潮湿路段，不宜采用石灰土做基层。当只能采用石灰土时，应采取措施防止水分浸入石灰土层。

石灰稳定土基层与底基层的机械路拌法施工如图 7-34 所示，高等级道路应采用中心站集中拌合法施工。

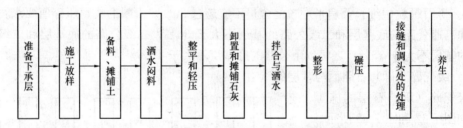

图 7-34　石灰稳定土路拌法施工的工艺流程图

石灰稳定土结构层采用 120kN 以上的压路机碾压，应采用先轻型、后重型压路机碾压。每层的压实厚度应与压实机具相匹配，厚度超过单层施工厚度时，应分层铺筑，但每层的厚度不小于 10cm，下层宜稍厚。

石灰土结构层碾压结束必须保湿养生，养生期一般不少于 7d，亦可在碾压结束后一至两天立即做封层或铺面层。石灰稳定土结构层上未铺封层或面层时，禁止开放交通，当施工中断、临时开放交通时，也应采取保护措施，避免基层表面破坏。分层施工时，下层石灰稳定土碾压结束，可立即在其上铺筑另一层石灰稳定土，不需专门养生。

2）水泥稳定土

在粉碎的或原来松散的土（包括各种粗、中、细粒土）中，掺入足量的水泥和水，按照技术要求，经拌合摊铺，在最佳含水量时压实并养护成型，得到的强度符合规定要求的混合料，称为水泥稳定土。

水泥稳定土可适用于各级公路的上基层和底基层，但水泥土不得用做二级和二级以上公路高级路面的基层。

水泥稳定土的水泥用量视土质和级配的不同而不同。土的塑性低、级配好，则水泥用量少，反之则水泥用量多。水泥剂量越大，强度越高，所以，水泥稳定土与石灰稳定土不同，不存在强度最佳剂量，只有经济剂量，合理的水泥剂量应根据规范规定的强度要求通过试验确定。

另外，水泥、土和水要拌合均匀，且在最佳含水量下充分压实，使之干密度最大。并保湿、保温养生，则其强度和稳定性就高。水泥稳定土从开始加水拌合到完成压实的延迟时间要尽可能短，路拌法施工不应超过 3~4h，并应短于水泥的终凝时间，采用集中厂拌法施工时，延迟时间不应超过 2~3h。

水泥稳定土的施工程序和基本要求与石灰土基层类似，但要求各工序紧凑衔接，在规定的延迟时间内完成施工。并注意拌合时先干拌再洒水湿拌，保证水泥均匀地分散在土粒中。加强养生，根据天气情况每天洒水 4~6 次，养生期不少于 7d。如果为水泥混凝土面板下的基层，且面板是用小型机械施工的，则基层完成后就可以立即铺筑混凝土面层。水泥稳定土分层施工时，下层碾压结束 24h 后就可以铺筑上层水泥稳定土，无须经过 7d 养生期。在养生期间未采用覆盖措施的水泥稳定土层上，除洒水车外，应封闭交通。在采用覆盖措施的水泥稳定土层上，不能封闭交道时，应限制重车通行，其他车辆车速不应超过 30km/h。

(2) 石灰工业废渣稳定土基层

路面基层用工业废渣包括：火力发电厂的粉煤灰和煤渣、钢铁厂的高炉渣和钢渣（已崩解达到稳定），以及煤矿的煤矸石等。

一定数量的石灰和粉煤灰或石灰和煤渣与其他集料相配合，加入适量的水（通常为最佳含水量），经拌合、压实及养生后得到的混合料，当其抗压强度符合有关规范规定要求时，称为石灰工业废渣稳定土（简称石灰工业废渣）。将石灰掺入工业废渣时，石灰在水的作用下形成饱和的 $Ca(OH)_2$ 溶液，而废渣中的活性氧化硅和氧化铝在 $Ca(OH)_2$ 溶液中产生火山灰反应，生成水化硅酸钙和铝酸钙凝胶，把颗粒胶凝在一起，随水化物不断产生而结晶硬化，具有水硬性。同时，这些水化物还可与土（特别是细粒土）产生物理化学反应（与石灰稳定土相似），而使混合料具有一定强度，温度较高时，强度增长快，因此，石灰稳定工业废渣最好在夏季施工，并加强保湿养生。

石灰工业废渣稳定土基层主要有石灰粉煤灰类和石灰煤渣类。用石灰粉煤灰稳定细粒土（含砂）、中粒土和粗粒土时，视具体情况可分别简称二灰土、二灰砂砾、二灰碎石、二灰矿渣等，其中砂砾、碎石、矿渣、煤矸石等可能是中粒土也可能是粗粒土，都称集料。石灰煤渣稳定细粒土，简称二渣土，石灰煤渣稳定碎石、砂砾等粗粒料，简称三渣土。

石灰工业废渣稳定土基层具有以下一些共性：水硬性、缓凝性、强度高、稳定性好、成板体，且强度随龄期不断增加，抗水、抗冻、抗裂而且收缩小，适应各种气候环境和水文地质条件，但抗磨耗能力较差。因此，石灰工业废渣稳定土是修筑基层或底基层的良好材料，但二灰、二灰土和二灰砂不应用做二级和二级以上公路高级路面的基层。

石灰粉煤灰土做基层或底基层时，石灰与粉煤灰的比例常为 1:2~1:4（对于粉土，以 1:2 为宜），石灰粉煤灰与粒料之比应是 20:80~15:85。

采用石灰煤渣稳定细粒土作基层或底基层时，石灰与粉煤灰的比可用 1:1~1:4，石灰煤渣与细粒土的比例也可以是 1:1~1:4，但混合料中石灰用量不应小于 10%，可通过试验选取强度较高的配合比。当采用石灰煤渣做基层或底基层时，石灰:煤渣:粒料可以是 (7~9):(26~33):(67~58)。

177

另外，由于石灰工业废渣稳定土具有缓凝性，其早期强度低。在早期重交通量下，易出现早期破坏现象，所以，为提高石灰工业废渣稳定土的早期强度可外加 1‰～2‰ 的水泥。

石灰工业废渣稳定土基层的施工工艺和基本要求，与石灰稳定土类似。亦可先将石灰与工业废渣拌合，再与粘料或细粒土拌合。施工时，应尽量安排在湿暖或高温季节，并加强养生（养生期不少于 7d），以利于获得较高的早期强度而成型。养生期结束，应立即喷洒透层沥青或做下封层，并在 5～10d 内铺筑沥青面层或混凝土面板。

7.5.2 沥青路面施工

1. 概述

沥青路面是用沥青材料作结合料铺筑的路面的总称。沥青面层是由沥青材料、矿料及其他外掺剂按要求比例混合，铺筑而成的单层或多层结构层。

沥青路面由于使用了粘结力较强的沥青材料，使矿料之间的粘结力大大加强，从而提高了混合料的强度和稳定性，使路面的使用性能和耐久性都得到提高。当使用机械化施工，质量较易得到保证，施工进度快，并便于修补和分期修建，开放交通快等优点。但因其抗弯曲强度低（相对于水泥混凝土）和不透水性，所以要求其基层具有足够的强度和水稳性。另外，沥青面层的温度稳定性也较差，夏天易出现车辙、推移、波浪等破坏。低温时，沥青材料变脆导致开裂，而且受施工季节和气候的影响较大。

沥青路面按施工方法分：层铺法、路拌法和厂拌法

（1）层铺法　层铺法是用分层洒布沥青，分层铺撒矿料和碾压的方法修筑，其主要优点是工艺和设备简便、功效较高、施工进度快、造价较低，其缺点是路面成型期较长，需要经过炎热季节行车碾压之后路面方能成型。用这种方法修筑的沥青路面有沥青表面处治和沥青贯入式两种。

（2）路拌法　即在施工现场以不同的方法（人工的或机械的，牵引式的或半固定式的机械等）将冷料热油或冷油冷料拌合，摊铺后碾压。通过拌合，沥青分布比层铺法均匀，可以缩短路面成型期，但因矿料是冷的，要求沥青稠度较低，故混合料强度较低。路拌法较有利于就地取材，乳化沥青碎石混合料和拌合式沥青表面处治即按此法施工。

（3）厂拌法　即集中设置拌合基地，采用专门设备，将具有一定级配的矿料和沥青加热拌合，然后将混合料运至工地摊铺碾压成型的路面。按照混合料拌合温度的不同，又可分为热拌和冷拌两种。厂拌法需用黏稠的沥青和精选的矿料，因此，混合料质量高，路面使用寿命长，但一次性投资的建筑费用也较高。采用厂拌法施工的沥青路面有沥青混凝土和厂拌沥青碎石。

2. 沥青路面的材料

沥青面层所用的材料包括沥青材料和各种矿料，其品质的优劣，对沥青路面的使用质量和使用年限影响较大。

（1）沥青材料

沥青路面所用的沥青材料包括道路石油沥青、煤沥青、乳化石油沥青、液体石油沥青、改性沥青、改性乳化沥青等。使用时，应根据交通量、气候条件、施工方法、沥青面层类型、材料来源等情况选用，改性沥青应经过试验论证取得经验后使用。

（2）粗集料

用于沥青面层的粗集料包括碎石、破碎砾石、筛选砾石、矿渣等，但高速公路和一级公路不得使用筛选砾石和矿渣。粗集料的粒径规格应符合规定（S1～S14），应洁净（含泥量小于1%）、干燥（含水量小于2%～3%）无风化、无杂质，且具有足够的强度和耐磨耗性。石料压碎值要求：高速公路、一级公路的表面层不大于26%，其他层次不大于28%；其他等级公路不大于30%。为使矿料颗粒之间有良好的嵌锁力，要求粗集料表面粗糙，形状以接近立方体且多棱角为佳，扁平细长颗粒含量不超过15%～20%，为保证粗集料与沥青材料有良好的粘附作用，用水煮法测定时，其粘结力为：一般道路不小于Ⅲ级；高等级道路不小于Ⅳ级。采用酸性石料（石英岩、花岗者、砂岩、片麻岩等）作沥青混合料的集料并用于高速公路、一级公路和城市快速路、主干路时，通常采用针入度较小的沥青，并采取有效的抗剥离措施。

用于抗滑表面层的粗集料应选用坚硬、耐磨、抗冲击性好的碎石或破碎砾石，不得使用筛选砾石、矿渣及软质集料。

用破碎砾石时，必须采用粒径大于50mm、含泥量不大于1%的砾石轧制，破碎砾石中破碎面积必须满足规范要求，方可使用。筛选砾石仅适用于三级及三级以下公路的沥青表面处治面层或拌合法施工的沥青面层下层，不得用于贯入式路面及拌合法施工的沥青面层的中、上面层。

（3）细集料

沥青面层的细集料可采用天然砂、机制砂及石屑，必须由具有生产许可证的采石场、采砂场生产。细集料应洁净、干燥、无风化无杂质且级配符合要求（S15～S16），含泥量高速公路和一级公路小于3%，其他等级公路小于5%，砂当量不小于50%～60%，视密度不小于2.45～2.5t/m³。

细集料应与沥青有良好的粘结能力，与沥青粘结性能很差的天然砂及花岗岩、石英岩等酸性石料破碎的机制砂或石屑不宜用于高速公路、一级公路沥青面层。必须使用时．应采取抗剥落措施。

（4）填料

沥青混合料的填料必须采用石灰岩或岩浆岩中的强基性岩石等憎水性石料经磨细得到的矿粉，原石料中的泥土杂质应除净。矿粉应干燥、洁净，能自由地从矿粉仓流出。小于0.075mm的颗粒含量不宜小于70%，含水量小于1%，为使填料与沥青有良好的粘附性，要求矿粉的亲水系数不能大于1.0。水泥、石灰、粉煤灰也可用作填料，但其用量不宜超过矿料总量的2%

粉煤灰作为填料使用时，用量不得超过填料总量的50%，粉煤灰的烧失量应小于12%，与矿粉混合后的塑性指数应小于4%，其余质量要求与矿粉相同。高速公路、一级公路的沥青面层不宜采用粉煤灰作填料。

（5）纤维稳定剂

在沥青混合料中掺加的纤维稳定剂宜选用木质素纤维、矿物纤维等，木质素纤维的质量应符合规范要求。矿物纤维宜采用玄武岩等矿石制造，易影响环境及造成人体伤害的石棉纤维不宜直接使用。纤维应存放在室内或有棚盖的地方，松散纤维在运输及使用过程中应避免受潮，不结团。

纤维稳定剂的掺加比例以沥青混合料总量的质量百分率计算，通常情况下用于SMA

路面的木质素纤维不宜低于0.3%，矿物纤维不宜低于0.4%，必要时可适当增加纤维用量。纤维掺加量的允许误差宜不超过±5%。

3. 沥青表面处治

沥青表面处治面层是用沥青和矿料按层铺或拌合的方法，修筑的厚度不大于3cm的一种薄层路面结构，适用于三级及三级以下公路的沥青面层。其主要作用是构成磨耗层，保护承重层免受行车破坏，作沥青面层或基层的封面，起到封闭表面，防止地表水渗入基层及土基，提高平整度，增强抗滑性能，改善行车条件，延长路面使用寿命的作用。对于新建三级公路、改建公路或经过整修的碎石路面以及损坏较轻的或泛油的沥青路面和损坏较轻而磨光的水泥混凝土路面或块石路面，均可直接在其上铺筑沥青表面处治。

沥青表面处治最常用的施工方法是层铺法。按其浇洒沥青及撒铺矿料次数多少可分为单层式、双层式及三层式三种。单层式厚度为1.0～1.5cm、双层式厚度为1.5～2.5cm，三层式厚度为2.5～3.0cm，层铺法沥青表面处治的施工工序及要求如下：

(1) 清理基层　在表面处治层施工前，应将路面基层清扫干净，使基层的矿料大部分裸露，并保持干燥。对有坑槽、不平整的路段应先修补和整平，若基层整体强度不足，则应先补强。

(2) 洒布沥青　在浇洒透层沥青4～8h，或已作透层（或封层）并开放交通的基层清扫后，即可浇洒第一遍沥青。沥青要洒布均匀，不应有空白或积聚现象，以免日后产生松散、拥包或推挤等病害。

(3) 铺撒矿料　洒布沥青后应趁热迅速铺撒矿料，按规定用量一次撒足，要铺撒均匀。

(4) 碾压　铺撒一段矿料后随即用6～8t钢筒双轮压路机从路边向路中心碾压3～4遍，每次轮迹重叠约30cm。碾压速度开始不宜超过2km/h，以后可适当增加。

双层式和三层式沥青表面处治的第二、三层施工，即重复第（2）、（3）、（4）工序。

(5) 初期养护　碾压结束后即可开放交通，但应禁止车辆快速行驶（不超过20km/h），要控制车辆行驶的路线，使路面全幅宽度获得均匀碾压。当发现有泛油时，应在泛油处补撒与最后一层石料规格相同的嵌缝料并扫匀，过多的浮料应扫出路外。

4. 沥青贯入式

沥青贯入式面层是在初步压实的碎石（或轧制砾石）上，分层浇洒沥青、撒布嵌缝料，经过碾压而成的路面结构，厚度通常为4～8cm，乳化沥青贯入式路面的厚度不宜超过5cm。当贯入层上部加铺拌合的沥青混合料面层成为上拌下贯式路面时，拌合层的厚度宜不小于1.5cm。沥青贯入式结构层对提高路面强度起着重要的作用。

沥青贯入式路面适用于三级及三级以下公路，也可作为沥青路面的联结层或基层。它具有强度较高、稳定性好、施工简便和不易产生裂缝等优点。由于沥青贯入式路面的强度主要取决于矿料之间的嵌挤作用，且孔隙率较大，受温度变化的影响小，故温度稳定性较好。其缺点是沥青材料撒布在矿料中不易均匀，在矿料密实处沥青不易贯入，而在矿料空隙较大处沥青又容易结块，因而强度不够均匀。另外，沥青贯入式路面是一种多孔隙结构，路表水容易渗入，因而耐久性差。为防止路表水的渗入以增强路面的耐久性，沥青贯入式路面的最上层应撒布封层料或加铺拌合层，但作为联结层使用时，可不撒表面封层料。

沥青贯入式的施工工序如下：

（1）清扫基层，当需要安装路缘石时应先安装缘石。

（2）乳化沥青贯入式路面必须浇洒透层或粘层沥青。沥青贯入式路面厚度小于或等于5cm时，也应浇洒透层或粘层沥青。

（3）摊铺主层集料，铺筑后严禁车辆通行。

（4）主层集料摊铺后，先用6～8t的轻型钢筒式压路机自路两侧向路中心碾压，碾压速度宜为2km/h，至表面无明显推移为止。然后用重型的钢轮压路机碾压4～6遍，直至主层集料嵌挤稳定，无显著轮迹为止。

（5）浇洒第一层沥青。

（6）撒布第一层嵌缝料，要尽量扫匀，不足处应找补。当使用乳化沥青时，石料撒布必须在乳液破乳前完成。立即用8～12t钢筒式压路机碾压嵌缝料，随压随扫，使嵌缝料均匀嵌入。

（7）按上述方法浇洒第二层沥青、撒布第二层嵌缝料，然后碾压，再浇洒第三层沥青、撒布第三层嵌缝料，最后碾压。最后碾压采用6～8t压路机作最后碾压，宜碾压2～4遍，然后开放交通。

交通控制与初期养护工作与沥青表面处治相同。

5. 沥青混凝土和沥青碎石

（1）沥青混凝土

沥青混凝土路面是由几种不同粒径的矿料（如碎石、轧制砾石、石屑、砂和矿粉等），按级配原理选配，用沥青作结合料，按一定比例配合，在严格控制条件下拌合，经压实成型的路面。这种沥青混合料称为沥青混凝土混合料。沥青混凝土路面按混合料中集料公称最大粒径的大小可分粗粒式、中粒式、细粒式。

沥青混凝土路面的强度是按密实或者嵌挤原理构成的，整体性好、强度高、抵抗自然因素破坏作用的能力强等优点，是一种适合现代交通荷载的高级路面，适用于高速公路、一级公路、交通量大的公路和城市道路。面层宜采用双层式或三层式结构，其上层采用中粒式或细粒式沥青混凝土，其下层采用粗粒式或中粒式沥青混凝土，使用年限达到15～20年。当采用单层式沥青混凝土面层时，其最大粒径不大于20mm。由于沥青混凝土路面具有较高的强度，能承受繁重的车辆交通，因而也要求有十分牢固的基层。

在铺筑沥青混凝土混合料之前，应检查与清理基层，保证基层坚实、平整、洁净和干燥；准备和检修施工机具，检查其是否保持完好状态；落实各种材料，备齐仪器用具，制订施工计划，进行施工放样等各项准备工作。施工程序如下：

1）砌筑路缘石或培路肩。

2）清扫基层。

3）浇洒粘层或透层沥青。

4）摊铺 应尽量采用全路幅铺筑，以避免纵向施工缝，若面层为双层或三层时，施工时应注意避免下层污染。注意控制摊铺温度：石油沥青混合料控制在不低于110～130℃，不超过165℃；煤沥青混合料控制在80～120℃。严格控制现场松铺厚度，其松铺系数机械摊铺约为1.15～1.35，人工摊铺约为1.25～1.50。

5）碾压 碾压程序为：初压—复压—终压。碾压时应控制初压及碾压终了温度。

6）开放交通　沥青混凝土路面碾压成型后应在温度不高于 50℃（石油沥青）或不高于 45℃（煤沥青）后开放交通。

7）接缝处理　沥青路面的施工必须接缝紧密、连接平顺，不得产生明显的接缝离析。上下层的纵缝应错开 15cm（热接缝）或 30～40cm（冷接缝）以上。相邻两幅及上下层的横向接缝均应错位 100cm 以上。

（2）沥青碎石

沥青碎石路面是由几种不同粒径大小的级配矿料，掺有少量矿粉或不加矿粉，用沥青作结合料，按一定比例配合，均匀拌合，经压实成型的路面。这种沥青混合料称为沥青碎石混合料，空隙率较大，它与沥青混凝土的区别仅在于是否加矿粉填料及级配比例是否严格。沥青碎石混合料铺筑的路面能充分发挥其颗粒的嵌挤作用，高温稳定性比沥青混凝土好，但强度和耐久性不如沥青混凝土。为防止水分渗入沥青碎石路面并保持良好的平整度，必须在其表面加铺沥青表面处治或沥青砂浆封层。

沥青碎石路面按矿料最大粒径的不同，可分为粗料式、中粒式和细粒式。沥青碎石混合料用作高等级道路沥青路面的联结层、基层和整平层。一般道路可铺筑沥青碎石路面，但面层上层宜采用沥青混凝土混合料铺筑。

单层沥青碎石的厚度为 4～7cm，双层式的厚度可达 10cm。

沥青碎石路面的施工方法和施工要求基本上与沥青混凝土路面相同。由于热铺沥青碎石主要依靠碾压成型，故碾压的遍数较多，一般要碾压 10 遍左右，直到混合料无显著轮迹为止。冷铺沥青碎石路面，施工程序与热铺的相同，但冷铺法铺筑的路面，最终成型靠开放交通后行车碾压来完成，故在铺筑时碾压的遍数可减少。

7.5.3　水泥混凝土路面面层施工

1. 概述

水泥混凝土路面的面层是用水泥混凝土混合料铺筑而成的。根据行车荷载和自然因素的作用特点，为保证路面使用品质，面层混合料必须具有较高的抗弯拉强度、良好的抗冻性和耐磨性以及良好的施工和易性。通常，面层混凝土 28d 抗弯拉强度需达到 4.0～5.0MPa，抗压强度达到 30～35MPa，以满足设计强度要求。因各地施工方法不一，气温影响也不同，因此，采用坍落度大小也有差异，但一般为 1～2.5cm，当坍落度小于 1cm 时，应用维勃稠度仪测定维勃时间，一般宜为 10～30s。为了保证混合料质量，各组成材料的技术性质要严格按有关规范的要求控制。

为保证水泥混凝土有足够的强度、耐久性及抗腐蚀性，在混合料配合比设计中，水泥用量不应小于 290kg/m³，最大不宜大于 400kg/m³，水泥等级不低于 42.5 级；最大水灰比为：高速公路、一级公路不大于 0.44，二级公路不大于 0.46，三、四级公路不大于 0.48，冰冻地区的最大水灰比应相应减少。

混凝土的单位用水量，应按集料种类、最大粒径、级配和掺用外加剂等通过试验确定。当集料最大粒径为 40mm（一般不超过 40mm）且干燥时，单位用水量为：碎石混凝土 150～170kg/m³，砾石为 140～160kg/m³。

混凝土的含砂率对其强度、耐磨性能和施工和易性影响很大，应按碎（砾）石和砂的用量、种类、规格及混凝土的水灰比确定。路面混凝土采用天然砂时，宜用中砂，细度模数在 2.0～3.5 之间。

2. 施工方法

混凝土面板的施工方法有人工摊铺法和机械摊铺法。机械摊铺包括滑模摊铺、轨道摊铺、三辊轴摊铺和小型机具摊铺，高速公路、一级公路应尽可能采用滑模摊铺机施工，其他等级公路也要提供机械化施工的比例。各种施工机械有符合其特点的施工程序，但可以归纳为以下几个主要工序：

（1）安装模板

摊铺混凝土之前，应先将路面边部模板安装好。当采用半幅路面施工时，还应将纵缝处模板安装好，边模的高度应与路面的厚度相同。施工模板应采用刚度足够的槽钢、轨模或钢制边侧模板，长3～5m，在纵横曲线路段设置短模板。模板装好后，用水平仪检查其高程是否正确，然后在其内侧涂刷肥皂水、废机油等润滑剂，以便利拆模。

（2）筑做接缝与安设钢筋

1）胀缝的筑做

当胀缝与结构物相接时，混凝土板无法设置传力杆，可做成厚边式，即接近结构物一端可适当加厚，此时可将木制嵌缝板设在胀缝位置，即可摊铺混凝土。

当胀缝设置传力杆时，可采用整体式嵌缝板，它是用软木做成，中部预留传力杆的圆孔，混凝土浇成后留在缝内不再拔出，或用两截式嵌缝板。

2）缩缝的筑做

压缝法：混凝土经振捣后，在缩缝位置先用振动梁将"T"形振动刀振压出一条槽，然后将铁制压缝板放入，等到混凝土收浆抹面后再轻轻取出压缝板。

切缝法：混凝土摊铺振捣后，经过养生达到设计强度的50％～70％时，在缩缝位置使用切缝机切割缝隙，其宽度约6～7mm。此法便于连续施工，效率高、切缝整齐平直、宽度一致。

3）纵缝的筑做

设置拉杆的纵缝，则模板上事先钻圆孔，以便穿入拉杆，对于平头式纵缝，其下部已凝固的混凝土侧壁应涂以沥青，上部设置压缝板，再浇筑另一侧混凝土。

因下雨或当天不能做到胀缝处，也应赶至横向缩缝处。此时缩缝应做成如纵缝所述的平头缝式样，其上部做成深4cm宽1cm的缝隙，其中填以填缝料。一般要求施工缝设置传力杆，传力杆的直径、间距、长度则根据板宽、板厚确定，施工时一端浇固在混凝土板中，另一端表面涂以沥青，以便能自由伸缩。

4）钢筋的安设

边缘钢筋和角隅钢筋的布置如图7-9和图7-10所示。

安设钢筋时，事先应按设计要求将钢筋弯起并绑扎好。安装边缘钢筋，可在底部垫放预制的混凝土垫块，或用钢钎固定位置。浇捣混凝土后，垫块或钢钎即留在混凝土内不再取出。至于角隅钢筋、全面网状钢筋，可先摊铺下层混凝土，然后安放钢筋，再摊铺上层混凝土。

（3）拌制与运送混凝土混合料

1）混凝土的拌制

拌制混凝土时，要准确掌握配合比，特别要严格控制用水量。每天开始拌合前，应根据天气变化情况，测定石、砂的含水量，以调整实际用水量。每一工班应检查材料量配的精度至少两次，每半天检查混合料坍落度两次。拌合时根据拌合机容量、混凝土稠度和气温控制拌合时间和转数。

2）混凝土的运送

人工运送以不超过 100m 运距为宜，以防振动而使混凝土产生离析。自卸汽车运送，则车箱应密封以免漏浆。天热时防止混凝土水分蒸发，应加覆盖用具，运距则以运载允许时间确定，通常夏季不超过 30～40min，冬季不超过 60～90min。

（4）混凝土的摊铺与捣实

1）混凝土的摊铺

摊铺混凝土混合料之前，应先检测模板、传力杆、接缝板、各种钢筋的安装位置是否正确，尺寸是否符合规定，绑扎是否牢固。对于砂质平整层，还要检查其是否压实平整，并洒水润湿。如混合料有离析现象，应用铁铲翻拌均匀。人工摊铺时，不得撒扬抛掷、以免混凝土发生离析。在模板附近，必须用方铲以扣铲法撒铺混合料，并插捣几下，使浆水捣出，以免发生空洞蜂窝现象。摊铺后的松散混凝土表面，应略高于模板顶面，使捣实后的路面高程与厚度符合设计要求。

2）混凝土的捣实

混凝土摊铺到一半厚度后，立即用铁耙和刮板刮平，再用平板振动器振捣一遍，然后再加铺混凝土到顶面，整平后再用平板振动器再振捣一遍。振动器沿纵向一行一行地由路边向路中移动，每次移动时平板位置需重叠 10～20cm，振动器在同一位置不得停留过久，一般为 10～15s，以达到表面振出浆水不再沉落为度。凡振捣不到之处，如模板边缘、窨井、进水口附近，应用插入式振动器振捣，或用捣钎钎夯捣实。

为使混凝土表面更加平整密实，可用夯梁夯拍，把露在表面的碎石击下去，并使表面有一层湿润的砂浆。

（5）整面与拆模

1）混凝土整面

为使混凝土表面更加平整，可在终凝前用长 45cm、宽 20cm 的木抹反复抹平，然后再用铁抹板拖抹至少三次。为使混凝土具有粗糙抗滑的表面，可在整面后用棕刷、金属梳或尼龙梳梳成深 1～2mm 的横槽，或在表面撒布少量石屑，或用切割机将路面切割成深 5～6mm、宽 3mm、间距 20cm 的小横槽，效果更好。

2）模板的拆除

当混凝土达到一定强度后，即可拆除模板。拆模时间视气温而定。拆模时应先起下模板支撑、铁钎等，然后用扁头小铁棒插入模板与混凝土之间。慢慢向外撬动模板。拆下的模板必须平放，并保护好防止变形，以便转移它处使用。

（6）湿治养生与填缝

1）混凝土的湿治养生

湿治养生的目的是防止混凝土中水分蒸发过快而产生缩裂，保证水泥水化过程的顺利进行。养生工作应在抹面 2 小时后，混凝土表面已有相当硬度，用手指轻轻压上没有痕迹时开始进行。养生时，一般用湿麻袋、草席、2～3cm 厚湿砂或锯末覆盖于混凝土表面上，每天均匀洒水 2～3 次，养生时间一般为 14～21d，具体时间视气温而定。

近年来使用了一种塑料薄膜养生新技术，亦可阻止混凝土中水分的蒸发，保证水泥的水化作用。此种方法能保证质量、节约劳动力，但在行车初期容易引起路面溜滑。

2）填缝

混凝土路面养生期满后即可进行填缝，也可在混凝土初步硬结后进行。填缝前需对缝隙清理干净，然后浇灌填缝料。理想的填缝料应能长期保持弹性、韧性，热天缝隙缩窄时不软化挤出，冷天缝隙增宽时能胀大而不脆裂，同时还要与混凝土粘牢，防止土砂、雨水进入缝内，此外还要耐磨、抗疲劳、不易老化。常用的填缝料有沥青玛琋脂、沥青软木屑、沥青橡胶混合料、聚氯乙烯胶泥。

填料不宜填满缝隙全深，最好在浇灌填料前先用多孔柔性材料填塞缝底，然后再加填料，以免夏天胀缝变窄时填料受挤溢至路面。填料顶面夏天应与板面齐平；冬天应填为凹液面，中心低于板面1～2mm。

复 习 思 考 题

1. 路面的定义和作用是什么？行车对路面有哪些要求？

2. 路面设计的标准轴载、当量轴次、累计当量轴次是什么？路面的分级和分类的依据是什么？

3. 沥青路面结构组合设计的原则？

4. 沥青路面和水泥混凝土路面设计理论各是什么？各自的设计方法是怎样的？

5. 沥青路面的种类和各自的特性有哪些？

6. 水泥混凝土路面接缝类型有哪些？如何设置？

7. 沥青路面和水泥混凝土路面相接如何处理？

8. 公路路面排水包括哪些方面？中央分隔带排水有哪些排水方式？

9. 城市道路的排水系统如何设置？

10. 雨水井的种类及各自的特点有哪些？

第8章 道路绿化与环境

8.1 道路绿化与环境

道路绿化是一门综合性的学科，它与道路美学、建筑学、生物学、环境科学、自然地理学等学科及水、电、路、桥梁工程和历史文学、艺术等都有密切关系。道路绿化是大地绿化的组成部分，也是道路组成不可缺少的部分。无论是道路总体规划、详细设计、修建施工、还是养护管理都是其中的一项重要内容。它比城市园林、街道绿化简单粗放，而比荒山造林、农田林网的技术性强、标准高。

道路绿化的特点和风格是：绿色缭绕、交融自然、浑厚壮观、简单粗放、舒适优美、方便交通。

道路绿化范围指的是在道路用地内栽植的树木花草；也可泛指道路沿线视野内的一切绿色覆盖，即道路周围的大环境绿化。

随着工业的发展，环境污染日益严重，特别是城市环境污染更为严重，要改善和保护环境，一方面从根本上杜绝污染源，另一方面要发展绿化事业，建立良好的生态环境。

8.1.1 绿化对环境的改善

（1）吸收二氧化碳，放出氧气

众所周知，植物通过光合作用吸收的二氧化碳要比排出的一氧化碳多 20 倍。因此，总的是消耗了空气中的二氧化碳，增加了氧气。有资料表明，地球上 60％以上的氧气来自植物。每公顷阔叶林（相当于 1km 道路两侧单行路树），每天能吸收 1000kg 二氧化碳，放出 730kg 氧气，供 1000 人呼吸所需。一般来说，一个人每天需要 0.7kg 的氧气，有 $10m^2$ 树木或 $25m^2$ 草坪，就能自动调节空气中二氧化碳和氧气的比例平衡，使空气保持新鲜。成片的松林每天可从 $1m^3$ 空气中吸收 20mg 的二氧化硫，每公顷柳杉林每天能吸收 60kg 的二氧化硫。因此，为防止污染、净化空气应选择与其相适应的、对有害气体具有吸收作用和抗性强的绿化树种。

（2）改变小气候

树木花草叶面的蒸腾作用，能降低气温，调节湿度，吸收太阳辐射，对改善小气候有着积极作用。据资料表明，当夏天气温为 27.5℃时，草坪表面温度为 22～24.5℃，比裸露地面低 6～7℃，比沥青路面低 8～20.5℃。不同树种有不同的降温能力，主要取决于树冠大小、树叶的疏密程度和叶片的质地。冬季，在树木较多的小环境中，其气温要比空旷地高 1～3℃，有草皮的足球场地面温度比裸地高 2～4℃。总之，绿化了的小环境可以起到冬暖夏凉的作用。

（3）调节湿度

空气湿度过高，易使人厌倦疲乏，过低，则感觉干燥烦恼。一般最舒适的相对湿度是 30％～60％，据北京地区测定，阔叶林的蒸腾能力相当于同等面积水库的蒸发量，比同面积的裸地蒸腾能力高 20 倍。

（4）降低噪声

成片栽植的树木对降低噪声也有一定的作用。树木能降低噪声，是因为能使投射到树叶上的噪声被反射到各方向，造成树木微振使声能消耗而减弱。噪声的减弱与林带的高度、宽度、位置、配置方式以及树木种类有密切关系。据测定，40m 宽的林带可以减低噪声 10～15dB（A）；道路两旁乔灌木搭配成 15m 宽的林带，可降低噪声一半；快车道的汽车噪声穿过 12m 宽的树冠，与同距离空地相比降低 3～5dB（A）。

8.1.2 道路绿化的基本要求

（1）道路绿化应贯彻为交通运输服务，为工农业生产服务的方针，做到全面规划、合理布局，各具特色，点、线、面结合，组成一个完整的道路绿化体系。做到自然美和人工美，粗犷美和精致美的和谐统一。

（2）道路绿化不但要适用、美观，而且还应经济，视气候、土壤等自然条件不同，宜树则树，宜草则草，宜花则花。

（3）绿化要达到改善行车条件，美化路容，增进舒适性和安全感的要求。

（4）绿化要随地形、环境不同，可以为连续形、自然形、对称形和一定图案等形式也可根据道路的性质、等级采用不同的树种绿化。高速道路车速快，不宜种植高大的乔木或离路太近，也不宜栽植过密。因为，树的阴影会影响视力，看不清周围景色，使人头昏目眩。一般植栽 1.2m 左右的低矮植物。对等级不高的道路，可以种植高大的树木，既可美化路容，又可以收获木材。

（5）道路绿化要与预防自然灾害结合起来，以阻挡风、沙、雪、洪水等灾害对道路的侵害。

8.1.3 道路绿化的功能

道路绿化与路基、路面、桥涵、标志等共同构成道路整体，对美化路容、诱导交通、保护路基、路面都起着重要作用。

（1）有视线诱导和指路作用。可以通过视线诱导来指示驾驶员道路前进的方向，利用绿化种类的不同预示高速道路的出入口、道路线形变化，尤其是在竖曲线顶部等路线走向不明了地段，可以使路线走向变得十分明显，有利于驾驶员的安全行车。

（2）稳固路基、保护边坡的功能。在平台、边坡上的绿化可以保持水土、防止冲刷，同时又可通过植物的蒸腾作用来消耗土壤中的含水量，抑制地下水位的上升，从而达到稳固地基、保护边坡的作用。

（3）防眩功能。白天，树荫可以遮挡阳光，减少阳光对司机产生的眩光；夜晚，位于中央分隔带上的树木、矮篱等，可以有效地防止夜间对向来车所产生的眩光，防止由于眩目所产生的交通危险。

（4）调节明暗变化。尤其是在车辆驶入光线很差的隧道中时，由于人的眼睛不能立即适应明暗的变化，往往会产生短暂的视觉障碍，因此，在隧道两侧种植一些树木，利用树荫来调节隧道内外的明暗强度，对行车安全十分有利。

（5）保护车辆及驾驶员。车辆与路外物体发生碰撞时，道路两侧的树木可以有效地降低车辆及驾驶员受损害的程度，尤其是在山区等地形险要地段，行道树更成为保护生命财产的重要手段之一。

（6）有补充道路景观，调整工程中难以避免的景色影响的作用。可以遮蔽杂乱和不美观的建筑，可美化取土坑、废料堆和贮水池，使它们成为道路环境中的一景，对重新建立和形成生态平衡系统起着积极作用。

（7）有调节路面温度，防止路面老化的作用。绿色植物能吸收日光辐射和减少地面辐射的作用，夏季能遮光蔽荫，冬季能阻挡寒风，有防止路面老化的作用。

（8）有调节周围小气候和净化空气的作用。树丛还能隔声、吸声，以创造安静、清洁的环境。

8.1.4 道路绿化的类型

分公路绿化和城市道路绿化。

按其目的、内容和任务不同，又分为以下工程类型：

（1）营造行道树

一般以乔木为主，以路中心线为轴线，在公路两旁营造单行或双行的树木。行道树的位置见表 8-1。

道路行道树（乔木）植树的位置　　　　　　　　表 8-1

名　　称	树木距离（m）	名　　称	树木距离（m）
道　牙	1	高压线与路平行	15
边坡上口	0.5	高压线穿越公路	15
护坡道两侧	0.5	电力电线杆	2
公路平交道口	20	警　亭	3
公路铁路平交道口	25	平　房	2
乡村平交道口	8	楼　房	5
桥　涵	6	电信电缆	2

注：1. 公路路肩不植树；

　　2. 公路弯道半径小于 100m 时，内侧不植树。

（2）营造防护林带

一般离路基 10～30m 外，种植两行以上的乔木或灌木、乔木混合林带，以防止风、沙等自然灾害的侵袭。

（3）营造绿化防护工程

如护坡草皮、护坡柳及矮林等，以保护线路、加固构筑物、增强路肩和路基的稳定性。

（4）营造风景林、美化环境

公路两旁多半种植两行以上的观赏乔木或将灌木和果树适当混交成林。而在高速公路的中央分隔带和收费站（亭）、停车场、立交桥等景点的绿化以低矮、四季常青的树种为主。

对于城市道路的风景绿化，可以是道路全程绿化，以保持整体上的协调统一，提高道路绿化的艺术水平，也可以各路段在形式上有所变化，既能结合环境特点，且景观上也得以丰富。同时一条路段上分布有多条绿带，各绿带的植物配置相互协调，使道路绿化有层次、有变化、景观丰富，也能较好地发挥绿化的隔离防护作用。

8.2 道路与环境

人类环境，是指人类的生存环境，它是自然环境、人工环境和社会环境的总和。

自然环境，如地形、地质、水文、气候、土壤、动植物等；人工环境，如农业、工业、城市、乡村、风景名胜、文物古迹及各种游乐场所；社会环境，如人力、物力、财力、信息等，自然环境是人工环境和社会环境的基础，社会环境又起着决定性的制约和调控作用。

道路环境问题是整个人类环境问题的一个组成部分，它是由于人们为发展经济修建道路而引起的环境恶化，以致影响人类生产和生活，导致生活质量的下降。

道路环境问题可分为两大类，一类是自然环境的破坏；另一类是对环境的污染。

8.2.1 道路建设对环境的影响

道路建设对环境的影响，可归纳为以下三个方面

（1）道路开发引起的环境问题

在道路修建过程中，由于施工引起的环境问题，主要是对原始自然生态环境、自然风景景观的破坏，以及大量占用土地，各种拆迁工程和施工噪声、废弃物对沿途居民生活、工作造成的扰乱和污染。道路施工对农业产生的影响，还表现在废弃物，如石灰、水泥、沥青渣、机械残油、污水等对道路两旁的农田和作物的污染，而造成农业的减产。

道路开发对自然风貌的破坏，如道路路基和其他桥涵构筑物的施工，要大量砍伐森林、开山填路、改移河道，均会破坏原始地貌、植被，从而使大量水土流失，造成山体滑坍、泥石流等，还会改变生物群落、减少动物繁殖群的数目以及造成动物迁移等。总之它会使自然风貌失去原始状态，破坏生态系统的功能结构。

道路对自然景观的影响主要表现在公路构筑物与自然景观相互协调，尤其是公路穿越旅游区或旅游景点时，如何与周围景观协调一致就更为重要。因此，在公路设计中运用美学，提高公路现行设计质量，改善公路及其周围环境，增进交通安全和为司机、乘客提供舒适的旅行环境，减少对原来自然景观的平衡和谐的破坏，点缀和丰富道路两侧的自然景观是十分重要的。地形情况不同，公路线形组合应该随之变化。对于平原微丘区，地势比较平缓，路基的填、挖不大，平、纵曲线半径都很大，因此，视线不易受到限制，透视可以很远，但容易形成视觉上的单调，这时应当通过道路两侧的绿化和美化处理来进行协调。目前，在我国公路对自然景观的影响还没有引起足够的重视，例如在平原区的高速公路建设中，为了便于设置横向通道而将高速公路设置成高路堤，这就对道路两侧的景观造成了一定程度的破坏。

（2）汽车交通引起的环境问题

汽车在行驶过程中，排出的废气含有一氧化碳、碳氢化合物、氮氧化物和铅微粒。碳氢化合物、氮氧化物与水反应形成酸，所以，汽车排放废气是导致酸雨形成的主要原因。酸雨不但对动、植物生长有很大影响，而且易破坏建筑物。

当内燃机车释放出一氧化碳（CO）达到足够浓度时，对人类将会产生致命的毒性。人所接触到的一氧化碳几乎都是汽车排放的，因此对一氧化碳应予重视。如道路、隧道等

处，规定了通风标准，以确保一氧化碳浓度不允许达到（超过）对人类健康产生影响的程度。

汽车在排放中都散放出无机铅化合物的细小颗粒物，并在行驶中扰动了路面的一些物质，在无结合料的路面会造成尘土飞扬。由汽车扰动起来的空中污物、灰尘可以直接落入土壤中，并通过道路附近的植物进入食链中形成对人体有害的物质。

道路噪声发生于行驶的汽车群，沿路传布并散布到周围环境中，噪声过大会危害人们的身心健康，使人烦躁不安，干扰睡眠，增加急促感，工作中易分散注意力。所以，噪声和振动是一种公认的公害。道路噪声除发动机和车体所产生的噪声以外，特别严重的是高速行车时车轮与路面强烈摩擦时产生的声音，加上路堤提高，噪声能波及很远的地区。噪声的大小与车速成正比，随车速的增加而增加，当车辆加速时，噪声增长约为 $2 \sim 9dB$，重型汽车的噪声比轻型汽车大，因此，在公路交通中，噪声随大型车在总交通中的比重增大而增大。另外，交通噪声还与道路纵坡和交通量的大小有直接关系。当交通量小于1000辆/小时，噪声与交通量近似地呈正比的关系。因机动车行驶产生的噪声污染是非稳定的、长期的，其危害也是较大的。

（3）道路视觉环境问题

由于道路的修建，将对所通过的地区景观有所改变，并且常常把道路当作正常景观的一部分。因此，道路环境问题，还包括道路本身和周围环境对司机视觉的影响，称之为道路视觉环境。

视觉环境是指汽车在行驶中，司机在视野极限范围内（1km）所看见的行车道上和道路两旁周围环境中的一切景物，即道路的总外貌。司机对道路环境的认识，主要是通过视觉观察，从中选择行驶信息，形成心理环境，并通过大脑对这些信息进行判断，而采取相应的驾驶方案。如果在视觉环境中，道路景物杂、乱、脏、刺眼，甚至险恶，都会引起视觉污染，影响人的思维、行为、情绪、感觉，造成心理和生理的变化，严重影响司机的操纵行为。因此，视觉污染是引起交通事故的根源之一。

道路视觉污染产生的原因很多，有道路本身结构和沿途设施结构的原因，也有司机、旅客、行人的原因及周围居民的原因。例如：道路路线扭曲、断背、折断、隘口山崖险恶、急转弯，路旁刺眼的广告、交通标志牌、行车道上旅游垃圾、脏水等等，都会给司机的视觉造成刺激，增加他们的紧张感，增加交通事故的发生率。

8.2.2　道路建设对环境的影响层次

道路建设对环境的影响层次主要有：全球影响，例如使全球变暖和对臭氧层的破坏；区域性影响，如酸雨和光化学现象；局部影响，如噪声，柴油机排放的微粒物及道路照明等。

8.2.3　生态公路

生态公路是生态学与公路建设结合的产物，其发展应遵循自然生态规律与区域公路的发展要求，生态公路是建立在发展与环境相互协调的基础上，以生态系统（自然）的良性循环为基本原则，综合考虑决策、设计、施工、运营、管理的全过程，在一定区域范围内结合环境、经济和社会发展状况而建立起来的公路系统。生态公路是由汽车运输活动与公路环境两大部分构成的，人类的运输活动在此系统中占主导地位，环境是公路交通环境，公路及交通活动成为联系人与其他生物和环境的纽带。

把公路作为一个生态系统来研究，用生态学和系统论的思想、方法来分析和研究公路引发的生态环境问题，指导公路规划、建设和发展。生态公路增进道路与环境的协调与和谐，使公路巧妙地与大自然融合。车行其中，司乘人员视觉和心理上更有安全感和舒适感，有效减轻驾驶员的疲劳，使之保持足够的注意力驾驶车辆，从而减少交通事故，保障公路的安全畅通。公路绿化不仅仅是简单的恢复植被，而是要注意生态效益与景观两方面的共同要求。公路景观绿化所要达到的目的就是要为各种植物创造良好的生存环境，在发挥最大的生态效益的同时，能实现自身的可持续发展，从而促进公路与景观生态的和谐统一。

8.3　道路环境影响评价

道路环境影响评价是道路环境质量评价的一个组成部分。它是工程项目开发之前，就施工过程中和建成交付营运期间，可能对环境造成的影响进行评估和预测。

8.3.1　道路环境影响评价内容

道路环境影响评价，包括自然环境和社会环境两大部分。即对自然资源、生态平衡环境和环境美学的影响评价。从空间概念来说，要研究大气、水质、土壤等污染的发生与发展规律以及人类、生物对环境的反应；从时间概念来说，要研究工程开发对环境短期、中期和长期的影响。

美国联邦公路管理局认为，对公路建设中环境影响评价内容应包括：

（1）对自然资源（森林、矿藏、自然保护区、珍贵动植物）、文化或风景资源可能产生的严重影响；

（2）对房屋拆迁可能引起的争论或纠纷；

（3）使现有城镇可能出现被分割、被破坏或与当地规划目标相矛盾，或增加城镇拥挤程度；

（4）公路建设与国家、地方环境标准相矛盾，如对毗邻地区的不良影响、噪声、大气、水的污染，甚至造成洪水泛滥的可能性；

（5）防治环境污染与破坏的措施及其投资估算和经济技术可行性论证意见等。

8.3.2　道路环境影响评价的程序

道路环境影响评价可按下述程序进行：

（1）调查、收集、整理道路沿线环境状况，如现有道路环境监测数据，污染原因和程度，有害气体种类、浓度，噪声等级等；

（2）确定评价项目，一般要按环境要素列项。除考虑对大气、土壤的影响外，还要对动植物、文物、风景、生活环境的影响给予考虑；

（3）讨论确定环境保护措施和要达到的目标，要采用综合治理的措施；

（4）要根据地区的环境标准、经济发展情况及人们对道路交通污染的承受能力，确定道路环境容量标准和评价标准；

（5）要根据各种环境影响评价的数学模型，借助计算机进行计算，预估环境污染和未来发展趋势及其影响，提出防止污染的措施，确定最佳方案。

关于环境评价的实施流程，如图8-1所示。

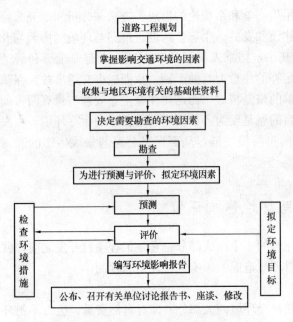

图 8-1 环境评价实施流程图

8.3.3 环境影响评价方法

要客观地、准确地评价道路开发对环境的影响，需要采用模拟、计算机等新技术及多学科的技术和经济专业人员密切配合来完成这项工作。

近年来认为 EIA 应作为一个程序步骤，改变以往侧重于方法和技术的偏见，在程序的各步骤都应有解决的方法和技术。1969 年以来，美国等发达国家将 EIA 用法律形式予以规定，成为一种必须遵循的制度。

1. 环境影响评价程序

道路工程项目在施工前，施工时和营运养护时，对环境均有影响，如何评价其影响，大体可包括两方面的内容：

（1）EIA 程序 涉及拟开发的工程项目的目标和后果，提出有关单位职员、立法和管理等；

（2）EIA 方法和技术 涉及采用什么方法、使用数据、信息资料、规范指南、模式等技术，目的是如何有效地评估和鉴定环境影响。

EIA 程序一般分为三个阶段，第一阶段是决定该工程项目是否要进行 EIA；第二阶段是进行环境影响的评价工作；第三阶段是工程竣工后的事后工作。

2. EIA 方法

EIA 方法和技术是用以判明、预测和评估环境的手段。这些方法繁多，大致可归为以下几类：

（1）直观的"列表和讨论"法；

（2）模拟和分析系统；

（3）对已建工程项目的环境影响进行监测并将监测结果与该工程项目的原有条件相对比，又称为"EIA 审计"或"回顾评价"法；

（4）适应性的环境评价法，是上述三种方法的某些综合。

现简介几种具体方法如下：

1）特别委员会法 亦称临时专家组法。组织一个专家组，让他们按各自的专业知识鉴定影响，并具体分析与项目有关的问题，必须达到专家组成员意见统一为止。这种方法可靠、灵活有效，可靠程度取决于个人专业知识的可靠程度。

2）目录清单法 目录清单是环境参数或影响类别的清单，分析人员在评定影响时，应审核目录清单的各项目。它起备忘录的作用，对可能的影响能引起广泛的思路，但也会产生"一成不变"的缺陷。

3）矩阵法 此法是用编绘的表格进行评价，类似数学中的矩阵。在项目活动表中加上活动参数表或活动类别表。这两项在矩阵中是相关的，以便判明原因及其相互间的关系，但不能指出影响的性质。由于有多学科成员的小组完成矩阵，可以减少专业上的偏见。

4) 重叠图法 实质是一种简化的矩阵法。先做出单项环境参数影响的透明图，然后将这些图重叠起来，综合分析它的多项影响。将被研究地区分为若干环境因素（地形、植物分布、生态敏感区、历史造址等）区域图，标出面积范围和价值。所有这些图片均绘于透明底片上，然后重叠起来并拍照，成图后反映出所有这些资料的综合因素，判明该地区是否适合于所指定的项目。这种方法可电脑化、灵活有效，可以从图上直观地表达问题。但费用高，也不易区分直接或间接影响。

5) 环境影响指数法 这种方法是对每一个比较方案计算一个平均指数。它是环境各组成部分（如干扰破坏区域内的土地面积范围、线路的安全系数、造价等）数值乘以加权值的线性和。各组成部分的数值及其按重要性所确定的加权值均经标定或标准化，使所得结果在合理范围内。每个组成部分均用"现在"和"将来"两个加权值。其缺点是没有系统地选择组成部分，加权值有任意性，需要在多学科专家中予以协调，优点是可用计算机处理大量的环境组成部分，即对某些加权值偏离、相对不敏感、近期、远期影响等。

在上述各方法中，没有一种方法能有效地解决影响分析的全部要求，故有必要考虑数据的需要和费用来选择最有效的组合方法。目前环境影响评价分析中，最弱点是预测。一般认为小型项目，可采用有专业知识的经验小组来完成。特大型项目要解决环境中最突出的尖锐问题时，模拟方法是可取的。涉及大量土地面积和选址有灵活性时，最适于采用重叠图法。目前认为，对公路项目，应用最广泛的是矩阵法和重叠图法。

复 习 思 考 题

1. 道路开发对环境的影响因素有哪些？
2. 道路绿化对环境的意义何在？基本要求是什么？
3. 道路环境影响评价的内容及程序是什么？

第9章 高速公路简介

高速公路作为现代交通概念，20世纪20年代在西方出现。自1919年建成世界上第一条高速公路以来，到20世纪90年代初世界上已有80多个国家修建高速公路，总里程超过了17万km。我国大陆自1988年沪嘉高速公路修建以来，现已建成45300km的高速公路，对我国的经济发展起了积极的作用。

9.1 基 本 概 念

9.1.1 高速公路概念

高速公路是汽车行驶的专用公路。在高速公路上严格控制出入，往返车辆在分隔的车道上快速行驶，全部交叉口采用立体交叉，并采用较高的技术标准，设置完善的交通设施，从而为汽车的快速、安全、舒适、连续地运行提供了条件和保证。

1. 高速公路的基本含义

欧洲多数国家将高速公路称为"汽车公路"、"汽车专用公路"。

1962年11月，在日内瓦召开的联合国欧洲经济委员会运输会议，对高速公路的定义是：利用分离的车行道往返行驶的交通道路，它的两个车行道用中央分隔带分开；与其他任何铁路、公路不允许平面交叉；禁止从路侧的任何地方直接进入公路；禁止汽车以外的任何交通工具出入。

根据中华人民共和国行业标准《公路工程技术标准》（JTG B01-2003）规定：高速公路为专供汽车分向分车道行驶并应全部控制出入的多车道公路。四车道高速公路应能适应将各种汽车折合成小客车的年平均日交通量25000～55000辆，六车道高速公路应能适应将各种汽车折合成小客车的年平均日交通量45000～80000辆，八车道高速公路应能适应将各种汽车折合成小客车的年平均日交通量60000～100000辆。

高速公路应具备以下4个条件：

（1）汽车专用公路

凡非机动车辆和由于车速限制可能构成危险和妨碍交通的车辆均不得使用高速公路。

（2）设有中央分隔带

一是对向行驶车流用中间带分离，以避免对向车辆之间行车相互干扰；二是每一行车方向设置两个或两个以上用画线办法分隔的行车道，将同向行驶的快车道、慢车道和超车道分离，以减少同向行车间的干扰。

（3）立体交叉，控制出入，封闭管理

在交叉口处设置立体交叉，使相交车流在空间上实现分离，通过立交设施的进出口来控制车辆出入。对进出高速公路的车辆加以严格控制，禁止非机动车和行人上路。高速公路沿线还通过设置高路堤、高架桥、护栏、分隔网等"封闭"措施，使汽车与非机动车和行人分离。同时只允许右转弯行驶，不允许向左转出入（日本、英国相反）。

（4）设计标准高，交通与服务设施完善

高速公路线路采用较高的技术标准。高速公路沿线还设有完善的安全设施、服务设施、交通控制设施、管理设施及绿化设施。

2. 高速公路的基本特性

（1）公路的基本属性　公路的建设与管理是物质生产，所以公路是一种特殊产品，与其他产品一样应有其基本属性。

1）公益性　公路生产是物质生产，必然具备商品的基本性，即具有生产价值，又具有使用价值。如现在世界各国的收费道路，就充分体现了公路的商品性，通过收费来扩大公路事业的再发展。

2）灵活性　与其他运输方式相比，更具有灵活性。特点是送达速度快，资金周转快，中转少，消耗少，投资少，能适应客货流变化并提供多样化服务。

3）超前性　公路是为国民经济和社会发展服务的，是连接工农业生产的纽带，是经济起飞的先行条件、所以其发展速度应高于或先于其他部门的发展速度。

4）储备性　公路运输业是资金密集型和技术密集型产业。公路建设不仅要满足现行通行能力的要求，还要考虑今后一段时期内通行能力增长的要求，即要有一定储备能力，否则会出现"超期服役"、超负荷运行的恶性循环状况。

（2）高速公路与一般公路相比，其具有以下优点：

1）车速高、通行能力大。高速公路最高时速一般为120km/h。车速是交通运输的一个重要因素，由于速度高，行驶时间缩短，而带来巨大的社会效益和经济效益。

通行能力反映公路允许通过汽车数量的多少。一般双车道公路的通行能力5000～6000辆/昼夜，而一条四车道的高速公路通行能力为25000～55000辆/昼夜，八车道可达60000～100000辆/昼夜。可见其通行能力比一般公路高几倍甚至几十倍，基本上可以解决交通拥塞的问题。

2）燃料消耗和运输成本大幅度降低。高速公路改变了行车条件，汽车效能可以充分发挥。同样的车辆条件，高速公路的百吨公里的油耗和运输成本均比一般公路降低25%左右。

3）旅客乘车条件改善、交通事故减少。高速公路由于没有其他运输工具的干扰，基本上按一定速度行驶，不仅乘客感到舒适，交通事故也大幅度下降。据介绍，高速公路与一般道路相比，美国交通事故减少56%，英国减少62%，日本减少89%，我国京石汽车专用路事故下降70%，时速提高3倍。

（3）高速公路存在的问题

1）占地多　高速公路用地宽度至少为30～35m；六车道为50～60m；八车道70～80m；一个全互通式立交用地达4～10万m²。用地价占整个公路投资的1/3以上。因此，我国修建高速公路，要结合我国耕地少、人口多的情况，注意尽量减少占用农田。

2）投资大、造价高　我国高速公路平均造价为3000～4000万元/km，广东拟建番顺高速公里每公里造价甚至达到1.5亿元。高速公路的造价比一般公路高十几倍，这些投资需在今后的运营中回收。资金紧张，是影响我国高速公路修建的主要因素。

3）与地方交通贯通不方便　由于高速公路控制出入，给地方运输带来不便，如何处理好高速公路与地方道路的关系，是今后研究的主要问题。

（4）管理特性

高速公路建设标准高，路面系统结构复杂，采用了高科技的现代通信、监控系统，交通工程与服务设施数量多，技术性能复杂，加之道路处于全天候、大流量、高速度的负荷下，高速公路必须以系统工程的观点和方法来管理与协调。

为保证高速公路高速、安全、畅通，高速公路有足够多的管理设施、控制设施，设置了大量交通标志、标线。同时有各种护栏、隔离设施、防眩设施、视线诱导设施等安全设施。还有为车辆、驾驶员、旅客服务的停车场、加油站、修理站等服务设施，为了归还贷款、收回投资而设置的收费站和设备。

9.1.2　高速公路效益

高速公路由于采取了限制出入、分隔行驶、汽车专用、全部立交以及采用了较高标准的、完善的交通设施，从而为汽车大量、快速、安全舒适、连续地运行创造了条件，成为国民经济运输的大动脉，推动了生产力的发展，社会效益和经济效益显著。

1. 经济效益

（1）直接经济效益　包括：缩短运输时间，提高汽车使用效率所带来的经济效益；节约行驶费用（包括油耗、车耗、轮耗等方面的节约）带来的经济效益；节省包装、装卸、减少货物运输损坏带来的经济效益。

（2）间接经济效益　由于高速公路的修建，促进了沿线的经济发展，对地区性经济开发起着巨大的作用，并带来很大的经济效益。

如沈大高速公路建成后，它的经济效益和社会效益十分显著。设计通行能力达 50000 辆/昼夜，年货运能力 8000 万吨，客运能力 1.3 亿人次，车速可达 100km/h。据测算，由于距离缩短，速度提高而节约的运输费用和各种消耗，每年可达 4 亿元以上。

沈大高速公路连接沿线五大城市、三大港口，缩短了城市间、城市与港口间、沿海与内陆间的距离，港口扩大至腹地，内陆城市变成了港口城市。带动了城市群的建设、促进了城市整体能力优势的发挥，对政治、经济、文化教育的发展起到了积极的作用。

2. 社会效益

（1）促进社会的生产和运输的合理化。高速公路的修建，促使该区域的工农业及各方面生产的布局更为合理，高速公路在公路运输中占有很大的比重。据统计日本仅占全国公路里程 0.31% 的高速公路，却承担了总货运量的 25.6%，美国 1.4% 的高速公路承担了 26.3% 左右的总运输量。

（2）促进沿线经济发展和资源的开发。高速公路的修建，将有利于地方经济和一些特殊事业的发展，如上面提及的沈大高速公路就是如此。

（3）加速物质生产和产品流通。现代化生产对原材料的需要和产品的流通要求直达、快速，以加快货物运转，加快资金周转，从而能达到扩大再生产的目的。而高速公路在加速物质生产，促进产品的流通方面起着重要的作用。

（4）促进水运、铁路和高速公路的联运。快速灵活的汽车与运量大的火车运输及廉价长距离的水运有机结合形成联运网，使产品运输更为直接、便利、快速、准时，从而最大限度地提高运输效率，降低运输成本。

（5）有利于城市人口分散和卫星城的开发。修建高速公路后，沿线小城镇、小型工业的兴建，使城市人口向郊外分散，城市主要居住区转向周围卫星城，既促进了地区发展，又缓和了城市人口集中的矛盾。

9.1.3 我国高速公路发展历程

我国的高速公路发展比西方发达国家晚近半个世纪的时间，从 20 世纪 80 年代末开始起步，经历了 80 年代末至 1997 年的起步建设阶段和 1998 年至今的快速发展阶段。

在改革开放初期，随着我国国民经济的快速发展，公路客货运输量急剧增加，公路交通长期滞后所产生的后果充分暴露出来，特别是主要干线公路交通拥挤、行车缓慢、事故频繁。当时的公路交通存在着三个突出问题：一是由于运输工具种类繁多，汽车、拖拉机、自行车、畜力车、行人混行，车辆行驶纵向干扰大；二是由于人口稠密，公路沿线穿越城镇较多，横向干扰大；三是公路平交道口多，通过能力低，交通事故严重。以上三个问题严重影响了公路交通功能的发挥。

根据发达国家的实践经验，建设高速公路是解决主要干线公路交通紧张状况的有效途径。但是对于"中国要不要修建高速公路"的问题认识并不统一，直至 1989 年 7 月，在沈阳召开的高等级公路建设现场会上，时任国务院副总理的邹家华同志指出："高速公路不是要不要发展的问题，而是必须发展"，为我国高速公路的快速发展奠定了基础，拉开了中国高速公路发展的序幕。

1988 年上海至嘉定高速公路建成通车，结束了我国大陆没有高速公路的历史；1990年，被誉为"神州第一路"的沈大高速公路全线建成通车，标志着我国高速公路发展进入了一个新的时代；1993 年京津塘高速公路的建成，使我国拥有了第一条利用世界银行贷款建设的、跨省市的高速公路。为了集中力量、突出重点，加快我国高速公路的发展，1992 年，交通部制定了"五纵七横"国道主干线规划并付诸实施，从而为我国高速公路持续、快速、健康发展奠定了基础。

到 1997 年年底，我国高速公路通车里程达到 4771 公里，10 年间年均增长 477 公里。相继建成了沈大、京津塘、成渝、济青等一批具有重要意义的高速公路，突破了高速公路建设的多项重大技术"瓶颈"，积累了设计、施工、监理和运营等建设和管理全过程的经验，为 1998 年后的快速发展奠定了基础。

1998 年，为应对亚洲金融危机，国家实施了积极财政政策，加快了基础设施建设步伐。交通行业按照国家的统一部署，加大了公路建设力度，从 1998 年至今，高速公路建设进入了快速发展时期，年均通车里程超过 4000 公里，年均完成投资 1400 亿元。1999年，全国高速公路里程突破 1 万公里；2000 年，国道主干线京沈、京沪高速公路建成通车，在我国华北、东北、华东之间形成了快速、安全、畅通的公路运输通道；2001 年，有"西南动脉"之称的西南公路出海通道经过 10 多年的艰苦建设实现了全线贯通，西部地区从此与大海不再遥远。

2002 年年底，我国高速公路通车里程一举突破 2.5 万公里，位居世界第二位，2004年年底超过 3 万公里，截止 2007 年高速公路的里程达到 5.3 万公里。除西藏外，各省、自治区和直辖市都已拥有高速公路，有 15 个省份的高速公路里程超过 1000 公里。辽宁省和山东省已实现了省会到地市全部由高速公路连接，长江三角洲、珠江三角洲、环渤海等经济发达地区的高速公路网络也正在形成。

我国高速公路经过十几年的持续快速发展，使公路基础设施总体水平实现了历史性跨越。随着京沪、京沈、京石太、沪宁合、沪杭甬等一批长距离、跨省区的高速公路相继贯通，我国主要公路运输通道交通紧张状况得到明显缓解，长期存在的运输能力紧张状况得到明显改善。高速公路的快速发展，大大缩短了省际之间、重要城市之间的时空距离，加快了区域间人员、商品、技术、信息的交流速度，有效降低了生产运输成本，在更大空间上实现了资源有效配置，拓展了市场，对提高企业竞争力、促进国民经济发展和社会进步都起到了重要的作用。

2004 年 12 月 17 日，国务院审议通过《国家高速公路网规划》。国家高速公路网规划采用放射线与纵横网格相结合的布局方案，形成由中心城市向外放射以及横连东西、纵贯南北的大通道，由 7 条首都放射线、9 条南北纵向线和 18 条东西横向线组成，简称为"7918 网"，总规模约 8.5 万公里，其中：主线 6.8 万公里，地区环线、联络线等其他路线约 1.7 万公里。具体是：

(1) 首都放射线：

7 条：北京—上海、北京—台北、北京—港澳、北京—昆明、北京—拉萨、北京—乌鲁木齐、北京—哈尔滨。

(2) 南北纵向线：

9 条：鹤岗—大连、沈阳—海口、长春—深圳、济南—广州、大庆—广州、二连浩特—广州、包头—茂名、兰州—海口、重庆—昆明。

(3) 东西横向线：

18 条：绥芬河—满洲里、珲春—乌兰浩特、丹东—锡林浩特、荣成—乌海、青岛—银川、青岛—兰州、连云港—霍尔果斯、南京—洛阳、上海—西安、上海—成都、上海—重庆、杭州—瑞丽、上海—昆明、福州—银川、泉州—南宁、厦门—成都、汕头—昆明、广州—昆明。

此外，规划方案还有：辽中环线、成渝环线、海南环线、珠三角环线、杭州湾环线共 5 条地区性环线、2 段并行线和 30 余段联络线。

9.1.4 世界高速公路发展概况

修建高速公路，是社会与经济发展的需要，也是根据社会和经济发展的实际情况而决定的。

德国是最早修建高速公路的国家，早在 1919 年通车的 AVUS，是世界上最早设有上、下行车道、中间设分隔带的公路。从 1933 年到 1939 年。德国共建成 3440km 高速公路。平均每年 582km，至 1991 年已修建高速公路里程达 1.1 万 km。

意大利于 1924 年建成米兰至瓦雷泽的汽车专用公路，到 1984 年已有高速公路 5901km。

美国是高速公路最多、路网最发达、设备最完善的国家。1937 年加州建成第一条高速公路，1944 年制订了近 7 万 km 的州际和国际高速公路规划。到 1991 年美国已建成 8.5 万 km 高速公路。纽约至洛杉矶高速公路全长 4556km，是世界之冠。美国高速公路修建的速度最快，从 1956 年到 1980 年，平均每年增加 3000km。

日本自 1957 年颁发"高速道路干道法"后，1958～1965 年修建了名神高速公路。到 1992 年，已达 5054km，形成以东京为中心，纵贯南北的高速公路网；其目标是到 2015 年形成 1.4 万 km 的高速公路网。

高速公路密度最大的国家是荷兰，每1000平方公里国土面积即有43.97km的高速公路，其次是比利时和德国。

国际高速公路网正在逐步修建形成。为了更好地发挥高速公路的优势，加强国际间的联系，一些国家正在把高速公路连接起来，以构成国际高速公路网。已实现的有：横贯全欧，东自奥地利的维也纳，经荷兰、法国，西至西班牙的瓦伦西亚高速公路，全长3200km；纵贯全欧，北起丹麦的哥本哈根，经过德国和奥地利，南至意大利的罗马高速公路，全长2100km。

亚洲公路网规划由15个国家的41条高等级公路组成，长约6600km。在亚洲开发银行倡导下，中国、老挝和泰国三国政府于2000年达成合作协议，决定共同努力修建昆明—曼谷高等级公路。昆曼公路从云南省省会昆明市经过老挝到达泰国首都曼谷，全长约1800km，中国境内规划建设的里程为688km，老挝境内里程247km，泰国境内约81km。

9.2 高速公路运营管理

高速公路作为现代化的交通设施，必须有一套与之相适应的管理方式与管理体制，以充分发挥其功能。因此在高速公路建成通车之后，要建立专门的运营管理机构，按照国家有关的法律法规、行业管理规范，对高速公路的运营进行管理和协调，为使用者提供快速、高效、安全的服务。

9.2.1 运营管理内容

高速公路的运营管理工作，可概括为下列几项内容。

1. 路政管理

高速公路路政管理的职责是贯彻实施国家和地方的有关法律、法规，保证高速公路路产的完整性，维护高速公路的路权不受侵犯，以及各项公路设施不受破坏。高速公路路政管理还包括道路施工养护作业现场的秩序维护，恶劣天气下的对高速公路行驶车辆实施交通管制，以及交警部门协调配合，对发生故障车辆的牵引拖带，事故现场的救援清障以及环境保护监督等项内容。

2. 交通管理

高速公路交通管理的主要任务是维护高速公路交通正常秩序，保障交通安全和高速公路的行车畅通。基于高速公路作为现代化交通设施的特点，其交通管理应利用先进的技术手段进行安全管理，及时有效地处理交通事故，正确合理地引导组织交通流。交通管理也要依法执行公务，加强法制意识，纠正交通违章现象；同时，负责对违章驾驶员的培训、处罚及行车安全的宣传教育。交通管理是高速公路运营管理的一部分，要与其他管理部门（如公安交通管理部门）及环节密切协作、相互支持，形成一个密不可分的有机整体。

3. 养护管理

高速公路的养护管理是一项十分重要的基础工作，它要求养护工作应尽量做到定量化、机械化、规范化、专业化、社会化。在定量化管理方面要通过建立公路养护管理数据库和有效的路面、桥梁评价体系，科学地制订养护计划，并建立优质高效的机械化养护方式。同时，不断采用新技术、新工艺，以最经济、最合理的方式保证路面、桥隧及沿线设施经常处于良好的技术状态。这项工作要求养护部门从被动型养护转向预防型养护，达到养护的高标准、高质量、高效率、高机动性。养护维修作业有 5 个方面：① 为保持路况、路容完好而进行的日常小修保养；② 对路上、桥隧、沿线交通及附属设施进行的预防性周期养护维修；③ 为改善提高现有道路使用功能而进行的改建工程；④ 高速公路沿线景观、绿地的绿化、美化和用地范围的水土保持工作；⑤ 在灾害及恶劣气候条件下的抢修及应急对策，使其迅速恢复交通。

4. 收费管理

收费工作是高速公路运营管理部门的一项经常性而且十分重要的基础性管理工作，投入的人力物力较大。它的主要任务是在收费站口按照物价部门批准的收费标准，采用一定的技术和管理手段，向过往车辆收取足额的通行费，用以保证高速公路建设资金的偿还及管理运营费用的支出。

为了既能保质保量地完成收费任务，又不影响高速公路交通畅通，收费管理一般采应用先进的技术设备以及相应的收费方式，提高收费作业效率。收费管理的重点是加强对于收费人员素质及作业环节的监督管理，实现不错收、不漏收、不乱收。随着高速公路收费管理向智能化发展，条件具备的线路和站点已采用不停车收费方式，进一步提高了运行效率。

5. 监控、通信等机电系统管理

高速公路的监控、通信管理是通过运用现代化的电子设备对高速公路的运行状况进行监视控制，完成交通、路况、天气等各项数据信息采集、传输、处理，为交通管理部门组织指挥工作提供决策依据，保证高速公路的正常运营，并为公路运输司乘人员和过往车辆提供最佳服务，确保行车的快速和安全。

监控系统可分为监视和控制两个方面。监视的内容是数据采集与设备监测；控制则是将交通、路况及天气等各项与公路行车相关指标的监测结果以及控制命令和各种信息及时、准确地反馈给道路使用者。监控信息通过专门的显示系统向用户提供无声服务，引导用户遵守、熟悉、适应高速行车环境，从而达到减少交通事故、保证安全畅通的目的，并培养人们的现代交通意识。

通信是根据高速公路管理需要，在一定范围内通过有线、无线通信手段的汇接，实现无盲区的即时即地的信息传输。目前高速公路主要采用业务电话、指令电话、紧急电话及无线移动通信系统建立高效率、高保真、高保密、高水平的通信网络。

9.2.2　智能运输系统简介

智能运输系统（Intelligent Transport System，简称 ITS）是将先进的信息技术、数据通信传输技术、电子传感技术、电子控制技术以及计算机处理技术等有效地集成运用于整个交通运输管理体系，而建立起的一种在大范围内、全方位发挥作用的，实时、准确、高效的综合运输和管理系统。高速公路 ITS 作为 ITS 的一个重要组成部分，越来越得到重视。

美国 ITS 的雏形始于 20 世纪 60 年代末期的电子路径导向系统（ERGS），之后在美国政府和国会的介入下，成立了相应的 ITS 领导和协调机构，并制定了提高陆上运输效率法案（ISTEA）。美国在这个领域走在了世界前列，在美国的国家 ITS 体系框架中，许多重要内容是研究在高速公路上应用各种 ITS 类别的技术。

日本的 ITS 的发展始于 20 世纪 70 年代，从 1973 年开始，日本成功地组织了一个叫做动态路径诱导系统的实验，1996 年 7 月，由 5 个政府部门共同发布了《面向高度信息通信社会推进的基本方针》和《公路、交通、车辆领域的信息化实施指针》，统称"ITS总体构想"，开始面向 ITS 采取综合的、有体系的对策。日本在高速公路 ITS 的研究和应用方面非常重视并取得了一定的成果。随着公路网络的扩大，日本东京都高速公路公团（MEPC）装备了新型的 VMS 单元，如图形显示板、街道信息标志和旅行时间显示牌，利用设置于高速路两侧的探测器所收集的交通数据，以远程控制的方式向高速路上的用户提供信息。

我国的研究工作主要集中在高速公路的监控系统方面，随着我国高速公路交通的快速发展，对高速公路的智能化需求也越来越高，结合快速发展的高速公路基础设施建设开展高速公路 ITS 的研究开发，具有广泛的社会需求和应用前景。

复 习 思 考 题

1. 高速公路的概念及应具备的条件是什么？
2. 简述 ITS 在高速公路中的应用。

主 要 参 考 文 献

[1] 张雪华, 肖鹏. 道路工程设计导论. 北京: 中国建筑工业出版社, 2000.

[2] 贾元华, 董平如. 高速公路建设与管理. 北京: 北方交通大学出版社, 2002.

[3] 杨少伟. 道路勘测设计 (第二版). 北京: 人民交通出版社, 2004.

[4] 任福田, 肖秋生, 薛宗蕙. 城市道路规划与设计. 北京: 中国建筑工业出版社, 2006.

[5] 孙家驷. 道路勘测设计. 北京: 人民交通出版社, 2005.

[6] 张雨化. 道路勘测设计. 北京: 人民交通出版社, 2003.

[7] 裴玉龙. 道路勘测设计. 哈尔滨: 哈尔滨工业大学出版社, 2005.

[8] 高速公路丛书编委会. 高速公路规划与设计. 北京: 人民交通出版社, 1999.

[9] 邓学钧. 路基路面工程 (第二版). 北京: 人民交通出版社, 2005.

[10] 刘伯莹, 姚祖康. 公路设计工程师手册. 北京: 人民交通出版社, 2002.

[11] 中华人民共和国行业标准. 城市道路设计规范 (CJJ37-90). 北京: 中国建筑工业出版社, 1998.

[12] 中华人民共和国行业标准. 公路工程技术标准 (JTG B01—2003). 北京: 人民交通出版社, 2004.

[13] 中华人民共和国行业标准. 公路路线设计规范 (JTG D20—2006). 北京: 人民交通出版社, 2006.

[14] 中华人民共和国行业标准. 公路路基设计规范 (JTG D30—2004). 北京: 人民交通出版社, 2004.

[15] 中华人民共和国行业标准. 公路沥青路面设计规范 (JTG D50—2006). 北京: 人民交通出版社, 2006.

[16] 中华人民共和国行业标准. 公路水泥混凝土路面设计规范 (JTG D40—2002). 北京: 人民交通出版社, 2002.

[17] 中华人民共和国行业标准. 公路路基施工技术规范 (JTG F10—2006). 北京: 人民交通出版社, 2006.

[18] 中华人民共和国行业标准. 公路路面基层施工技术规范 (JTJ 034—2000). 北京: 人民交通出版社, 2000.

[19] 中华人民共和国行业标准. 公路沥青路面施工技术设计规范 (JTG F40—2004). 北京: 人民交通出版社, 2004.

[20] 中华人民共和国行业标准. 公路水泥混凝土路面施工技术规范 (JTG F30—2003). 北京: 人民交通出版社, 2003.

[21] 中华人民共和国行业标准. 公路排水设计规范 (JTJ 018—1997). 北京: 人民交通出版社, 1997.